KEITH JARRETT
UNA BIOGRAFÍA

K

KEITH JARRETT
UNA BIOGRAFÍA

WOLFGANG
SANDNER

Traducción de Richard Gross

LIBROS DEL KULTRUM

Publicado por:
LIBROS DEL KULTRUM
Sinónimo de Lucro, S.L.

Título original:
Keith Jarrett
Eine Biographie

Publicado en Alemania por
Rowohlt - Berlin Verlag GmbH

© 2015 Wolfgang Sandner

© de la traducción 2019,
Richard Gross
© de la imagen de la cubierta 1973,
Michael Ochs Archives,
Getty Images
© de esta edición 2019,
Sinónimo de Lucro, S.L.

Derechos exclusivos de edición:
Sinónimo de Lucro, S.L.

ISBN: 978-84-949383-8-2
Depósito Legal: B 26564-2019

Primera edición:
noviembre de 2019

En la cubierta:
Los Ángeles, circa 1973:
Musician Keith Jarrett poses for
a portrait session in 1973 in
Los Angeles, California.
(Photo by Michael Ochs Archives/
Getty Images)

Créditos de las ilustraciones:
Ricard Cugat Pedrerol, 2
Chris Jarrett, 45
Johannes Anders, 117
Hans Kumpf, 159, 245
Rainer Wohlfahrt, 282

Corrección pictográfica
en el dorso de la cubierta
y de la contracubierta.
Jaume Morató Griera

Diseño de colección y cubierta:
pfp, disseny
Maquetación:
pfp, disseny
Impresión y encuadernación:
EGEDSA

Esta colección se compagina con
las tipografías ITC Caslon No. 224,
diseñada por William Caslon (1725)
y Edward Benguiat (1982), y
Akzidenz Grotesk, diseñada por
la fundidora de tipos H. Berthold
(1896).

ÍNDICE

Para Anikó, Gábor y Bálint

PRÓLOGO

No tiene la amabilidad por costumbre figurar entre los atributos consustanciales a la condición de artista. Podría, al respecto, aventurarse que brilla ésta, con frecuencia, por su harto estridente ausencia entre los arcanos atributos que configuran la —siempre presuntamente atormentada— personalidad del creador. Con todo, no es menos cierto que manifiéstase en ocasiones en todo su esplendor; toda vez que no son pocos los pacientes genios que acceden a conversar y a regalarnos sabias respuestas a narcotizantes preguntas banales, brindándose a conducirnos por los entresijos de su oficio y a obsequiarnos con la gentileza de mostrarnos los mimbres de su arte, cuando no invitándonos a comprender y, por ende, a acercarnos al *modus operandi* del proceso creativo que les asiste; consignando, incluso, las insufribles horas de desconsuelo durante las que la musa se esfuma y acecha insaciable la desesperación.

Los artistas desconfiados, dicho sea de paso, son más numerosos. Apunta su recelo a todos aquellos que confunden la vida con el arte, que apenas se interesan por el trabajo y los frutos del mismo, y prestan, en cambio, mayor atención a rasgos de la biografía del artista que antójanse, cuando menos, superficiales, y abusan del socorrido anecdotario de crónicas y leyendas para trufar sus semblanzas con burdos chismes. Decía el pianista Alfred

Brendel que es preciso armarse hasta los dientes para defenderse de las anécdotas que rondan el arte. Con las anécdotas, uno se acerca tan poco a la esencia de una cosa como el astrónomo a Saturno cuando solo estudia sus anillos.

Abundan, también, los artistas iracundos que montan en cólera ante cualquier arrebato de exégesis porque les huele a mero hurto intelectual. En el mundillo del jazz contemporáneo no escasean. El trompetista Freddie Keppard es considerado el principal exponente de esa actitud de rechazo que ha marcado a este género y a sus representantes hasta la fecha. Cuando, en 1916, se le ofreció registrar sus sonidos y convertirse en el primer músico de la historia del jazz con una grabación discográfica, declinó la oferta aduciendo que no quería que su música pudiera reproducirse permanentemente y devenir materia de estudio y emulación. Conviene aclarar aquí que para un músico negro en la sociedad blanca de la época, «reproducción» era poco menos que un eufemismo para «explotación». El primer disco de jazz se editaría un año después, grabado por la Original Dixieland Jazz Band, un conjunto compuesto íntegramente por músicos blancos.

Por último, en esta apresurada taxonomía, no puede —ni debe— uno olvidarse de los denominados músicos radicales; aquellos para quienes la música, la más hermética de las artes, es inmune a las explicaciones. Incluso algunos coetáneos más tolerantes tienden a pensar que los hechos musicales pueden captarse bastante mejor de forma emocional que a través de la razón. «Enmudezcan ahora las palabras impotentes, y háblenos él mismo con sus obras». Este axioma de Albert Schweitzer relativo a la música de Johann Sebastian Bach subyace cual *basso continuo* en muchas de las declaraciones de artistas, oyentes y, como no, de todos los que en su aproximación crítica a la música tropiezan de modo indefectible con las propias limitaciones de la comunicación escrita.

Quien se pregunte por qué hasta la fecha se ha escrito tan poco sobre Keith Jarrett tal vez encuentre una respuesta en esa actitud. Uno de los pianistas más originales e influyentes de nuestro tiempo se ha convertido en uno de los renegados más radicales de la palabra. Vale para él lo que Paul Hindemith dijo a propósito de Bach: "era de un mutismo propio de una ostra". Quien opina sobre el arte de Jarrett lo hace, en el fondo, contra la voluntad de éste. Si de él hubiera dependido la decisión de consentir que se publicara esta biografía, muy posiblemente el libro que ahora sostiene en sus manos tampoco hubiera visto la luz.

El 14 de enero de 2014, en el Lincoln Center de Nueva York, Keith Jarrett, junto con el saxofonista Anthony Braxton, el bajista Richard Davis y el pedagogo Jamey Aebersold, fue admitido en el círculo de los «Jazz Masters» [maestros del jazz] homenajeados cada año por el National Endowment for the Arts [Fondo Nacional para las Artes], acaso la distinción oficial de mayor prestigio para los músicos de jazz en los Estados Unidos de América. En su breve discurso de agradecimiento, Jarrett dijo que la música no podía describirse con palabras, que la música no era otra cosa que música. La tautología que parece desprenderse de tal afirmación, y que puede antojársenos como la quintaesencia del pensamiento místico, trae causa, en gran medida, del escepticismo que embarga al pianista con respecto a las posibilidades del análisis de los materiales, toda vez que, en el mejor de los casos, tal vez sirvan el propósito de explicar cómo se confeccionó una pieza musical pero no para dilucidar su esencia.

Fue en los años sesenta, cuando Jarrett era todavía miembro del Charles Lloyd Quartet, cuando me topé por primera vez con su música. Años más tarde, lo conocería personalmente por intermediación de su productor Manfred Eicher [1] y conversé con él en reiteradas ocasiones. Tuve, con el tiempo, ocasión de visitarle incluso en su casa de Oxford (Nueva Jersey). Mi proyecto para biografiarlo suscitó su interés y recibió su beneplácito, hasta que, inesperadamente, en una celebración pública después de uno de sus conciertos en solitario, hubo entre nosotros una curiosa disputa acerca de *The Köln Concert*. Que yo me permitiera calificar este recital como uno de sus mayores éxitos fue motivo de ostensible incomodidad por su parte y, por cuanto se me alcanza, causa, a su vez, de la interrupción de nuestras conversaciones.

Debo decir que aquella reacción no carecía de cierta coherencia; de hecho, había algo, curiosamente, no del todo ajeno a los desplantes que tenían por costumbre gastar algunas celebridades; regla a la que no escapan los músicos de jazz. Nada temen éstos más que se les tilde de «comerciales». Todo éxito cuantificable está irremediablemente envuelto por la sospecha de haber sido comprado con compromisos estéticos. Por mucho que los artistas deseen el reconocimiento público, reaccionan con alergia cuando ese reconocimiento se produce de forma que pueda alimentar tal sospecha. Con su concierto en Colonia de 1975, que despertó la atención de una esfera pública musical que trascendía el círculo de los aficionados al jazz, Jarrett se encuentra ante un dilema personal y estético. La grabación alcanzó unas ventas muy notablemente supe-

1. Editor, productor, músico y fundador de la discográfica alemana ECM (Editions of Contemporary Music), con sede en Munich, que inició su andadura en 1969. Disquera que atesora en su haber más de 1.500 obras grabadas hasta la fecha —año este en el que se cumple, además, su cincuentenario—. Sello con el que, después de dar curso a sus primeros tientos profesionales con Vortex, Rhino, Atlantic e Impulse! —mucho antes de que fueran estos fagocitados por las *majors*—, Jarrett grabaría todos sus trabajos de jazz y clásica —en solitario y con diversas formaciones—, si bien el propio Manfred, como gusta pontificar, detesta dichas etiquetas y prefiere emplear, únicamente, la distinción entre música escrita y música improvisada. (*N. del E.*)

riores a las cosechadas por grandes solistas a lo largo de la historia del jazz, pero no hay que olvidar que aquella grabación se registró en condiciones impunemente adversas[2] para el artista, en un piano infame en tan deplorable estado de conservación que restringía notablemente el rango de las posibilidades interpretativas. Un perfeccionista tan extremadamente cuidadoso como Jarrett no puede aceptar que semejante milagro accidental tenga la consideración de éxito, aun cuando el eco colectivo lo desmienta.

Con todo, el abrupto final de aquellas conversaciones con el pianista pareció concederme una nueva oportunidad. Ante semejante circunstancia, uno se ve, irremediablemente, impelido de nuevo a zambullirse en la propia música y, con ello, disminuye también el riesgo de sucumbir al hechizo del artista. En efecto, y lo sabemos desde hace tiempo, las autobiografías, sean directas o mediatas, difícilmente pueden aspirar a ser objetivas. Esta biografía no tiene como fin desautorizar la *verboclastia* de Jarrett en mi empeño por componer una semblanza del artista, pero sí la humilde pretensión de intentar sacar provecho de todos los recursos lingüísticos a mi disposición —y, como afirmara T. S. Eliot, «making new discoveries in the use of words» [hacer nuevos descubrimientos con el uso de las palabras]— a fin de divulgar una música que forma parte de las manifestaciones artísticas más fascinantes del presente, y que merecería figurar en el patrimonio cultural inmaterial de la humanidad con la bendición de la UNESCO. Pero, ante todo, y por encima de cualquier otra consideración, porque su propia música también merece ser escuchada a través de sus vivencias.

2. Cuenta la leyenda que, debido mayormente al mal estado del piano —en el que se vio obligado a ejecutar esos célebres ejercicios de improvisación—, no pudo hacer otra cosa que centrarse en la única zona del teclado que había milagrosamente resistido a los malos tratos infligidos por quien cedió el instrumento para aquella memorable sesión. (*N. del E.*)

1.
8 DE MAYO DE 1945:
UNA PERSPECTIVA
TRANSATLÁNTICA

«Me reconforta hoy estar solo», confía Alfred Kantorowicz a su dietario alemán en el exilio neoyorquino. Hoy es el 8 de mayo de 1945. Prosigue el escritor: «Esto, pues, lo hemos dejado atrás. Doce años, se dice pronto. Doce años que han sido testigos de los crímenes de un milenio. Trato de hacerme una idea de cuál es el panorama al otro lado, pero sé que cualquier idea ha de fracasar ante los millones de facetas que tiene la realidad. Aún no me atrevo a seguir pensando. Emiten, desde no sé dónde, la Quinta de Beethoven. ¿¡El himno de la victoria!? No hay victoria. El final de esta guerra solo trae vencidos».

«Los millones de facetas de la realidad al otro lado», de una Europa que apenas guardaba parecido alguno con el continente de antaño, las recompondría otro escritor años más tarde en un monumental mosaico de retazos de recuerdos y relatos de la situación evocados por testigos de la época, mas también de sobrias constataciones y solitarias confesiones, de lacerantes conclusiones y explicaciones oficiales, de observaciones al margen y presurosas notas tomadas al borde del enmudecimiento. *Echolot* [Ecosonda], de Walter Kempowski, obra de varios miles de páginas que cala en las almas de los supervivientes, es un grandioso retablo que nos retrotrae a la concentrada atmósfera de un momento histórico. Los negros nubarrones aún no se han disipado aquel 8 de mayo de 1945.

Sin embargo, en multitud de gestos y manifestaciones, tal vez en todos, late el presentimiento de que el mundo de ayer ha dejado de existir y está naciendo una nueva era. A todo esto, los otrora poderosos y jactanciosos estados europeos deben de haber comprendido que sin América no es posible un nuevo comienzo. Tampoco en lo cultural. Aquel día, la hegemonía de Europa toca a su fin. Paul Valéry lo formuló en términos más drásticos: «Europa ha llegado al final de su carrera».

La cultura de América, ¿acaso no estaba ahí desde hacía tiempo? El jazz, ¿no había optado ya décadas antes por asumir la función de música de entretenimiento del siglo al tiempo que convirtiéndose en la música clásica del Nuevo Mundo, dotada de una fuerza cuativadora para una exhausta Europa? Los pianistas del *ragtime*, ¿no habían insertado ya, en los albores del siglo pasado, numerosas síncopas en sus composiciones para afilar la conciencia del tiempo? Querían hacerlo trastabillar, impedir que prosiguiera el impío azote de su discreto tictac. El *ragtime*, con su tempo desgarrado. Este ritmo fue la primera sublevación musical de los afroamericanos contra el sentido europeo del tiempo, una suerte de vara ensartada entre unas torpemente acomodadas extremidades en danza, al son de la marcial pulsión europea. Las síncopas lo trastocaron todo, después ya nadie quiso hacer música como antaño. El requiebro virtuoso que sorteaba los pilares angulares del modo de pensar y sentir burgueses se había convertido en una moda cargada de sensualidad.

Numerosos artistas europeos aquejados de anemia musical esperaban hallar curación en aquella transfusión estética. No solo la propia música sino todo el arte de la primera mitad de siglo y muchas otras manifestaciones culturales del momento abundan en mensajes reverenciales a los saboteadores del rectilíneo compás de cuatro por cuatro: el pionero fue Debussy con su estilizado *cakewalk,* seguido por Ravel con su *blues* francés y Milhaud con un estilo musical propio. En las artes plásticas, cabe señalar a Matisse, con sus *collages* de papeles recortados, y a Mondrian, pintor de *Broadway Boogie Woogie,* al universalista Picabia de las dos *Chansons nègres* inspiradas en el cubismo, así como al crítico social Dix con su *Tríptico de la gran ciudad,* tan cercano al momento presente. Cocteau, Satie, Grosz, Marcel Carné, Louis Malle, Jean-Luc Godard, Boris Vian, Julio Cortázar, Peter Rühmkorf... todos ellos poseen un infalible sentido del ritmo de orígenes jazzísticos. Cuando en 1918 se publicó *Ragtime,* de Stravinski, para cuya primera edición Pablo Picasso dibujó la portada y sobre el que Léonide Massine crearía más tarde una coreografía, los críticos culturales de la época sentenciaron que por fin el jazz había sido aceptado como arte. Pero no solo fue por los ritmos bizarros o la atrayente excentricidad de sus representantes que Europa dio la bienvenida al *sound* del Nuevo Mundo: estaba fascinada porque esa música sonaba americana por los cuatro costados, según constató lacónicamente el historiador Eric Hobsbawm. El jazz era sinónimo de lo moderno por excelencia. Sus lustrosas bandas venían del mismo país que los automóviles de Henry Ford.

Europa ya conocía el jazz. Sin embargo, en los días posteriores al hiato marcado por el 8 de mayo de 1945, aquellos sonidos cobraron una cualidad todavía superior que hacía ensordecer todo lo conocido hasta la fecha. Lo que se ofreció a los oídos de Europa, y de Alemania en particular, no eran —pese a una sórdida propaganda difundida en el pasado inmediato— las devastadoras trompetas de Jericó, sino antorchas, signos flamígeros de un nuevo y radical comienzo. Dave Brubeck, al final de la guerra, estacionado cerca de Núremberg con un grupo musical del ejército que tocaba en los clubes de las fuerzas armadas norteamericanas, intuyó la razón por la cual allí todo el mundo quería escuchar jazz. El viejo continente captaba en éste el son de un estallido espiritual absoluto.

De modo aún más entusiasta, si cabe, que en la arrasada Alemania o en cualquier otro país europeo se hizo esto patente en Francia. Europa había sido liberada por América, pero la ciudad del Sena comportábase como si hubieran sido sus habitantes quienes habían doblegado, a beneficio propio y del mundo restante, al nacionalsocialismo y su bárbara ideología e ignorancia cultural. La ciudad que nunca dormía, si bien por motivos distintos a los de Nueva York, reclamaba para sí el estatus de central de la nueva, o digamos más bien, de la liberada manera de pensar y sentir, ver, oler y saborear y, no en último término, escuchar. También en el resto de Europa el jazz era percibido de forma irrevocable como una música determinante del siglo xx. Sin embargo, fue París, con los ingredientes del existencialismo francés, la que convirtió el jazz americano en el excitante «perfume especial» de una época.

Su reivindicación para ejercer como capital de una emergente Europa de la posguerra era completamente legítima. ¿Qué otro lugar europeo hubiera estado en condiciones de pregonar, aquel 8 de mayo de 1945, y disputarle a París la proclamación de un sentimiento de vida íntegramente nuevo? De los sótanos de la Rue de la Huchette y la Rue des Carmes, de los clubes y las salas de conciertos de la Rue Saint-Benoît y la Rue du Faubourg Saint-Honoré, emanaban los sonidos del clarinete de Claude Luter y, más tarde, los de la trompeta de Bill Coleman y del saxo de James Moddys. Del Café de Flore y del Deux Magots, en el bulevar Saint-Germain, llegaban los ecos de los debates que Simone de Beauvoir sostenía con Jean-Paul Sartre y Albert Camus. En el Tabou, Juliette Gréco, cantante de los pensadores y encarnación sensual por antonomasia de la filosofía existencialista, actuaba ante un cenáculo en el que se encontraban Jean Cocteau, Raymond Queneau o Camille Bryen. Y la canción *Les feuilles mortes,* de Jacques Prévert, que en los rojos labios incandescentes de Gréco sonaba a promesa que llegaba tarde, devenía la «expresión más perfecta de la posguerra», según el dictamen de François Mauriac.

Los americanos podían sentir la fascinación que emanaba de su música, sin necesidad de reajustar por ello sus oídos. A fin de cuentas, era su cultura sonora la que había participado en la lucha y la victoria. Y es posible que en aquellos días que siguieron al 8 de mayo de 1945 las melodías de los vientos de las orquestas de Duke Ellington y Count Basie se convirtieran efectivamente en una especie de música patriótica de Estados Unidos. En el día V, sin embargo, el ambiente estaba tan transido de aquel espíritu del jazz que apenas hacía falta tomar nota del mismo. América estaba demasiado ocupada en otros asuntos como para fijarse en las quintas disminuidas de Charlie Parker o en los diabólicos riffs de los vientos de la gran orquesta de Woody Herman. La gente bailaba absorta para dejarse llevar por un vértigo colectivo. Al atento dramaturgo Arthur Miller el final de la guerra se le antojaba como una incesante y prolongada embestida contra una puerta de acero que, de repente, era abierta de un tirón desde el otro lado. Y, de pronto, uno se sentía flotando ingrávido en una cápsula espacial en la que las referencias espaciales de arriba, abajo, derecha o izquierda habían perdido su sentido. Bien es cierto que en la madre patria del optimismo sin límites las viejas certezas volvieron poco tiempo después, pero durante un breve instante histórico se carecía de brújula: «Era una situación tan excitante, tan elemental, en la que nos encontrábamos… como animales con las orejas aguzadas y la nariz venteando».

En aquella señalada hora cero global que marcó el 8 de mayo de 1945, Keith Jarrett nacía en la pequeña ciudad industrializada de Allentown (Pensilvania). A diferencia de Louis Armstrong, la fecha no es ficticia. Inclinándose por el 4 de julio de 1900 como su día de nacimiento, Satchmo se había procurado, a posteriori, una efeméride atractiva para establecer una mediática sintonía entre su primera aparición en el planeta y el Día de la Independencia de Estados Unidos. En realidad, había nacido el 4 de agosto de 1901. A Jarrett, en cambio, seguramente no se le hubiera pasado por la cabeza engalanar su periplo vital con tan espectacular preludio. No obstante, la llamativa fecha de su nacimiento entraña un significado telúrico: parece como si con su trayectoria hubiese querido justificar el simbólico día en que vio, por vez primera, la luz del mundo. El fin de la Segunda Guerra Mundial, ese punto de encuentro histórico entre un viejo orden mundial y una nueva época, entre una América que volvía a propender hacia Europa y una Europa que ya no podía prescindir de los valores del nuevo mundo, esa suerte de bisagra euroamericana pivotante transita por la biografía y el arte de Keith Jarrett.

No son muchos los artistas que se manejan como pez en el agua en ambos continentes, encarnando dos culturas, dos modos de ver, y reaccionan con oído afinado a las diferencias existentes entre ambas culturas. En Allentown, sita a ochenta kilómetros al norte de Filadelfia y a ciento cuarenta de Nueva York, Jarrett nació en el seno de una familia que llevaba el viejo continente en las entrañas. Los abuelos de una de las ramas familiares habían emigrado desde Europa y todavía se empleaban, con frecuencia, las lenguas de la monarquía austrohúngara. Cuando Keith, el primogénito de cinco vástagos, dio tempranas muestras de su talento comenzando a tocar el piano con tres años, recibió una formación musical clásica; formación que, por cierto, también recibieron algunos de sus hermanos menores. En su primer recital en solitario, celebrado en el Woman's Club de Allentown el 12 de abril de 1953 a las tres de la tarde, Keith, que a la sazón contaba siete años, presentó obras de piano que comprendían desde el barroco hasta el clasicismo y el romanticismo, un abanico de música artística europea que abarcaba dos siglos: Carl Philipp Emanuel y Johann Sebastian Bach, Mozart,

Beethoven, Schumann, Mendelssohn Bartholdy, Grieg, Brahms, Saint-Saëns, Moszkowski y Músorgski, además de algunas composiciones propias, ejemplos precoces de una música programática de infantil irreverencia.

El jazz aún no figuraba en el orden del día. El futuro del niño prodigio del piano hundía sus raíces en el pasado, en la música clásica. No obstando lo antedicho, cuando el celebrado pianista, precursor de un arte de la improvisación libre y exento de cualesquiera premisas, ofreció en 1988 la primera parte de su grabación completa de *El clave bien temperado* de Bach, la sorpresa del público fue considerable. Su carrera jazzística había hecho olvidar por completo los orígenes clásicos del virtuoso. Amplios sectores de la crítica casi no habían reparado en que Jarrett, junto a su predilección por el jazz, siempre se había ocupado también de la música clásica y no había perdido nunca de vista el *continuum* que conduce desde Bach hasta la modernidad.

Desde los inicios de su carrera, Jarrett fue un artista con una perspectiva decididamente europea, y lo ha seguido siendo hasta la actualidad. Pero la procedencia de su familia o su personal inclinación a la música europea clásica sin duda no habrían bastado por sí solas para que él, jazzista de renombre, mirara constantemente hacia el viejo mundo y encontrara en éste parte de sus raíces. Fue la evolución de la propia Europa la que se encargó de ello, facilitándole el paso hacia el otro lado del Atlántico. En efecto, tras el 8 de mayo de 1945, la cultura de Estados Unidos desembarcó en Europa con la vehemencia propia del momento, anegando, por así decir, un continente aparentemente baldío. Sin embargo, en los veinte años que siguieron al término de la Segunda Guerra Mundial, los europeos adaptaron la nueva cultura de forma tan radical que, amalgamándola con sus propios estándares estéticos, lograron casi allanar las diferencias con respecto a la madre patria del jazz. Sin la emancipación del jazz europeo y la simultánea expansión continental de esta música, ni siquiera a Keith Jarrett le hubiera resultado sencillo integrar a Europa en la topografía de sus manifestaciones artísticas y de su presencia musical de una manera tan particular.

Jarrett dedicó producciones de capital importancia en su ingente catálogo discográfico a la música clásica europea. Tuvo durante mucho tiempo un «cuarteto europeo» junto a un «cuarteto americano», y desde 1971 hasta la fecha sus grabaciones más importantes han sido editadas por la discográfica bávara ECM. En Europa, y en particular en el sur de Francia, donde suele pasar buena parte de su tiempo, se siente, a todas luces, en casa. Además, sabe pensar en clave europea. Ian Carr[1], acaso su único biógrafo reseñable de este lado del charco, es natural de Gran Bretaña. También el único libro sobre jazz que el severísimo Jarrett reconoce como tal fue escrito por un británico: *Pero hermoso,* de Geoff Dyer (Literatura Random House, 2014), una maravillosa mezcla de ficción y realidad. Todo ello no está exento de cierta coherencia. Keith Jarrett es un americano de nacimiento que posee, por afinidad electiva, una gran familia residente en Europa.

Sin embargo, Jarrett solo podía considerar una Europa que estuviera a su altura estética. Un puñado de honorables compositores con discretas adaptaciones de la gestualidad sonora afroamericana, cuatro saxofonistas empeñados en transcribir frases de Charlie Parker, un Max Beckmann con su *Autorretrato con saxofón* y algunas bienintencionadas bandas Dixieland en los festivales de verano que se

1. Ian Carr (21 de abril de 1933-25 de febrero de 2009) fue un músico, compositor, escritor y profesor de jazz escocés. Trabajó con el quinteto Rendell-Carr y la banda de jazz rock Nucleus, y fue profesor asociado en la Guildhall School of Music and Drama de Londres. Es autor de la biografía canónica de Miles Davis (Global Rhythm Press, 2005). (*N. del E.*)

organizan desde Italia hasta Suecia, no habrían bastado para semejante empeño. Fue necesario que entraran en escena artistas de peso como Jan Garbarek, Albert Mangelsdorff, Dave Holland, John McLaughlin, Kenny Wheeler o Tomasz Stańko; que se consagraran festivales como los de Berlín, La Haya, Montreux y Antibes; que el prestigioso encuentro vanguardista de Donaueschingen abriera sus puertas al jazz; que se fundaran sellos como MPS, ECM o FMP; que aparecieran productores del rango de Manfred Eicher e ingenieros de sonido como Jan Erik Kongshaug; que se crearan centros de investigación en Graz y Darmstadt y de formación en ciudades neerlandesas desde Arnheim hasta Ámsterdam, para establecer el equilibrio de fuerzas culturales necesario y evitar que el intercambio de ideas entre jazzistas europeos y americanos fuera una calle de sentido único en lo intelectual y lo emocional.

Todo esto fue preciso para que artistas de la talla de Keith Jarrett, Lee Konitz, Herb Geller, Jiggs Whigham, Charlie Mariano, Don Cherry o Jimmy Woode quedaran vinculados a Europa de forma duradera, o para que esta región del globo se convirtiese, al menos temporalmente, en un paradero atractivo para músicos de jazz americanos. A ello hay que sumar lo que el saxofonista barítono y musicólogo Ekkehard Jost formuló en su diagnóstico de la diferencia sociocultural entre ambos mundos, diciendo, sin pelos en la lengua, que América tenía la música y Europa los oídos para escucharla. Muchos americanos quedaron impresionados por la actitud de los europeos, quienes escuchaban de verdad y no degradaban la música a categoría de acompañamiento de veladas culinarias.

Cecil Taylor, durante largos años dependiente del subsidio social porque su música estaba en las antípodas del entretenimiento americano, sabía por dolorosa experiencia cómo las actuaciones jazzísticas en los clubes, aun en establecimientos con tradición, obedecían en cierto modo a la batuta del gremio restaurador. Una improvisación no debía, en lo posible, durar más que la consumición de un trago en la barra, y la dinámica de la música tenía que guiarse por el ragú que se servía en el restaurante. La rabiosa intensidad con que Taylor golpeaba las teclas arrancándoles sus acordes tipo clúster y la alocada densidad de sus estructuras sonoras no eran buenos requisitos para cumplir con este cometido. Buell Neidlinger, antiguo bajista de Taylor, a menudo vivió en carne propia la degradante resistencia de los dueños de clubes y relató cómo en ocasiones trataron de impedir que el vanguardista Taylor siguiera tocando: «A menudo nos hicieron la señal de parar, aquel viejo gesto de la radio, consistente en deslizar la mano en horizontal por el cuello. Cortar, parar, basta. Pero no se puede. Cuando Igor Stravinski está ahí componiendo, tampoco se puede decir de repente: "¡Para, Igor! Queremos vender unos cuantos whiskies." Y lo mismo ocurre con nosotros». Taylor componía cuando tocaba... como lo hacen todos los músicos de jazz, para quienes la improvisación equivale al acto de la composición *ad hoc*.

En honor a la verdad debe decirse que la dureza de este juicio no ha de ocultar la otra cara de la realidad. Siempre ha existido, en Estados Unidos, una gran disposición a tomar benévola nota de las hazañas pioneras. También en lo que respecta a manifestaciones artísticas, ese continente, gracias a un flujo de inmigración constante, cuenta con una añeja querenia por lo novedoso, tradición vinculable quizá con el genio universal político de Benjamin Franklin, quien a mediados del siglo XVIII compuso con su cuarteto para cello y tres violines una suerte de declaración de independencia musical del país. No sin razón se les ha tildado, con frecuencia, a los artistas americanos de *mavericks*, etiqueta esta que solo muy vagamente responde a la expresión de verso suelto. Ganado sin dueño ni marca de fuego, ternero huérfano de madre, solitario, desafecto, marginado... estos múltiples significados dan una pista de la esfera y la época de la que proviene semejante concepto: cuando los recién llegados transformaban la naturaleza ajena en patria, la frontera hacia el oeste estaba abierta y los infatigables pioneros tenían que mantener unidos sus rebaños al tiempo que acogían a cualquier desertor porque se reconocían en el indomable afán de libertad del advenedizo. Pero lo que hasta bien entrado el siglo xix aún podía considerarse primitivismo o ingenuidad en la música americana, rápidamente fue reconvertido por Charles Ives o Carl Ruggles en una filosofía musical llena de autoestima: música compleja en mangas de camisa.

Hace unos años, Michael Tilson Thomas, infatigable director jefe de la Orquesta Sinfónica de San Francisco, dedicó a aquellos personajes estrafalarios un festival etiquetado con el lema «American Maverick». Sentado en el escenario, un señor mayor de barba blanca y risueña mirada parpadeante escudada por gafas, acompañaba con su verbo los distintos movimientos de la *Holiday Symphony* de Charles Ives, evocando impresiones ambientales tan fantásticas como si se tratara de cuadros paisajísticos de la abuela Moses. Era Lou Harrison, uno de aquellos pioneros que debía de tener en mente Gertrude Stein cuando acuñó su bizarra sentencia de que Estados Unidos era el país más viejo del siglo xx. La frase deja campo a las especulaciones, pero presumiblemente Stein se refería también a que Estados Unidos, país joven en comparación con los estados europeos, poseía la tradición más larga de experimentaciones artísticas y disidencias estéticas. Podría decirse que es una tierra favorable al despliegue del individualismo. Todos estos músicos, desde John Cage hasta La Monte Young, desde Henry Cowell, Harry Partch, Meredith Monk hasta Conlon Nancarrow, constituyen la falange de una vanguardia rústica ante la cual Europa, en ocasiones, reaccionó con desairado desconcierto, porque aquélla era más dada al bricolaje que a la composición, inventaba más que desarrollaba, prefería mirar al futuro que cargar con tradiciones a sus espaldas.

No es, en absoluto, casualidad que Jarrett sienta simpatía por esas excentricidades, que haya estudiado a algunos de estos anacoretas artísticos, entre quienes figuran muchos denostadores de dogmas y de rancias sabidurías. Inconformistas notorios, ajenos a la influencia de cualquier tradición, históricamente imprevisibles, espléndidamente ignorantes de los límites de su género, caracteres vigorosos sin labrar, son los innovadores más asombrosos de la música del siglo XX, aun cuando en algunos casos no hayan hecho otra cosa que alumbrar insignificantes chusquerías. Y en su afán de libertad no solo se ocuparon de la música, sino que se les considera también filósofos y teóricos, autores y docentes heterodoxos, libretistas e histríones, iconoclastas e investigadores amantes del experimento.

A principios de los años ochenta, Jarrett interpretó en Stuttgart obras de dos de estos *mavericks,* a saber, Lou Harrison y Alan Hovhaness, junto a una composición de la australiana Peggy Glanville-Hicks, piezas que disfrutaban de su estreno a nivel europeo. Más tarde, registraría la suite para violín, piano y orquesta, así como el concierto para piano de Lou Harrison. Sin embargo, el hecho de que se haya comprometido en favor de estas y otras raras avis y sienta afinidad por ellos no significa, pese a su innegable propensión al excentricismo, que se le pueda englobar en la variopinta cohorte de *mavericks* americanos. Jarrett es demasiado culto en el sentido tradicional, demasiado reflexivo en lo musical y, también y sobre todo, técnicamente demasiado bien formado y organizado; si se quiere, demasiado conservador, en la mejor acepción de la palabra, como para poder pasar sin reservas por mero *maverick,* un tipo que también siempre representa, aunque de forma simpática, el provincianismo americano. Lo que Jarrett es con certeza absoluta, pues de lo contrario no hubiera llegado a ser uno de los más grandes músicos vivos del jazz, al igual que todos los jazzistas importantes antes que él y junto a él, un individualista, y uno de los más originales.

En efecto, esta música vive de los individualistas. Quien desee tener *cachet* en el jazz improvisado ha de disponer de una fisonomía reconocible. La primera frase swing que emana de su saxo permite detectar al instante el virtuosismo de Stan Getz; el sonido de la trompeta asordinada hace pensar irremediablemente en Miles Davis, y la desenfadada mano derecha, siempre un poco a la zaga de la izquierda, nos inducirá a concluir que el que está sentado al piano es Erroll Garner. Incluso los grandes conjuntos, de entre catorce y dieciocho integrantes, tienen rasgos identificatorios que permiten distinguirlos. Por su instrumentación heterodoxa, por ejemplo, se podía reconocer a la orquesta de Stan Kenton; por el *four brothers sound*, los distintos *herds* de Woody Hermann; por la parca introducción pianística, la banda de Count Basie.

Keith Jarrett posee toda una serie de tales señas de identidad que definen su personal estilo, configuran la impronta de su música y lo hacen sobresalir por encima del anonimato del buen pianista medio. Pero tales signos y gestos no siempre se oyen sin más. Ello se debe a que los músicos de jazz verdaderamente grandes han de dominar una peculiar forma de abordar la cuadratura del círculo: desarrollar un estilo individual reconocible y ser, no obstante, siempre originales y sorprendentes. A Jarrett se le reconoce por su casi infinita capacidad para la autoinspiración prolija, por una interpretación de cautivador virtuosismo en la que rara vez prevalece la sensación de que hay notas que hubiera sido mejor evitar. Es dueño de una pulsación insólitamente modulable, de un oído infalible para los acompañantes que lo inspiran y a los que él inspira. Es capaz de aporrear cual percusionista y extraer con magia sobretonos a la manera de un Claude Debussy. Tiene, como Thelonious Monk, la facultad de sonsacarle

27

al instrumento sonidos que nadie, en su sano juicio, sospecharía ni que el teclado pudiera albergar. Una y otra vez sorprende por su forma de iniciar una pieza, de construirla, de hacerla pasar por una impresión fugaz o cincelarla en la memoria como una recia fortaleza.

Todo lo que, a decir verdad, puede decirse para caracterizar a Jarrett tiene que ver con su música. Y con absolutamente nada más. Jarrett es músico, un músico concertante, activo. No es un teórico, ni un docente, ni un abanderado de una escuela, ni un autor de sabidurías musicales, ni un agitador o un ensayista. Su concentración en lo esencial, la música, es absoluta.

Esa concentración se corresponde con la limitación del radio de acción social del artista, que aparentemente contrasta con su irradiación global. En este sentido, y aunque pueda resultar un tanto descabellado, se le podría comparar con Giacomo Puccini o Giuseppe Verdi. La música de Verdi y Puccini conquistó el mundo, pero los artistas mismos siguieron fieles a la comarca y a las tierras en donde nacieron: la áspera Emilia Romagna comprendida entre Roncole, Busseto y Sant'Agata en un caso y la amena Toscana del minúsculo triángulo formado por Lucca, Torre del Lago y Viareggio en otro. Jarrett es, como ellos, asombrosamente autóctono. Desde 1972 vive en una casa de Nueva Jersey que, para cuando se trasladó allí, tenía la mitad de años que Estados Unidos. Dista a pocos kilómetros de su lugar de nacimiento, Allentown, donde pasó su infancia. Nueva York no dejó de ejercer sobre él su poder de atracción, pero seguramente ya no se le pasaría por la cabeza vivir de forma permanente en esa ciudad, caracterizada por la lucha asesina por la supervivencia y su energía inagotable. Cabe suponer que para Jarrett, replegado sobre sí mismo y protegiéndose del entorno, tal vez sea así por aquella idiosincrasia de Nueva York que John Steinbeck describió de manera tan sugerente en su relato *El nacimiento de un neoyorquino*:

"Nueva York no se le mete a uno en la ropa; se le incrusta en los poros. Lo que significa también que uno pierde parte de su yo a manos de una ciudad".

Hay otra característica que revela la concentración en lo esencial y la escrupulosa discreción de Jarrett. Cuenta ahora con una carrera que abarca cincuenta largos años. Pero si hemos de enumerar los músicos con los que ha compartido escenario o estudio, no hace falta estrujarse la memoria. Comparado con la cantidad de acompañantes que Miles Davis podía presentar después de un período similar, los músicos que han acompañado a Jarrett suman un número abarcable. Además, antes de embarcarse en grabaciones con sus propios grupos, solo fue miembro de tres bandas: los Jazz Messengers de Art Blakey, el cuarteto de Charles Lloyd y el ensemble abierto de Miles Davis. Sin embargo, ¡menudas estaciones éstas en el camino hacia el encuentro consigo mismo!

A partir de la lista de músicos que tocaron con Art Blakey podría componerse sin esfuerzo una enciclopedia representativa del jazz: Horace Silver, Lee Morgan, Bobby Timmons, Kenny Dorham, Donald Byrd, Benny Golson, Freddie Hubbard, Chuck Mangione, Wynton y Branford Marsalis, Wayne Shorter, Johnny Griffin y, precisamente, Keith Jarrett... todos ellos, y quizá doscientos músicos más, tuvieron ocasión de fijarse en los dedos de aquel baterista que nunca supo leer notas, aprendiendo con él más que en cualquier academia. Charles Loyd estaba hecho de otro costal, pero para Jarrett fue igualmente importante porque estaba de moda. Fue el primer músico de jazz aceptado por una juventud cada vez más tendente al rock. Era una de las grandes figuras en el mundo psicodélico de los años sesenta y actuaba con su propia banda en festivales de pop y salas de música rock.

Por último, Miles Davis fue, con toda seguridad, uno de los máximos impulsores en la historia del jazz que siempre mantuvo sus conjuntos abiertos a jóvenes jazzistas con talento. "En todo momento su música iba al encuentro de la generación siguiente", dijo el bajista Dave Holland, con quien Miles colaboró en una fase decisiva de su carrera, a saber, durante la evolución hacia el jazz rock. Más difícil será ponerse de acuerdo sobre si fue un pionero o un revolucionario de la música. Incluso en la mutación del expresivo bebop hacia el jazz, de cariz más intelectual, fueron otros, como Gil Evans, quienes desempeñaron un papel no menos importante. También la música modal o el jazz rock tienen otros referentes a los que podría considerarse como precursores. Pero en todas las corrientes que existieron desde 1945, Miles Davis jalonó el camino —salvo en el free jazz, que dejó pasar como un mal sueño—. Apenas nacía un estilo nuevo, ya estaba aportando una contribución de peso. Fue un notorio preclásico, que con su *Kind of Blue* produjo una obra maestra considerada por compositores, como György Ligeti, digna de ser situada al lado de los cuartetos para cuerda del Beethoven tardío o de *El arte de la fuga* de Bach.

Sus conjuntos han sido calificados de seminarios de una universidad imaginaria del jazz. ¿Qué se enseñaba en ellos y qué aprendían los estudiantes? Difícilmente se encontrarán coincidencias estilísticas en los numerosos pianistas que tocaron con Miles. Tal vez sirve de ayuda lo apuntado por el guitarrista Mike Stern: la mayor dificultad de la guitarra consiste en la técnica respiratoria, en la capacidad de dejar respirar la música. Y eso fue justamente lo que aprendió con Davis. Otros acompañantes relatan algo parecido. Miles no era un docente; era un catalizador que ayudaba a sus músicos a desarrollarse a sí mismos. Daba algún consejo, sugería alguna pauta, pero luego cada palo debía aguantar su vela. Su sonámbula seguridad en sí mismo, el aura de su personalidad y su confianza en las destrezas de los músicos que lo rodeaban, debieron de ser más eficaces que todo concepto musical bien asentado o cualquier arreglo sonoro a prueba de crisis.

Sin embargo, oyendo a Jarrett en las grabaciones tempranas que realizó con los grupos de Art Blakey, Charles Lloyd o Miles Davis, se llegará a la conclusión de que ya entonces supo devolver a los líderes tanto como recibía de ellos. Comparando con producciones posteriores llevadas a cabo con grupos propios, no se tiene en absoluto la impresión de que, como pianista, aumentara su seguridad estilística y su destreza por el hecho de colaborar con aquellas primeras figuras del jazz. Lo que adquirió con Blakey, Lloyd y Davis fue, sobre todo, la necesaria práctica de la escucha mutua y de la presencia escénica. Jarrett alcanzó tempranamente un clímax en su arte interpretativo, lo que de ningún modo significa que no haya evolucionado. Pero confió, en ese proceso, más en sí mismo que en voces ajenas. También en sus interacciones con otros artistas siempre ha velado por la máxima concentración, la economía y la prudencia estética. Hasta la fecha no son más que un puñado de músicos los que pertenecen a su círculo; y los nombres se repiten. Con Jack DeJohnette y Gary Peacock forma un trío desde hace más de treinta años. Charlie Haden y Paul Motian han estado una y otra vez en el elenco de sus bandas.

El trompetista Miles Davis empleó, entre 1947 y su muerte en 1991, nada menos que cuarenta y cinco pianistas en sus distintos conjuntos, a veces llegó a haber hasta tres de forma simultánea en un solo combo. En el mismo lapso de tiempo el pianista Keith Jarrett salió al escenario con, a lo sumo, una docena de músicos de viento. Como jazzista prefiere solo las formaciones reducidas, el dúo, el trío o el cuarteto. Es difícil imaginarse a Jarrett en una gran orquesta: la única grabación de este género se remonta a una actuación con los College All-Stars de Don Jacoby, para quienes se sentó al piano a los dieciséis años en tanto que representante de la Berklee School of Music. No sería del todo errado llamarlo ermitaño, uno que, de cuando en cuando, abandona su santuario para presentar sobre los escenarios del mundo entero su nada eremítico arte. Esto le confiere cierta aura mesiánica, aunque su talante más bien tímido y esquivo no parece que vaya a convertirle en un gurú con gran séquito.

También su repertorio de jazz pivota invariablemente sobre los mismos tres ámbitos: los estándares, que, eso sí, llena de vida nueva como no lo hace prácticamente ningún otro intérprete, las composiciones propias, y las libres improvisaciones de solista. A ello se añade la literatura pianística clásica desde Bach hasta los contemporáneos. Jarrett es, y no se puede menos que subrayar, de una coherencia digna de atención en lo que atañe a su concepción del arte. Y es inmisericordemente crítico, hasta el extremo de cruzar el umbral de la autoinmolación. Fue en Lausana donde, en una de sus actuaciones como solista, la inspiración lo dejó en la estacada y entonces se acercó al borde del escenario para preguntar si entre el público había un pianista que quisiese seguir tocando en su lugar, pues ya no se le ocurría nada. Ese gesto hubiera encajado también con Glenn Gould o Piotr Anderszewski, quien en Leeds, en el único concurso de pianistas en el que participó en su vida y siendo el candidato finalista con mayores posibilidades, simplemente abandonó el estrado después del segundo movimiento de las crípticas *Variaciones Op. 27* de Anton Webern para no ser visto nunca más. Luego comentó con sarcasmo que algunos miembros del jurado ni siquiera se dieron cuenta de que no había tocado la obra hasta el final. Anderszewski abandonó porque no estaba contento con su interpretación. Para algo así hay que estar preparado, también en el caso de Jarrett, quien espera de su público nada menos que lo que él se exige a sí mismo hasta límites extremos: concentración incondicional en la música.

Dice Jarrett que durante toda su vida ha tocado la batería, que éste fue su primer instrumento. Aunque sea objetivamente cierto, no deja de ser una exageración. El talento de Jarrett alcanza para aprender y saber tocar cualquier instrumento con tal de que le despierte el suficiente interés. Y quien consulte su nada desdeñable discografía se encontrará, efectivamente, con toda una panoplia de variadas herramientas sonoras que ha empleado desde el comienzo de su carrera: batería, instrumentos de percusión diversos, flautas, gong, tablá, saxo, guitarra eléctrica, bajo eléctrico, *glockenspiel,* armónica, banjo, violonchelo y, junto con el piano, otros instrumentos de teclado, tales como el órgano de tubos, el órgano Hammond, el piano eléctrico, la celesta, el clavicémbalo y el clavicordio. Con todo, Jarrett ya no entrará en los anales de la música como batería o viento. Ya ocupa en ellos un lugar consagrado: el que corresponde a uno de los grandes pianistas de jazz e intérpretes de piano clásico de categoría.

Piano de jazz y piano clásico. He aquí dos mundos distintos. Ningún músico de jazz se referiría al piano como a un instrumento todopoderoso. En el jazz, el piano siempre se ha topado con límites. Siempre ha estado demasiado lejos del cuerpo del intérprete, ha sido demasiado neutro y —aunque la historia del instrumento y la terminología de la interpretación pianística sugieran lo contrario— literalmente intocable. Y ha sido, en el fondo, incapaz de satisfacer las ideas de timbre y matiz que tan importante papel desempeñan en la música afroamericana. Quien se pregunta por qué Jarrett, cuando interpreta jazz, no aguanta en la banqueta, sino que se comporta como un energúmeno, perforando francamente el piano con los brazos y doblando las teclas como si fuera a destrozarlo, encuentra aquí la explicación: quiere abordar el cuerpo de ese instrumento distante y causarle magulladuras para que empiece a lamentarse como una vieja guitarra de blues. Porque ningún piano suelta notas de blues voluntariamente, hay que arrancárselas a porrazo limpio, aunque sea asimilándose a él y transformándose en centauro: mitad persona, mitad piano. Fue gracias a tales metamorfosis que Jarrett adquirió fama. Sin embargo, no hay que mitificarlas: se trata de proezas del espíritu. Y las proezas implican trabajo. No fue, en último término, ésta la razón por la cual el sabio periodista y autor de jazz Peter Rüedi calificó a Keith Jarrett de genio. Y sobre esto versa, precisamente, el presente libro: el trabajo de un genio.

2.
INFANCIA
EN ALLENTOWN

A Allentown, situada en el estado de Pensilvania, en las estribaciones de los montes Apalaches, no se llega por casualidad. Es preciso querer llegar allí. ¿Y a quién puede interesarle eso? ¿Ir a parar a una ciudad industrializada cuyos mejores tiempos ya pasaron, que con sus escasos ciento veinte mil habitantes figura, por tamaño, en el lugar 224 de la sociedad americana ávida de estadísticas, pero que en el ranking, meramente oficioso, de municipios conservadores del país ocupa el duodécimo puesto?

Antes de que, en 1982, Billy Joel, con su tema «Allentown» incluido en el álbum *The Nylon Curtain,* erigiera un monumento sonoro a la ciudad, ese cantante atento a la política de su tiempo debió de acordarse de Bertolt Brecht, quien había planteado la pregunta de si en tiempos malos también se canta, para, a renglón seguido, dar como respuesta: «Sí, en los malos tiempos también se canta: sobre los malos tiempos». A la luz crepuscular de la industria pesada de Pensilvania de finales del siglo XX, lo que Joel quería en realidad era, según confesó, evocar Levittown, ciudad en cuyas inmediaciones se había criado. Más tarde, pensó también en Bethlehem, pequeño municipio vecino de Allentown, que sufría todavía mucho más el deprimente ocaso de la siderurgia y la minería del carbón ocurrido durante la recesión de los primeros años ochenta del siglo pasado. Pero los nombres Levittown y

Bethlehem resultaban menos cantables, además de no tan fáciles de hacer rimar, por lo que el cantante los sustituyó por Allentown, a fin de que su machacona canción de trabajo recordara a los ciudadanos acomodados del país la existencia de una menos privilegiada clase obrera. Por tanto, en ese himno de la desesperación económica, Allentown no tiene prelación sobre otras ciudades. Joel afirmó que solo era un símbolo de la situación de muchas ciudades americanas en los tiempos del declive industrial: «Allentown no es más que una metáfora del desastre económico de América. Su nombre suena tan típicamente americano como Jimmytown, Bobbyburgh, Anytown».

Eso sí, su alcalde sabía por qué. Cuando se lanzó la canción y rápidamente se hizo popular, honró a Joel con la distinción de hijo predilecto, unido a una entrega simbólica de la llave de la ciudad. Si bien algunos vecinos no estaban muy contentos con la imagen de su urbe ratificada y pregonada por el tema, Allentown sacó un provecho de esa canción de muy grueso calibre. Prácticamente en cualquier parte del mundo, y todavía mucho después de su aparición, los conocedores de la música pop americana saludaban a los habitantes de la ciudad, nada más revelar estos su procedencia, con la frase: «Ah, de Allentown. ¿Verdad que Billy Joel os dedicó una canción?». Es lo que en Estados Unidos se llama «asentar un lugar en el mapa».

El ejemplo sirve a la vez para mostrar la omnipresencia, en cierto modo también la omnipotencia, de la música pop. ¿Ha recibido Keith Jarrett el título de hijo predilecto? ¿Ha sido el músico más grande jamás salido de Allentown el que asentó la ciudad en el mapa? Ni siquiera si hubiese compuesto una suite de jazz para gran orquesta y piano con el título de *Allentown,* Jarrett habría podido elevar el grado de notoriedad de su lugar de origen. Para captar la atención del público en general hace falta un Billy Joel arremangándose la camisa con eficacia mediática, por no mentar a Frank Sinatra, Liza Minnelli o Tony Bennett. A éstos últimos, no obstante, nunca se les habría dado crédito si, después de Chicago, Nueva York o San Francisco, hubiesen entonado con acento serio un *Allentown, my Allentown* o *I Left My Heart in Allentown.*

La localidad se halla en pleno centro del antaño próspero cinturón manufacturero, la mayor área económica de cariz industrial del mundo, que se extiende prácticamente desde Wisconsin hasta Nueva Jersey, y que, desde los años setenta del siglo pasado y debido a factores como la dislocación de la industria pesada a países en vías de desarrollo con una producción más barata, las importaciones de bienes de bajo costo o el éxodo de mano de obra, se ha convertido en aquella zona de emergencia económica que ha alcanzado triste fama bajo el apelativo de «cinturón del óxido». De modo similar a como sucediera en la Cuenca del Ruhr, aquel cinturón ha sido reconvertido en una región de servicios, un proceso dificultoso, lento y aún no del todo satisfactorio. Los efectos de la crisis económica pueden calibrarse en Detroit, antiguo núcleo del auge de la industria automovilística norteamericana, que en los años cincuenta albergaba un millón y medio de habitantes, mientras que actualmente cuenta con la mitad, de los cuales un ochenta y cinco por ciento son afroamericanos con pésimas oportunidades de empleo. Con ochenta y cinco mil casas abandonadas o semiderruidas y escuelas clausuradas, Detroit está a punto de convertirse en una ciudad fantasma. Fue la primera metrópoli americana que, en julio de 2013, se declaró en quiebra, y es considerada hoy extremadamente peligrosa, como todos los sitios sin esperanza de este planeta.

Keith Jarrett es de Allentown y se ha mantenido fiel a la región, si prescindimos de una breve estancia en Boston durante sus estudios en la Berklee School of Music, que muy pronto abandonó, y otra en Nueva York, donde inició su carrera. Desde 1972 vive en Oxford, en el vecino estado de Nueva Jersey, a tiro de piedra de su lugar de origen. Cuando nació, el panorama de Allentown y de todo el valle de Lehigh, comprendido entre la Pensilvania oriental y el oeste de Nueva Jersey, era, eso sí, un poco distinto al actual; la industria de la hulla, el hierro y el acero, la extracción de petróleo, la construcción de maquinaria y herramientas, aún se practicaban a gran escala y había suficiente trabajo, un moderado bienestar y una perspectiva aparentemente segura para jóvenes familias. Sin embargo, Jarrett no pudo haber desarrollado una relación de amor con su ciudad cuando, al pasar revista a sus años tempranos, le extiende un certificado tan demoledor, centrado, obviamente, en el aspecto cultural: «Allentown es una de las ciudades de mayor miseria musical de Estados Unidos. En esa ciudad no hay nada, ni comida, ni música, ni vida. Es una ciudad muerta».

Aquí habla el artista radical que no puede soportar la medianía ni la provincia, sino que está hecho únicamente para estar en el ombligo del mundo musical u optar por la soledad para replegarse sobre sí mismo y respirar con libertad. Aun así, a Allentown también se la conoce como «band city», porque hospeda la más antigua banda de conciertos de Estados Unidos, comparable a las numerosas orquestas de vientos amateurs en Alemania y otros países europeos. Ella y una retahíla de conjuntos locales actúan habitualmente en la concha acústica del municipal West Park. Además, la ciudad organiza cada año el Drum Corps International Eastern Classic, un encuentro de las mejores bandas de música jóvenes del mundo, que, ampliados con grupos coreográficos, en Estados Unidos se llaman «drum and bugle corps» [cuerpos de tambores y cornetas]. En tales eventos al aire libre y agrupaciones sabrosamente populares se inspiró, por ejemplo, Charles Ives para crear muchas obras de orquesta de suma originalidad. Por otra parte, en Allentown se construyó, en 1896, un pabellón de mercado que tres años después fue rehabilitado como teatro para toda clase de actos culturales. Desde 1959 ha servido de sede a la orquesta sinfónica de la ciudad, fundada ocho años antes. El establecimiento, que hoy se llama Miller Symphony Hall, ha conocido una serie de ilustres artistas, desde Sarah Bernhardt, a principios del siglo veinte, hasta animadores tan populares como Bing Crosby y exitosos jazzistas de la talla de Benny Goodman, que incluyeron Allentown en sus giras, pasando por los hermanos Marx, quienes ensayaron en aquella provincia su revista musical *I'll Say She Is,* que luego tendría gran éxito en Broadway.

Durante su infancia en Allentown todo lo anterior debió de tener muy poca importancia para Jarrett, y desde luego no significó nada para el artista consagrado que volvía la vista atrás a su adolescencia y al encuentro consigo mismo, un período que muy pronto se vio sacudido por problemas familiares. Los padres de Jarrett se habían conocido antes de la Segunda Guerra Mundial y habían contraído matrimonio en 1942. Los orígenes del padre, Daniel Jarrett, pueden rastrearse hasta unos inmigrantes iroescoceses y franceses llegados a Estados Unidos en el siglo XVIII. Las raíces familiares de los abuelos maternos, en cambio, se hunden en la monarquía austrohúngara. La abuela, Anna Temlin, nació en 1896 como en Sögersdorf, una pequeña localidad del sudeste de Estiria que más tarde pasó a formar parte de Yugoslavia y, posteriormente, de Eslovenia, con el nombre de Segovici. Hacia 1910 Anna emigró de esa agitada región de Europa para vivir en Bethlehem (Pensilvania) con dos hermanas mayores que habían desembarcado en Estados Unidos años atrás. En Bethlehem conoció a Joseph Kuzma, esloveno como ella y natural de Prekmurje, una región histórica situada en el extremo nordeste de Eslovenia, donde actualmente confluyen las fronteras de dicho país, Austria, Hungría y Croacia. Cuando Anna tenía veinte años se casó con Joseph Kuzma y se mudó con él a Cleveland, Ohio, donde nacieron dos de sus tres hijos: Rudolph, que a los cinco años perdió la vida en un accidente, e Irma, la futura madre de Keith Jarrett. Estando Anna Kuzma embarazada de su tercer hijo, su marido la abandonó y ella volvió con Irma a Pensilvania, donde nacería su segundo hijo varón, Joseph. Cuatro años después, Anna contrajo tuberculosis, e Irma y su hermano ingresaron en un orfanato.

Anna solo mediaba los treinta cuando fue trasladada del sanatorio a un hospicio, el Lehigh County Home, porque se creía que ya nada podía hacerse por su vida. Luego, en el hospicio, se produjo un memorable y trascendente encuentro con un miembro de la Iglesia de la ciencia cristiana. Parece ser que las conversaciones que fueron desarrollándose entre Anna y aquel hombre provocaron en ésta una especie de curación milagrosa. Al poco tiempo empezó a sentirse mejor y pudo ser dada de alta del hospicio; se la consideraba totalmente curada, hasta el punto de que en un examen radiológico ni siquiera se constató la existencia de una enfermedad anterior. Anna Kuzma se trasladó a Allentown, donde sus dos hijos cursaron la escuela, pero Joseph murió, poco antes de acabar el bachillerato, ahogado en el río al romperse el hielo mientras patinaba. Irma Kuzma, tras acabar su período escolar, se puso a trabajar como secretaria del agente inmobiliario Roscoe Q. Jarrett, con cuyo hijo contraería matrimonio. No debería soslayarse que, escasamente después de su convalecencia completa, Anna Kuzma se adhirió, junto con su hija, a la Iglesia de la ciencia cristiana.

El origen étnico de la rama materna de la familia ha quedado envuelto en cierta confusión a raíz de la obra de Ian Carr, biógrafo de Jarrett. Señaló Carr que Anna Kuzma hablaba varios idiomas, entre otros, el húngaro, el alemán, el inglés y el *windisch,* un «dialecto de gitanos húngaro», que supuestamente había hecho pensar a Irma durante toda su vida que descendía de gitanos magiares. Ahora bien, el *windisch* no es en absoluto un dialecto de gitanos húngaros, y el apellido «Kuzma» no tiene origen magiar. *Windisch,* en el Estado multiétnico y plurilingüe de Austria-Hungría, era más bien una denominación del esloveno usada a veces de forma despectiva. El nombre «Kuzma» se da en casi todas las lenguas eslavas, en Ucrania, Eslovaquia, Rusia, Polonia, Serbia y Croacia, pero sobre todo en aquel rincón nororiental de Eslovenia del que provenían Anna Temlin y Joseph Kuzma y donde incluso un pequeño municipio lleva ese nombre en la zona de Prekmurje. Allí siguen viviendo hoy en día parientes de Keith Jarrett que pertenecen a la rama eslovena de la familia, y no existen indicios de gitanos húngaros ni de otras etnias romaníes. Por lo visto, y como ocurre a menudo con emigrantes de aquella época deseosos de identificarse con su nueva patria, pocos miembros de la familia se han dedicado seriamente a investigar sus orígenes situados en el sudeste de Europa Central. El propio Jarrett ha mantenido en alguna entrevista, a sabiendas de lo contrario, el mito de su parcial ascendencia de gitanos húngaros, posiblemente con el propósito de hacer aparentar su afinidad con la música de Béla Bartók como un hecho en cierto modo natural.

Los padres de Jarrett no eran ricos, pero disfrutaban de una vida acomodada, ya que su progenitor trabajaba de agente inmobiliario. La abuela Anna Kuzma convivía con la familia y se ocupaba de los hijos; cinco vástagos varones, de los cuales Keith, nacido en 1945, es el mayor y Chris, que vio la luz once años después, el más joven. En las familias de ambas ramas existieron talentos musicales, aunque ninguno de ellos destacó por encima de la media. Comparada con el padre, más bien conservador, la madre no solo era de ideas más liberales, sino que abrigaba también más ambiciones artísticas que él. Tocaba la trompeta, el trombón y la batería en la banda de la Harrison-Morton Junior High School de Allentown y debía de poseer una bellísima voz. Que Keith era de una inteligen-

41

cia superior, de una comprensión fulgurante y de una musicalidad excepcional, que tenía oído absoluto, sabía reproducir enseguida cuanto escuchaba e incluso podía improvisar sobre ello —mejor dicho quizá: parafrasearlo—, era tan evidente, sobre todo para la madre, que el niño, sin haber cumplido aún los tres años, ya recibía una formación de piano en toda regla. La enseñanza clásica cayó en tierra abonada, pues ya a los cinco Keith actuó en el TV Teen Club del exlíder de banda Paul Whiteman en Filadelfia, ganando un premio por su contribución. También a lo largo de los años siguientes ofreció recitales públicos en distintas ocasiones, por ejemplo, en el marco de los conciertos organizados por la Wright School, una escuela privada donde empezó dos cursos por encima de su edad. Allí actuó, entre otros, con su hermano Eric, violinista y tres años y medio menor que él, a quien acompañó al piano con motivo de un concierto para violín. Siguieron noches de solista para el Lions Club en un auditorio de Atlanta y en el Madison Square Garden de Nueva York, así como otras ocasiones en que su gran talento fue presentado a un público estupefacto.

Según parece, los padres de Keith no solo detectaron y fomentaron su talento en fecha temprana, sino que también supieron evitar los errores que los padres de niños dotados a menudo cometen por un exceso de ambición. Basta leer las memorias de algunos artistas para ver la catástrofe humana que no pocas veces se oculta tras una brillante carrera. Si miramos la valoración que Samari Savsinski, profesor del conservatorio estatal de Leningrado, hace de su discípulo Lázar Berman en el año 1934, cuando éste tenía apenas tres años y medio, tenemos la sensación de estar ante una paráfrasis de la apreciación de Keith Jarrett realizada por su maestro: «El chico posee un oído absoluto, sabe leer notas, se maneja con gran seguridad en el teclado y sigue con una facilidad y un conocimiento impresionantes, a ratos incluso lleno de emoción, distintas obras, de las cuales yo destacaría un minueto de Bach». Tres semanas después se celebró en el conservatorio estatal un certamen municipal que contó con la participación de Berman. Del acta de Anna Vlasova se desprende que el jurado solicitó «prestarle el mayor apoyo posible y ofrecerle un pedagogo a fin de que su evolución sea acompañada por un especialista». El resultado de esa providencia estatal combinada con la ambición de los padres pudo escucharse en maravillosas noches concertísticas ofrecidas por Berman hasta su muerte en 2005. El precio que pagó por ello se encuentra, a modo de contrapunto, en las memorias del pianista: «Mi vida transcurría sin ninguna alegría. Tenía la sensación de que nadie se ocupaba realmente de mí; yo era una mera máquina a la que había que acostumbrar a practicar. Ya de niño se me exhibía».

Keith Jarrett tuvo suerte con su madre. Por ejemplo, cuando ésta se enteró de que el segundo profesor de su hijo, un tal Dr. Debodo, aconsejaba a su alumno que se alejara de los otros niños porque era mejor que ellos, enseguida canceló las clases con aquel docente. Tal vez, la decisión se debía también a las convicciones religiosas de la madre, miembro de la Iglesia de la ciencia cristiana, que en esa situación puso sus principios éticos y morales por encima del éxito material. Este pequeño ejemplo muestra ya lo importante que era para los padres que sus hijos, incluso el superdotado Keith, tuvieran una infancia normal y se interesaran por todas las modalidades de deporte posibles, interés que les despertaba el padre. En el caso de Keith, por el balonmano, el ping-pong, el fútbol americano, el ajedrez y hasta la lucha. En aquel entonces, él no debía de ser muy consciente de ello, pero a lo largo de su carrera musical la resistencia de atleta que adquirió durante la infancia sin duda le resultó de gran ayuda.

También sus cuatro hermanos —Eric, Scott, Grant y Chris— desarrollaron una actividad musical, siendo quizá el extraordinario talento de Keith acicate a la vez que intimidación para los tres menores. Fue precisamente Grant, ocho años menor y durante años baterista y pianista con más o menos éxito en los clubes del país, quien en su posterior carrera de escritor le reprochó a su hermano mayor sin tapujos no haberlo apoyado en su trayectoria musical (por ejemplo, en el prólogo y el epílogo de su autobiográfico libro *More Towels,* publicado en 2002). Eric, al que Keith sacaba tres años y medio, debió de ser un violinista excelente y niño prodigio similar a su hermano. Scott, el mediano, nacido en 1952, es guitarrista, cantante y compositor de canciones populares, en cuyas producciones Keith incluso ha intervenido algunas veces y con quien ha tenido, según parece, una buena relación. Por último, Chris, nacido en 1956, es el que más ha seguido las huellas de su genial hermano, comenzando tras largos años de itinerancia una notable carrera de pianista y compositor, desarrollada sobre todo en Alemania, donde, tras abandonar sus estudios en el conservatorio Oberlin de Ohio por falta de dinero, retomó y concluyó su formación en la Universidad de Oldemburgo, en la que luego ejercería la docencia durante unos años. Hoy vive en el suroeste del Palatinado, cerca de la frontera con Francia.

Ahora bien, hacia aquel 1956, mucho más que el hipertalento de Keith, lo que debió de influir en la carrera musical de los cuatro menores fue la separación de los padres. El divorcio hizo que la existencia asegurada y el hogar estable se convirtieran en una pesadilla para la madre y sus cinco hijos impúberes, de los cuales el más joven aún era un bebé y el mayor tenía once o doce años. Ian Carr describió con palabras de la madre lo que ésta sintió durante aquella catástrofe personal y económica: «La lucha desde ese día fue muy dura. Ahí estaban las cinco criaturas. Sufrí un colapso, pensé que iba a morirme y miré aquellas caras. Tuve que venderlo todo porque no podía pagar las facturas. Era una situación horrorosa.

Keith Jarrett con su hermano Eric, tres años y medio menor que él, en 1954. Los dos niños prodigio actuaron en ocasiones juntos en público.

Toda mi energía se iba en sostenerlos. Hubo momentos en que no teníamos que comer ni dinero para pagar el alquiler. Constantemente tenía tres o cuatro trabajos a la vez para ir tirando, y no me arrepiento».

Para colmo de males, los padres no se habían separado de forma amistosa. Si bien el padre apoyaba económicamente a la familia, los excónyuges ya no se hablaban y durante más de diez años los niños no tuvieron contacto con su padre. Solo mucho después, cuando Keith ya era adulto, volvió a haber una relación entre Daniel Jarrett y sus hijos, primero con el mayor, luego también con los demás. Uno puede imaginarse el efecto que la separación debió de tener en los cinco niños en esos años determinantes para ellos. El drama familiar resultó particularmente nefasto para Eric, de ocho años, quien tras el divorcio de los padres perdió el norte y dejó completamente el violín. Por el contrario, en aquella fase de su desarrollo personal, Keith parece haberse envuelto totalmente en la crisálida de su música, que le ofrecía protección contra un entorno que se había vuelto desapacible. Sin embargo, desde aquella época, su orientación musical cambió de forma deliberada o inconscientemente. La música clásica pasó cada vez más a un segundo plano, también debido a que las clases regulares de piano fueron suspendidas cuando cumplió quince años; en cambio, empezó a volcarse hacia aquellas vertientes estilísticas que eran más bien el coto de su padre: el entretenimiento digno y el jazz.

En medio de esa precaria situación familiar, su concentración todavía más intensa en la música no sirvió precisamente para crear una armonía en el seno del hogar. Sucedía que en aquellas condiciones, a menudo bastante estrechas —madre e hijos se vieron obligados a mudarse de domicilio reiteradas veces—, dos de los hermanos ensayaban simultáneamente o Keith, al piano, intentaba sumergirse en una obra mientras a su alrededor los demás, aun queriendo ser respetuosos, no podían evitar hacer ruidos molestos, sin hablar del perro que a ratos coleteaba entre las patas del instrumento. Parece que en ciertos momentos la vivienda era un polvorín y bastaba con poco para encender la mecha y provocar la explosión. No es cargar las tintas de la psicología si presumimos que de tales experiencias vienen las reacciones casi neuróticas de Jarrett ante cualquier clase de ruidos que se produzcan durante sus conciertos en solitario.

Fue por aquel entonces cuando Keith, a los dieciséis años, comenzó a tocar con otros músicos adolescentes en clubes y bares de copas, aunque en Allentown —la «ciudad muerta» de Jarrett, como se ha dicho arriba— el abanico de sitios donde actuar no podía ser precisamente muy amplio. Había, eso sí, la pasable big band de un tal Matt Gillespie, con la que Keith pudo reunir sus primeras experiencias en eventos realizados con motivo de fiestas escolares o celebraciones municipales. Por aquellas fechas se produce, asimismo, el primer encuentro con uno de los realmente grandes de la historia del jazz, el pianista Dave Brubeck, a quien conoció en concierto y cuyas transcripciones pianísticas estudió detenidamente para observar que teniendo un concepto musical conciso podían lograrse resultados aceptables sin necesidad de desplegar un virtuosismo desbordante. También esto parece haber dejado huella en el horizonte estético de Jarrett.

Otra experiencia que lo llevó a enfocar de modo cada vez más pronunciado una carrera como jazzista fue el campus de verano de Stan Kenton en la Universidad del Estado de Michigan, campus del que tuvo noticia gracias a la lectura de *Downbeat,* la publicación periódica de referencia para los aficionados al jazz, y al que asistió por espacio de una semana. Allí, bajo las instrucciones de miembros del conjunto de Kenton y de profesores de la North Texas State Faculty, jóvenes músicos tenían la ocasión de tocar en pequeños grupos y de componer piezas para la gran orquesta de la universidad. Jarrett escribió y arregló para la banda la composición *Carbon Deposit*, una balada que tuvo un éxito tan grande que el líder de un grupo de Minnesota presente en el evento le ofreció comprársela. La oferta no prosperó. Ni siquiera más tarde Jarrett publicaría la mencionada obra. En Indiana, asistió a una «jazz clinic», donde volvió a encontrarse con los músicos de Stan Kenton, a quienes ya conocía. Debió de haber dejado una impresión tan impactante que Kenton lo invitó a participar en dos actuaciones de su banda en Atlantic City y Potsville (Pensilvania): cuesta imaginar una distinción mayor para un chico que acababa de cumplir dieciséis años. Demuestra de forma ostensible el nivel musical que Keith había alcanzado en un tiempo brevísimo.

A los dieciséis, terminó también sus estudios en la Emmaus High School, y habría podido ingresar en la escuela de música Berklee; sin embargo, prefirió aceptar un empleo de oficinista de unos meses y reunir más experiencias como jazzista en pequeños clubes de Allentown. Sustituyó, durante algunas semanas, al pianista enfermo de un trío en el Deer Head Inn, situado a varias millas de Allentown, en las montañas Pocono. Fue su primer trabajo serio de pianista. Más tarde, actuaría una y otra vez en este club, llegando incluso a tocar la guitarra; en esa ocasión el saxofonista tenor Stan Getz se encontraba casualmente entre el público y le ofreció trabajo como guitarrista, según Jarrett comentaría más tarde, no sin una pizca de ironía. Exactamente treinta años después de su primera actuación en el Deer Head Inn, el 16 de septiembre de 1992, Jarrett, consagrado desde hacía tiempo como uno de los grandes jazzistas de nuestro tiempo, dio allí un concierto formando trío con Gary Peacock y Paul Motian a fin de rendir homenaje a este club de jazz de ya larga existencia y al compromiso con la «buena música» defendido por su dueño.

Volvamos al año 1962. Cuando Fred Waring, una de las primeras figuras locales del jazz, lo oyó tocar en el Deer Head Inn, le consiguió un trabajo con una banda Dixieland en su propio club y luego le abrió la posibilidad de ir de gira con los Fred Waring's Pennsylvanians. Por cierto, en el Deer Head Inn, pudo tocar poco tiempo después con Johnny Coates, el pianista al que antes había sustituido con un trío propio. Eso sí, cambiando, y al parecer sin gran esfuerzo, el piano por la batería.

A los pocos meses, aún en la primavera de 1962, se le presentó la ocasión de grabar su primer disco oficial. La empresa Decca había firmado un contrato con el trompetista y jefe de gran orquesta Don Jacoby, consistente en una publicación anual con una «College All Star Band» compuesta en cada función por estudiantes distintos de diferentes universidades. Cuando, a instancias de Waring, Jarrett fue invitado por Jacobi a participar en el grupo, aún no estaba matriculado como estudiante pero se hizo pasar por tal. De hecho, así se le etiquetaba también en el disco que salió aquel mismo año: con dieciséis años el miembro más joven de la banda y el único estudiante de la orquesta de la Berklee School of Music de Boston. Charles Suber, entonces todavía director de *Downbeat,* informaba en la carátula que el polifacetismo de Jarrett era «interesante y típico», sea lo que sea lo que haya querido decir. A continuación, sin embargo, escribe una cosa misteriosa, que solo tiene sentido si es que Jarrett aún no había iniciado sus estudios en la escuela Berklee pero sí realizado ya la prueba de interpretación: «Acompañado por su madre (no por Jacoby), efectuó la prueba para Berklee con conciertos de Brahms y Gershwin ejecutados de forma brillante y concluyendo con algunas de sus originales composiciones de jazz».

Al repasar los dieciocho nombres de aquel ensemble, no hallaremos uno solo con el que pudiéramos reencontrarnos en el panteón del jazz, salvo el de Keith Jarrett y

el de Don Jacoby, quien tocó con Benny Goodman y Les
Brown y debía de ser, a la sazón, un maestro sobresaliente.
Jarrett, que nunca había pasado por un estudio de grabación y no conocía a ninguno de los músicos que lo acom-
pañaban, dijo que, excepto algunos acordes de Count
Basie, el arreglo para el piano en realidad no tenía sustancia. Luego, en las baladas, le dejaron ejecutar unos cuantos ornamentos. Y exactamente así suena la música. En
las atractivas adaptaciones de típicas composiciones bebop, como «Lover Man», el número estrella de Charlie Parker, y la enrevesada pieza *up tempo* de «Groovin' High»,
algunas creaciones swing de *mid tempo* y cuatro melodías sentimentaloides fraseadas al estilo jazz (como «Anema e core»), apenas si hay espacio para la improvisación,
si prescindimos de los estribillos de la trompeta del líder,
Jacoby.

Jarrett hace justo lo que los pianistas sabios suelen
hacer en tales ensembles: se contiene, intercala con buen
timing, y en los puntos oportunos, unos cuantos acordes de bloque entre las frases de los vientos, permanece,
en las baladas, en un discreto segundo plano realizando
algunos contrapuntos melódicos (mejor dicho, quizá: or-
namentaciones), y sin embargo ya muestra, en las introducciones a dos de las baladas —«Young Man With The
Blues» y «Just For A Thrill»—, aquella notable forma de
tocar que se observará en él también más tarde. A los
acordes sostenidos de los vientos opone, con delicadísima
pulsación, breves frases melódicas. Articula cada tono
con sosiego y cristalina transparencia, y cuando los vientos entonan motivos característicos, los va desarrollando
de forma melódicamente coherente. Todo ello no es en
absoluto sensacional, pero un músico experimentado ya
aguzaría el oído y apuntaría en su cuaderno el nombre de
aquel joven sentado al piano por si, al cabo de un año o
dos, se viera en la tesitura de buscar a un nuevo pianista
para su propio conjunto.

Fred Waring hizo fortuna no solo como músico, sino aún mucho más como presentador de espectáculos televisivos, editor y empresario, gracias a él y a algunas giras que llevaron a cabo juntos, Jarrett conoció, en Boston, al trío de Bill Evans, compuesto entonces por el bajista Gary Peacock y el batería Paul Motian, con quienes tocaría más tarde en sus propias bandas: con Motian, en su primer trío, y con Peacock en el segundo. Fue la primera vez que pudo escuchar en directo a Evans, quien, como pocos intérpretes de piano de la época, era un modelo para otros pianistas e intervino en una de las innovadoras grabaciones de Miles Davis, *Kind of Blue*. Por cierto, forma parte de la visión de futuro de Waring el que aconsejara a Jarrett —quien por lo visto ya entonces ambicionaba metas superiores— que fuera a París y estudiara con Nadie Boulanger, una artista entre los continentes y musa de toda una serie de compositores europeos y americanos de cualquier color, entre quienes figuraban Aaron Copland, Leonard Bernstein, Quincy Jones o Philip Glass. Con su pretensión universal como pianista, organista, compositora, pedagoga y teórica que enseñaba no solo en París, sino, en ocasiones, también en Estados Unidos, sin duda habría supuesto un magno desafío para Jarrett, pero éste aún temía dar un paso tan grande.

Quién sabe qué hubiera salido de esa relación si se hubiera materializado. Jarrett, amante de la libertad y contemplador reticente de las situaciones de aprendizaje y enseñanza desde el principio mismo de su carrera, no era, como numerosos genios, precisamente receptivo a una pedagogía sistemática. El mundo está lleno de artistas que no tuvieron admisión en las academias y que, sin embargo, tienen para el arte mayor significado que los licenciados en los conservatorios, instituciones que llevan su nombre justificadamente: son centros dedicados a la preservación y no talleres para revolucionarios en ciernes. Hay un indicio de que una relación con Nadia Boulanger no habría sido coronada por el éxito. A través de sus «clases de maestro» con Stan Kenton, Jarrett recibió en 1963 una beca para estudiar en la Berklee School of Music de Boston. Hasta hoy, el Berklee College of Music, como ahora se llama, es uno de los más renombrados centros internacionales de formación de jazzistas, más o menos comparable a la Juilliard School de Nueva York en el campo de la música clásica, por la que pasó Miles Davis para dejarla muy rápidamente al darse cuenta de que, con su idea de la música, allí no había nada que aprender para él. Incluso en este sentido Davis parece haber representado cierto modelo para Jarrett, pues tras un curso más bien frustrante en aquella academia también él acabo por abandonarla (aunque la institución contribuyó a ello).

Algunos cursos, en especial el de contrapunto, no le disgustaron. Otros, en cambio, generaron situaciones similares a las vividas por Dave Brubeck en su breve período de alumno de Arnold Schönberg en California. En una ocasión éste preguntó al discípulo por qué había utilizado determinado tono en su composición, y Brubeck le contestó que porque sonaba bien. Schönberg replicó que a él esa respuesta no le bastaba, que uno tenía que saber y explicar exactamente por qué había puesto tal o cual nota en tal o cual lugar. Fue la última clase de Brubeck con Schönberg. Experiencias similares las tuvo Jarrett sobre todo en los cursos de Robert Share, quien, en las composiciones, a menudo se lo marcaba todo en rojo explicándole, por ejemplo, que no se podía saltar sin más de unos acordes a otros. ¡En composiciones y arreglos que ya habían sido ejecutados con éxito en conciertos de la escuela!

Jarrett sospecha hasta el día de hoy que una de las razones por las cuales los de Berklee lo pusieron en la calle fue que en aquellas mismas fechas actuaba a veces en Boston en un trío cuyos otros dos miembros también habían tenido que abandonar prematuramente la institución, y se podía temer que él pusiera en marcha una campaña contra la misma. Pero la gota que colmó el vaso fue sin duda un incidente ocurrido durante una *jam session* en la escuela: Jarrett producía sonidos en el interior del piano pellizcando las cuerdas, hasta que uno de los administradores del conservatorio lo echó de la sala espetándole un brusco «¡Fuera de aquí!». Keith dijo «muchas gracias» y se marchó. Más tarde, al parecer, después de un concierto dado con Gary Burton en el festival de jazz de Newport, según Jarrett relata, no sin cierto aire de suficiencia, el hombre le comunicó que lamentaba muchísimo aquel suceso, a lo que el pianista repuso: «No diga usted eso, por favor. He construido toda mi reputación gracias a aquel incidente». Que sigue sintiendo no poco orgullo por su *drop out trío,* como suele llamarlo, se desprendió también del discurso que pronunció con motivo de la entrega del «Jazz Masters Award» en enero de 2014.

Con todo, el orgullo no era buen consejero ni buen alimentador en aquellos días de 1964, cuando Jarrett tuvo que abandonar la escuela y se quedó unos meses en Boston, sin que su *drop out trío* se viera lo que se dice abrumado por ofertas de actuación. A fin de sobrevivir en la «ciudad más conservadora y musicalmente comercializada de América», como él mismo decía, accedió, de hecho, por primera y única vez, a ceder en el terreno musical aceptando bolos de entretenimiento y tocando, por ejemplo, en bares de copas. En aquel tiempo, que no fue precisamente de color de rosa, volvió a cruzarse con Margot Ann Erney, su novia de la época en que ambos iban al instituto de bachillerato de Allentown y ella era una chica un año menor que él que comenzaba a estudiar en la New England School of Design. Renovaron su amistad y contrajeron matrimonio aquel mismo año. Jarrett dijo que lo que los unió fue la falta de seguridad y el hecho de encontrarse lejos de casa. La situación económica apenas había mejorado para el músico, que poco a poco se fue dando a conocer en círculos de entendidos, pero todavía no había llegado al gran público. Una y otra vez trató de hacerse un hueco con su trío en el mundillo de Boston, limitado para un músico de su cualificación y rigor estético, hasta que su joven mujer y él tomaron la decisión de marcharse al lugar donde un músico de jazz siempre está en casa, aunque nadie lo espere: Nueva York.

3
ASCENSOR AL CADALSO DEL JAZZ: ART–CHARLES–MILES

Lo que un músico espera de Nueva York es la realización de sus sueños. Lo que le aguarda lo expresó sobriamente la baronesa Nica de Koenigswarter, musa de numerosos jazzistas, amiga de Thelonious Monk, último refugio de Charlie Parker y eminencia rutilante de la escena neoyorquina: «Con los músicos de jazz he tenido una misma experiencia: estaban siempre sin trabajo». Cuando la música rock, después de la irrupción de los Beatles en 1964, rompió todos los diques, también en Estados Unidos, el jazz se vio todavía más arrinconado o empujado a la penumbra de lo comercial. Por si fuera poco, la paulatina desaparición del gran público que en los años cincuenta aún seguía atentamente cada grabación de Dave Brubeck, Gerry Mulligan o Chet Baker, obligó al jazz a hacer lo que los inadaptados no tienen más remedio que hacer: consolarse con el ejercicio del monólogo.

En aquellos días, cuando los clubes de jazz cerraban sus puertas para reabrirlas mutados en discotecas, cuando artistas de la talla de Art Farmer o Johnny Griffin ponían rumbo a Europa en busca de sustento, mientras otros hallaban cobijo en el foso de la orquesta de algún teatro de Broadway y las revistas especializadas dedicaban agoreras necrológicas al «jazz tal como lo conocíamos» —también porque los revolucionarios del género, agrupados en torno a Ornette Coleman, Don Cherry y

Cecil Taylor, comenzaban, mediados los sesenta, a partir la escena con el hacha del free jazz—, en aquellos días, pues, Keith Jarrett, el pianista de diecinueve años, se trasladaba con su joven esposa Margot a la ciudad de los sueños rotos para buscar trabajo como jazzista.

Se podría pensar que en semejante situación un músico toma lo que le den. Keith Jarrett no lo hizo, firmemente decidido a tocar en Nueva York jazz genuino, a improvisar, a componer quizá, pero siempre dejando atrás, y de forma definitiva, el entretenimiento como medio de vida para y para los suyos. Prefería quedarse en casa, estar de brazos cruzados, practicar la batería, vivir del trabajillo de Margot en una central telefónica y aguantar con el estómago vacío su compás de espera como artista. También lo forzaba a la inactividad el hecho de que en Estados Unidos no todo resultaba tan fácil como lo sugiere el mito del país de las posibilidades ilimitadas. Si bien el Estado dejaba muchos espacios libres, existía un fuerte sindicato local de músicos al que uno tenía que estar afiliado por lo menos durante cuatro meses para, con suerte, poder llegar a emitir un tono en el bolo de un club. Pero aun después, ¿cómo podría hacerse con actuaciones si en aquella metrópoli devoradora nadie conocía a Keith Jarrett, oriundo de Allentown, pianista obsesionado con una sola meta: hacer carrrera en el jazz?

Decir «en casa» es, desde luego, poco menos que un eufemismo. Los jóvenes Jarrett estaban encantados de no recibir visitas de sus parientes que, sin saber nada, residían en la provincia, mientras ellos habitaban en alojamientos infames del Harlem Español o el Bajo Manhattan y Keith pasaba aquellas noches viscosas esperando en las *jam sessions* de clubes como el legendario Village Vanguard o el no menos célebre Dom el momento de poder tocar con los músicos que allí actuaban. En el Dom al menos logró salir varias veces con el clarinetista Tony Scott y en el cuarteto del ciego multisaxofonista Rahsaan

Roland Kirk. En el Village Vanguard su paciencia fue puesta duramente a prueba a lo largo de meses, hasta que el azar quiso que se descolgara por aquel sitio un exalumno de Berklee que andaba sin pianista y diese entrada a su antiguo compañero Keith.

Fue uno de aquellos instantes que, como atestigua la literatura de altos vuelos, encontramos descritos en *Momentos estelares de la humanidad,* de Stefan Zweig, aquellas conjunciones astrales imprevisibles que marcaron un punto de inflexión trascendental, si bien en este caso no precisamente para el conjunto del género humano. La buena fama del Village Vanguard, como escenario gratamente acogedor para neófitos hacía que una y otra vez se dejaran caer por ahí músicos conocidos en busca de intérpretes de interés. Aquella noche de otoño de 1965 lo hizo Art Blakey, a quien bastaron diez minutos de la interpretación pianística de Keith Jarrett para, inmediatamente después, plantearle una oferta: la de unirse a sus New Jazz Messengers, de los que entonces formaban parte el trompetista Chuck Mangione, el saxofonista tenor Frank Mitchell, Reggie Johnson al contrabajo y Art a la batería; todos ellos tenían aproximadamente la mitad de los años del líder, quien se acercaba a los cincuenta.

La estancia en el ensemble de Blakey solo duró cuatro meses, los suficientes para proporcionarle a Jarrett una idea de las condiciones en que incluso músicos de jazz tan renombrados como Art tenían que ganarse la vida: «on the road», en la carretera, atravesando de punta a punta el inmenso país, hacinados en un coche todos los músicos, el road mánager y el equipo completo, siempre fatigados porque tenían que turnarse al volante y no les esperaban suites de lujo. Sin embargo, el trabajo con Blakey era justo lo que Jarrett esperaba: poder improvisar en público, enseñar de lo que es capaz un músico sumamente talentoso cuyo lugar favorito, desde los tres años, había sido una dura banqueta de piano, y poder demostrarlo, además, en el seno de un conjunto de buena fama y con predicamento en la escena.

El grupo Jazz Messengers, fundado por el pianista Horace Silver y Art Blakey en 1954, era el ejemplo paradigmático de un estilo musical robusto, entonces nuevo, concebido en la Costa Este como respuesta al cool jazz planchado y alisado en los estudios de Hollywood. En tanto que hard bop, enlazaba conceptualmente con el bebop de los años cuarenta, pero al mismo tiempo se desmarcaba de éste por el empleo deliberado de una estructura armónica básica y por su reinvindicación de determinados elementos de la música vocal negra, como el blues, el gospel o el worksong. Vitalista, directo y cargado de éxtasis, el hard bop nunca sufrió el reproche de ser intelectual, elitista o hipercomplejo, recriminación que en ocasiones se le hizo al bebop. La revista *Downbeat* calificó a Art Blakey de portento de la naturaleza, desenfrenado en lo emocional, fuerza motriz, en el sentido literal de la palabra, de sus músicos compañeros con espectaculares «dropping bombs», inopinados golpes a contratiempo, sobresaltantes y arrebatadores. Apenas un año mayor que Charlie Parker, parecía haber recibido de este gran maestro del bebop el impulso más importante para su propia música y sus conjuntos. El 12 de marzo de 1955, día en que Parker murió, Art todavía lo visitó en su apartamento neoyorquino para ver cómo se encontraba. Durante la conversación le preguntó cuál era, según él, su mejor disco. Parker le contestó: «Todavía no lo he hecho. Estoy trabajando en algo nuevo».

También Blakey trabajaba continuamente con músicos nuevos en cosas nuevas. Cuando en el otoño de 1965 montó sus New Jazz Messengers, ya no quería tocar con «la misma vieja pandilla»: «Siempre hay que buscar nuevos sonidos y caras nuevas. No quisiera que uno de mis grupos sonara como un refrito del anterior. Cada uno necesita tener su propia identidad, con conceptos frescos y la voluntad de avanzar». Tocando siempre con músicos jóvenes, el cerebro permanece activo, solía decir. En efecto, con el saxofonista tenor Frank Mitchell, de diecinueve años, y Keith Jarrett, un año mayor, había reunido en su banda a jóvenes fieros como el trompeta Chuck Mangione y el bajista Reggie Johnson, ambos de veintiséis años de edad, que lo mantenían musicalmente en forma.

Supuso un golpe de suerte que en enero de 1966 un concierto de aquellos New Jazz Messengers fuera registrado en directo en el Lighthouse de Hermosa Beach, en California, dando lugar al primer álbum jazzístico propiamente dicho de Jarrett, un temprano testimonio de su ya asombrosa versatilidad, de la fuerza de su imaginación musical y de su conspicua maestría en el arte de la improvisación. Después de «Buttercorn Lady», el tema que da título a la colección y que esboza un calipso ligero con introducción pianística a lo George Shearing, motivos de vientos sacados desenfadadamente de la manga y un solo de Jarrett ejecutado con un estilo inspirado en el elegante sistema monodigital de John Lewis, uno se espera un álbum relajado lleno de ensoñaciones californianas. Pero ya en la pieza siguiente, «Recuerdo», se nos conduce a una atmósfera tan profunda como un pozo de Castilla; con un Chuck Mangione a la trompeta, asordinada, que con su introducción rítmicamente libre evoca tanto *Sketches Of Spain,* de Miles Davis, como *Round About Midnight,* de Thelonious Monk; por último, con Jarrett explorando los interiores del piano, arancándole arpegios de arpa y amortiguando las cuerdas como si se tratara de una reverencia jazzística interpretada en el piano preparado de *Sonatas e Interludios* de John Cage. Todo este prodigio de asociaciones sonoras lo acompaña Art Blakey con baquetas de fieltro en los timbales, manteniendo un continuo ritmo de tresillo como si se aproximara una tormenta de sonidos que se descarga en un forte orgiástico.

El resto de los temas de la grabación se inspira más en el lenguaje hard bop: concisos motivos de vientos a dos voces, extensas y potentísimas secuencias de estribillos con retorno final al tema. Cualquier músico de viento que acompañado por los acordes en bloque, armados con todos los dedos de ambas manos, de Jarrett no se hubiese sentido en la gloria, era indigno de semejante tratamiento. Pero no es sino en la versión *up tempo* del estándar «Secret Love», el epílogo de la grabación, donde uno acaba dándose cuenta del fraseo personalísimo de Jarrett, de hasta qué punto ya ha encontrado su propio estilo. Trata cada tono con la templanza de Lennie Tristano, como si tuviera que sacarle lustre antes de enhebrarlo en el collar de perlas de una frase melódica. Y todo ello a una velocidad vertiginosa que, en realidad, apenas deja tiempo para esos ejercicios de orfebrería. Las destrezas del virtuoso Art Tatum, del sutil Paul Bley o del no menos sensible Bill Evans parecen haber confluido en el personal estilo de Jarrett, y los oyentes de cultivado oído entre aquel público de, a lo sumo, ciento ochenta personas quizá vislumbraran que, con aquel artista, aparecía en escena alguien que iba a propulsar la evolución del lenguaje del piano en el jazz, tal vez incluso la propia evolución del jazz.

Jarrett, sin embargo, debió apercibirse de que aquel conjunto no le iba a permitir progresar sustancialmente en su desarrollo personal, porque, pese a su contagiosa vitalidad, no dejaba de ser una música que había tenido su gran momento en los años cincuenta. Además, Jarrett, el pianista con una concepción muy personal de cómo tocar la batería, tenía sus propias ideas sobre el manejo de este instrumento, ideas que no eran compatibles con las de Blakey: «En realidad no me fue del todo sencillo tocar con Blakey, porque yo soy baterista y tengo una concepción completamente distinta. Era una lucha constante». La lucha terminó poco después, tras una serie de actuaciones en el neoyorquino Five Spot y en un club de

Boston, acabada la intervención de Art Blakey, anunciaba la irrupción en escena de Charles Lloyd.

En Nueva York, el batería Jack DeJohnette, a punto de entrar en el grupo de Lloyd, había escuchado a Keith y se lo había recomendado a su jefe. Debió de obrarse un milagro telepático, pues Jarrett, resuelto a abandonar a Blakey, llamó por iniciativa propia a Lloyd para preguntarle si podía tocar en su conjunto. Éste ya lo conocía de Boston, donde lo había oído en bares de copas y, pese a aquel ambiente, debió de quedar tan impresionado que todavía se acordaba de él cuando DeJohnette, su nuevo batería, lo propuso como posible pianista. En cualquier caso, rara vez ha habido tantas voluntades convergentes a la hora de montar un nuevo grupo de jazz como en aquel maridaje musical que debió de decidirse en el cielo.

En cuestión de meses, Jarrett había logrado penetrar en el epicentro de la escena musical. Si la banda de Blakey representaba el pasado inmediato del jazz, el cuarteto de Charles Lloyd había sabido leer en las señales flamígeras de la incipiente era del rock, con su eufórico gesto de abrazo planetario, la variopinta parafernalia del movimiento «flower power» y su irrefrenable culto a la juventud, para adaptarse a los nuevos tiempos. Ello debe atribuirse también al experimentado mánager de la banda, George Avakian, productor de discos de Duke Ellington, Louis Armstrong y Miles Davis. Además, en aquel momento de su carrera, Lloyd recibía el importante apoyo de Bill Graham, empresario musical dueño de la sala de conciertos Fillmore West, en San Francisco, y del posterior Fillmore East de Nueva York; hombre que, como todo hacedor de pura cepa, era consciente de que un fenómeno solo se convierte en tal si llega a tener un foro apropiado con su correspondiente dimensión pública. Graham pertenece a ese círculo de figuras iridiscentes de las que los historiadores luego nunca saben decir con exactitud inequívoca si captaron y aprovecharon para sí el espíritu de la época o si fueron ellos quienes lo crearon. De lo que no cabe duda es de que Graham poseía, aparte del talento organizador y del sentido para los negocios, un olfato para aquellos tiempos en que el arte se volvió político, en que se formó una contracultura frente a un *establishment* que marchaba derecho a una absurda guerra en Vietnam; momento en que Ken Kesey difundía sus experiencias anímicas en novelas y *happenings*, mientras un profesor de psiquiatría aconsejaba a sus alumnos de primer curso de Harvard que no olvidaran que, estando como estaba la sociedad, los pacientes tenían razón y los llamados sanos se equivocaban.

En el auditorio Fillmore, viejo palacio de baile de los albores del siglo veinte en el que Charles Sullivan había presentado ya en los años cincuenta a estrellas de la música negra como James Brown, Bobby Bland e Ike & Tina Turner, y que Graham transformaba por aquellas fechas en el templo de la música rock y de las más diversas manifestaciones de la escena alternativa de Haight-Ashbury, en aquella «catedral del rock» actuaron todos los exponentes de la época: la comuna musical de Grateful Dead y Jefferson Airplane con la sarcástica y levantisca cantante Grace Slick, Big Brother and the Holding Company, Janis Joplin con polvo de blues en los pies, Quicksilver Messenger Service, Santana, el genio de Jimi Hendrix, Butterfield Blues Band y Muddy Waters... músicos senectos y jovencísimos de un nuevo culto que sabían que el rock y el blues eran hermanos, que el jazz casaba con los ragas indios, y que intuían, al menos, que Karlheinz Stockhausen debía de ser, de algún modo, el patriarca de su nueva generación. Solo mucho después Grace Slick iba a pronunciar la grandiosa frase que resume a la perfección la atmósfera irreal de aquella década y caracteriza a una escena de la que había que participar para comprenderla; una escena que —según el entendimiento de quienes la integraban— se cerraba herméticamente si uno era capaz de reflexionar sobre ella: «Si te acuerdas de los sesenta es que no estuviste allí».

La banda de Lloyd actuó en el Fillmore West y fue encumbrada como el «primer grupo de jazz psicodélico», según rezaba *Harper's Magazine* en su portada. Sus grabaciones de marzo y septiembre de 1966, con los significativos títulos de *Dream Weaver* [Tejedor de sueños] y *Forest Flowers* [Flores de bosque], con piezas tan sugestivas como «Bird Flight» [Vuelo de pájaro], «Dervish Dance» [Danza de derviche], «Love Ship» [Barco de amor] o el estándar escapista «East of the Sun» [Este del sol], se convirtieron en éxitos de ventas en 1967. También *Downbeat* enseguida se hizo eco de aquel fenómeno, hablando de una maravillosa especie de músicos de jazz que ya no tocaban envarados en trajes negros con corbata y soplando el metal erguidos en el escenario de alguna universidad, sino que más bien entonaban himnos extáticos a la vieja y nueva utopía de la fraternización de todos con todos, vistiendo para ello las abigarradas camisas con flecos de los hippies. Asimismo, la prensa no especializada tomó nota de la convergencia de las diferentes escenas. *Time Magazine,* bajo el título «Una salida de la maraña», expresaba la esperanza de una pronta unificación de concepciones estéticas hasta entonces consideradas incompatibles. Dan Morgenstern, director de *Downbeat,* tenía una visión más pragmática del asunto: «Una actitud elitista es lo último que necesita el jazz ante la sangrante situación que presenta un público menguante. Si la música rock le tiende un puente el jazz cometería una verdadera locura si lo despreciara». En una entrevista concedida muchos años después, Charles Lloyd, a despecho de Grace Slick, se acordó bastante bien de sus tientos experimentales en los años sesenta: «Ya no había línea fronteriza en la música. Los chicos escuchaban todas las formas posibles. Cuando tocamos en el Fillmore, fuimos acogidos muy cordialmente y con amor, lo que nos abrió una puerta; porque todo estaba de capa caída en la escena del jazz propiamente dicha, donde los clubes luchaban por sobrevivir».

También en su primera gira por Europa, inmediatamente después de grabar *Dream Weaver* en la primavera de 1966, el Charles Lloyd Quartet se encontró con un público enfervorizado. Le siguieron, en los dos años sucesivos, cinco giras más por cuarenta países, entre otros, la Unión Soviética (Tallin, Leningrado, Moscú) en 1967. El uno de mayo de 1966, la actuación del cuarteto supuso la cumbre absoluta del Festival de Jazz Alemán de Fráncfort, creado en 1953 y, por tanto, el más antiguo del mundo; una cita que tenía fama de palpar y presentar las nuevas tendencias más importantes del género. Durante la primera gira, con veinte actuaciones en veintiún días en los países escandinavos, Alemania, Francia e Italia, el conjunto fue vitoreado en todas partes. Desde *Aftenposten,* diario líder de Noruega, hasta *Jazz Hot,* revista especializada francesa, los corresponsales se desbordaron en cantos laudatorios a aquella música sumamente expresiva que representaba el futuro del jazz. El bajista belga Benoît Quersin, que había actuado con Chet Baker en París en los años cincuenta y sabía por dónde iban los tiros, resumió su impresión tras uno de los conciertos del cuarteto de la siguiente manera: «La música de Charles Lloyd es moderna, libre, espontánea, pero nunca anárquica o carente de fundamento. Utiliza armonías, estructuras y conceptos modales. Descubre nuevas posibilidades sonoras, rítmicas y relativas al material temático, pero siempre con expresión natural e ideas formales al servicio del contexto musical».

El que regía cuanto acontecía y concentraba la atención del respetable era Charles Lloyd, de veintiocho años, al que también sus compañeros músicos reconocían su gran carisma y su indiscutible capacidad para desatar el entusiasmo masivo, cosa que en aquellos movidos días en que lo mesiánico estaba en auge, no carecía de importancia. Pero fue también a Keith Jarrett a quien los críticos concedieron especial atención, y no solo por su forma —digamos poco ortodoxa— de abordar el instrumento. A tenor de cuanto avanzaba la crítica, Jarrett era uno de aquellos fenómenos poco frecuentes en los podios de conciertos, que disponen de la técnica de un gran pianista concertístico, dominan todos los efectos posibles e imposibles de los compositores modernos y saben unirlos a la riqueza de ideas de un improvisador de jazz.

La gira por Europa había sido una hábil jugada del mánager George Avakian, quien quería aprovechar las reacciones del viejo continente que él había previsto, para despertar en Estados Unidos un interés aún mayor por la banda: si todo el mundo adoraba al cuarteto de Lloyd con su mensaje de amor y de paz, el país que había producido a tales músicos solo podría estar orgulloso. Fueron sin duda la imagen global del ensemble, las facultades interpretativas de los cuatro músicos y la combinación de sus distintos talentos, las razones que explican el estatus preeminente del conjunto en aquellos tiempos. Cuando a la vuelta de su gira el cuarteto actuó en el festival de jazz de Newport en otoño, fue la sensación de la escena. Allí Jarrett intervino también como solista, lo que movió al periodista Whitney Balliett a proferir un extraño elogio: «Lloyd dejó tocar a Jarrett un solo largo, una rapsodia compleja, conmovedora y sumamente original. Solo Dave Brubeck y Cecil Taylor se aventuran con acordes tan pesados y wagnerianos». También en el festival de jazz de Monterrey, la banda se convirtió en la principal atracción. Con su arcoíris sonoro destinado a los caleidoscópicos oídos de los jóvenes oyentes había logrado abrirle al jazz una brecha por donde salir del aislamiento.

Miles Davis debió de escuchar con oído preciso y memorizar aquellas impresiones, pues a los dos años publicó sus álbumes *In A Silent Way* y *Bitches Brew,* que consagraron definitivamente el nuevo estilo, también en la escena jazzística, pese a cierta oposición en el bando de los rigurosos agitadores del free jazz. El hecho de que el propio Davis, que en 1945 había compartido escenario con Charlie Parker y había elevado el jazz al estatus de una forma de arte genuinamente americana y dejado su impronta indeleble en todos los estilos nuevos, se aviniera a suscribir y protagonizar ese cambio de paradigma estético daba carta blanca a todos los músicos de jazz, hasta a los de la última fila, para hacer otro tanto.

Lo cierto es que, las nuevas corrientes estilísticas siempre necesitan precursores, el pálpito de algo inédito o, también, revueltas para imponerse. Luego, sin embargo, tiene que aparecer en el panorama una figura que inspire confianza, un sacerdote que bendiga lo nuevo. Jimmy Rushing, el cantante de la Count Basie Big Band, fue uno de los primeros profetas cuando, en 1939, gritó al micrófono una canción a la que llamó *Rock and Roll*. Todos los grandes músicos del rhythm and blues de los años cuarenta y cincuenta siguieron propulsando la blasfema mezcla de estilos en sus guetos, evitados con cierto pavor por la sociedad blanca. A principios de los sesenta y en Chicago, Eddie Harris, Ahmad Jamal y, sobre todo, Ramsey Lewis con su *In Crowd* ya avanzaban con sus imparables riffs de bajo y batería y sus motivos repetidos casi interminablemente hacia aquel terreno en el que más tarde Charles Lloyd pudo desarrollar sus atractivas composiciones de jazz rock gracias a la pequeña ayuda de los críos de las flores con su universal abrazo. Y al final apareció el pontífice Miles Davis, consagrando el nuevo conglomerado estilístico con su irresistible *Pócima de brujas*. El guitarrista Larry Coryell recitó la correspondiente oración: «Padre nuestro que estás en los cielos, cruce eres entre Miles Davis, John Coltrane y Jimi Hendrix, santificado sea tu nombre, así en Nueva York como en Nueva Orleans. Nuestras secuencias armónicas de cada día dánoslas hoy. Perdónanos nuestras falsas progresiones de acordes en pos de nuestros solistas, así como nosotros perdonamos también sus falsos acordes para nuestros solos. Y no nos dejes caer en la disco, mas líbranos de lo comercial. Amén».

Keith Jarrett campaba a sus anchas en el cuarteto de Charles Lloyd. Por lo pronto, la colaboración funcionaba sin fricciones porque los músicos gozaban de libertad de movimiento y se entendían francamente bien a ciegas. Jack DeJohnette a la batería, el bajista Cecil McBee, relevado al poco tiempo por Ron McClure, Keith Jarrett y el privilegiado gurú Charles Lloyd eran considerados el primer supergrupo del jazz rock. Con esta banda, Jarrett realizó ocho discos en poco más de tres años, solo dos grabados en estudio (*Dream Weaver,* en 1966, y *Soundtrack,* en 1969), todos los demás registrados en vivo en conciertos ofrecidos en el festival de jazz de Monterrey, el Fillmore West, Oslo y el festival de jazz del todavía soviético Tallin. Incluso quien escucha aquellas producciones con una distancia prudencial capta aún, sobre todo en las grabaciones en directo, la chispa que prendió en el público de la época. El éxito del cuarteto muestra también que la comunidad del rock estaba dispuesta a aceptar sonidos ajenos si la imagen de los músicos, el ambiente en el que tenía lugar el evento, la atmósfera entera, resultaban familiares y conectaban con el ideario estético imperante. Porque la formación —como también sucedería con los posteriores ensembles de Miles Davis— accedió a menos compromisos estéticos de lo que les reprocharon los puristas del jazz. En un momento en que todos los músicos de rock estaban conectados al amplificador como si se tratara de una máquina de respiración artificial sin la cual no podían tocar, la banda de Lloyd era un cuarteto «acústico» que prescindía por completo de la electrónica.

La primera producción del grupo, realizada en estudio apenas un mes después de su fundación, plasma un planteamiento sonoro en absoluto cortado por el patrón de un ritmo roquero continuo, con recurrentes repeticiones de motivos y ampulosos bloques de sonidos. Por otra parte, tampoco se detiene a reiterar estructuras formales del jazz con estereotipadas series de improvisaciones en solitario sobre las secuencias armónicas del tema. No obstante, ninguno de los temas de *Dream Weaver* tendría que haber escandalizado a los abanderados del imperativo de la pureza. Ni siquiera «Sombrero Sam», el último número de la grabación, con su impulso rítmico latinoamericano y la interpretación pianística de Jarrett, percutiva y deliberadamente ostentosa tanto en lo que respecta a la expresión como a la gama de tonos, hubiera merecido figurar en el índice de lo prohibido en el canon más ultraortodoxo del jazz. Desde los días de Nueva Orleans hasta el bebop de un Dizzy Gillespie, los ritmos caribeños y sudamericanos venían actuando como elementos raigales para aquellos intérpretes de jazz que levitaban sobre sublimes secuencias armónicas. En los años sesenta, sabios jazzistas conectaron con esta propuesta, entre otras cosas, para ofrecer un atractivo contrapunto a los omnipresentes Beatles y a su ya inabarcable séquito. La bossa nova y la samba de Antônio Carlos Jobim o João Gilberto, combinadas con el saxo de Stan Getz o la guitarra de Charlie Byrd, fueron una ofensiva sumamente exitosa contra la omnipotencia de la música rock.

El resto de las piezas de la grabación son ejemplos modélicos de un ensemble cuyos miembros se escuchan reaccionando al segundo, un grupo que ha interiorizado tanto la tradición del jazz como los cambios en curso, y que establece una proporción adecuada entre las proteicas improvisaciones, por un lado, y la concepción y la forma de los temas por otro, llevando eficazmente la fuerza expresiva de los cuatro músicos a momentos de éxtasis. La suite tripartita «Autumn Sequence» arranca de una forma tan imaginativamente plácida como el «Prélude à l'après-midi d'un faune», con melismas libres de la flauta travesera de Lloyd, ribeteados con los ornamentos de tornasolada belleza de los otros tres músicos, que dan paso a un «Autumn Leaves» acelerado y redimido de todo romanticismo, con un solo intenso de Jarrett sobre el poderoso swing del bajo y de la batería. Esta pieza, aunque en el fondo ya la inaugural «Dream Weaver» que da título al álbum también y, junto con ella, «Bird Flight», impactan de un modo sobrecogedor por la manera en que Jarrett construye sus improvisaciones, trabajando en los temas y motivos, por cómo se detiene en pequeños fragmentos melódicos y rítmicos, parafraseándolos e intensificándolos mediante la repetición, por su modo de ensanchar las armonías hasta disolverlas en estructuras atonales, por cómo hace desembocar sus vertiginosas carreras en sonidos rabiosamente difuminados, pareciendo, no obstante, mantener siempre el control de la forma. Pero lo que catapulta la fascinación de estas interpretaciones es la aportación de los tres músicos restantes: el saxo de Lloyd, que hace confluir el fraseo de John Coltrane y la expresión hímnica de Albert Ayler, o las líneas del bajo de Cecil McBee, que parecen perderse sin rumbo hasta que el imperturbable pulso de Jack DeJohnette vuelve a recogerlas.

Todavía más notables son las grabaciones en directo de los distintos festivales y las efectuadas en el Fillmore West, con reacciones del público incluidas. En el festival de jazz de Monterrey, piezas como «Sorcery», con los hipnóticos ostinatos de Jarrett desde el comienzo, desataron auténticos vendavales de entusiasmo. Mas no fue solamente Jarrett quien ejecutó allí un verdadero baile de San Vito, sino que el propio diálogo entre aquellos temperamentos tan diversos permitió obviar los tradicionales roles de solista y acompañantes; produciendo la abrumadora impresión de estar frente a una central eléctrica que trabajaba a pleno rendimiento. Lo que ya se había desarrollado en numerosos ensembles más pequeños, como, por ejemplo, en el legendario trío de Bill Evans con Scott LaFaro y Paul

Motian, culminaba ahora en una improvisación colectiva y casi explosiva de instrumentistas en trance y en pie de igualdad. En el núcleo de esta furiosa exhibición de fuerza estaba el dúo Jarrett-DeJohnette, que por su modo de sentir, actuar y reaccionar se reafirmaba en su metodología interpretativa a la par que se propulsaba artísticamente. Es posible que ese entendimiento incuestionable entre ambos músicos tenga que ver también con el hecho de que también DeJohnette recibiera durante diez años una formación en piano clásico en el conservatorio de Chicago y, por su parte, Jarrett posea una afinidad natural con la batería, instrumento que no solo toca de forma meramente circunstancial, sino que domina de verdad.

Muchos de los presentes en el Fillmore West seguramente no habían escuchado nunca antes semejantes sonidos. El hecho de que los oyentes reaccionaran de modo tan emocional a temas como «Love No. 3» de Jarrett, su primera pieza como solista en disco, confirma sin duda la tesis de que lo que cuenta no es solo el tipo de música, sino el poder de convicción del artista y, en lo que concierne a Jarrett, también su forma de actuar, literalmente, en el piano. En la historia de la interpretación pianística no debía de existir hasta esa fecha un virtuoso serio al que hubiera que ver tocar y al mismo tiempo oír para aprehender la esencia de su arte. Jarrett hace presentir allí las futuras proezas de sus conciertos en solitario cuando, partiendo de un pequeño segmento temático de blues, transforma el piano en un laboratorio de maravillas sónicas, va superponiendo los ritmos más complejos, se adentra casi en las vísceras del instrumento, roza una y otra vez, recordándolo, el tema como quien no quiere la cosa y lo rearmoniza, hace mudar el piano en batería y avanza desde un motivo melódico anodino hasta los confines de un anárquico free jazz, adonde a menudo no llega ni el propio Cecil Taylor con sus espasmódicos arrebatos.

Sin embargo, lo que más asombra es la coherencia o, si se quiere, la sintaxis musical que se nota claramente sin necesidad de descifrarla. Y una y otra vez traslucen facetas de estilos históricos, técnicas y formas interpretativas tradicionales, como si a un cerebro de músico pletórico le resultara facilísimo pasar de latentes síncopas de *ragtime* al fraseo rítmico del bebop o responder a un brillo impresionista con las parcas estructuras de un piano preparado *ad hoc*. No se sabe qué es más impactante: el poder asociativo de Jarrett o su capacidad de transformar sin más las heterogéneas ocurrencias en formas patentes. También los demás temas de *Love-In* y *Journey Within*, las dos grabaciones en directo del Fillmore, son impresionantes testimonios de una música universal seria, capaz de englobarlo todo: las huellas del jazz y la vanguardia musical, citas sutilmente deformadas del entretenimiento americano, fervorosos tonos gospel y novedades del día como «Here, There And Everywhere» de John Lennon y Paul McCartney, ambos lo suficientemente abiertos como para admirar estas adaptaciones en clave de jazz de su música y tributar la reverencia debida al grupo asistiendo a su concierto en el Royal Albert Hall de Londres.

Los tres años de existencia del cuarteto (de 1966 a 1969) estuvieron repletos de acontecimientos espectaculares y supusieron para todos los implicados una fase de desarrollo de fundamental importancia para el futuro de sus respectivas carreras. La pregunta de por qué el grupo se desmembró en la cumbre de su gloria es otro cantar, y tiene más que ver con las flaquezas humanas que con desgastados conceptos musicales. Según relata Ian Carr, parece ser que tras la imagen de músico de nuevo cuño que sumía a todo el mundo en un éxtasis o de felicidad y despedía con su música «vibraciones de amor», se escondía el líder de la banda a la antigua usanza que encarnaba Charles Lloyd. En tanto que jefe, figuraba en la cumbre de la jerarquía, viajaba en avión a los conciertos cuando sus músicos tenían que atravesar el país en automóvil, se embolsaba, junto con el mánager, suculentos honorarios, mientras que a los músicos los despachaba con migajas. Durante la primera gira europea en 1966, éstos cobraron setenta y cinco dólares por semana, de los cuales encima había que descontar sus gastos personales. El asunto se destapó cuando, tras un concierto de dos horas en la Universidad de Wesley (Connecticut), el cheque de alrededor de tres mil quinientos dólares en concepto de honorarios llegó a las manos del bajista Ron McClure, a quien no le resultó difícil calcular cuánto se quedaba el jefe una vez descontados los cien dólares para cada uno de los tres acompañantes y el quince por ciento para el mánager. En adelante, el reparto de los honorarios fue regulado de una forma algo más justa, pero la desconfianza estaba sembrada y poco a poco fue destruyendo la sintonía en el cuarteto. Después de una conversación nada satisfactoria con Lloyd, Jack DeJohnette abandonó el conjunto en 1969, siendo sustituido por Paul Motian, quien tomó el testigo en algunas actuaciones. Luego se marchó también Jarrett. Del deprimente final de una de las bandas más exitosas e influyentes de los años sesenta se acordaría más tarde el bajista Ron McClure, quien, tras el último concierto del grupo, estuvo un tiempo sin saber nada de Lloyd y cuando telefoneó a George Avakian, el mánager, para preguntarle las fechas de las próximas actuaciones, éste le contestó: «¿No sabes que Charles trabaja en el Slug's? Tiene una nueva banda». Lloyd simplemente había liquidado su grupo sin comunicarlo a quienes aún formaban parte de él. El cuarteto, celebrado durante mucho tiempo en todo el mundo por sus meteóricos conciertos y vibrantes producciones, acabó como sin duda nadie lo esperaba: sin pena ni gloria.

Obviamente, a Jarrett se le identificaba con el cuarteto de Lloyd, pero gracias a su sobresaliente arte improvisador era reconocido también como jazzista por derecho propio del que aún cabía esperar cosas sensacionales, fuese cual fuese la banda en que ingresara, y más todavía conjuntos que él mismo encabezara. Además había conservado cierta autonomía, ya que el cuarteto, pese a su popularidad, no tenía la agenda saturada y a veces se enfrentaba a largos periodos de sequía que tenía que salvar asumiendo otros compromisos. Jarrett colaboraba regularmente con el trío de Charlie Haden y Paul Motian, con quienes grabó una serie de discos notables. El formato trío representa para él una especie de ideal sonoro que en todas las etapas de su carrera ha tenido en gran estima. Y cuando ha encontrado a los músicos adecuados para conformar un trío, éste se ha mantenido durante largo tiempo. La relación con el bajista Charlie Haden, al que apreciaba sobremanera, se remonta al año 1966 y se ha prolongado hasta el presente inmediato. En el cuarteto de Lloyd también revestía especial importancia para él su trato con el batería Jack DeJohnette. Con éste y el bajista Gary Peacock formaría en el futuro aquel trío, el segundo, que habría de ser una de las alianzas musicales más duraderas de la historia del jazz.

La cooperación con Haden y Motian en su primer trío, de 1967, fue mucho más que un tapahuecos entre las giras y las actuaciones del cuarteto de Lloyd. Pero la actividad de Jarrett no termina ahí: entre otras cosas, había producido el álbum *Restoration Ruin,* de polémica acogida, en el que se reveló como un verdadero multiinstrumentista al tocar más de una docena de instrumentos de viento, teclado y percusión distintos y dejar también constancia de su voz de canto. Con el primer trío emprendió, en 1968 y 1969, una extensa gira por Estados Unidos, con treinta y cuatro conciertos, de los cuales existen registros que documentan su creciente interés por estilos populares; por ejemplo, la música de Bob Dylan, cuya canción «My Back Pages» el trío incluyó en su repertorio. Ian Carr menciona al respecto que hasta hubo proyectos

con Jimi Hendrix y Janis Joplin, abortados por la temprana muerte de ambos en otoño de 1970. En ese período se
sitúan también varias grabaciones insólitas llevadas a cabo en los estudios Atlantic, grabaciones en las que Jarrett
participó como músico acompañante de mujeres artistas
de soul jazz y cantantes de folk, entre otras Barbara Massey, que había cantado como corista para Jimi Hendrix y
Cat Stevens; luego para Marion Williams, en cuyo álbum
de gospel *Standing Here Wondering Which Way To Go*
Atlantic Records había reunido nada menos que a los cuatro pianistas Hank Jones, Joe Zawinul, Ray Bryant y Keith
Jarrett. Por último, hay que señalar las grabaciones para
el cantautor Donal Leace, quien en los años sesenta actuó
en las manifestaciones por los derechos civiles de Martin
Luther King. Sin duda, la participación en aquellas producciones no sería básicamente fruto de la voluntad musical de Jarrett, sino más bien resultado de una sugerencia
de Atlantic Records.

Por tanto, una vez disuelto el cuarteto de Lloyd, Jarrett
no se quedó a dos velas, también porque en los años siguientes tuvo como mánager a George Avakian, cuya
reputación en la escena suponía una garantía para no caer
en la marginación musical. De lo precaria que seguía siendo la situación incluso para jazzistas de prestigio pueden
dar una idea las dificultades con las que lidió el mismo
Avakian a la hora de organizar, en 1969, una gira europea
con el trío. Si bien ésta llegó a buen puerto, los honorarios
fueron tan míseros que Haden y Motian ni siquiera viaja-
ron y Jarrett –algo corriente en empresas de tan escaso
presupuesto– tuvo que conformarse con acompañantes
locales europeos. Tampoco las condiciones de grabación
eran color de rosa para un trío puramente jazzístico, aun
cuando estuviera compuesto por un exmúsico de Charles
Lloyd, por Charlie Haden, el bajo del legendario grupo
vanguardista de Ornette Coleman que diez años atrás había dado la señal de partida del free jazz, y por Paul Mo-

tian, el batería del ingenioso trío de Bill Evans. Éste último ha sido una figura clave del trío de jazz de cámara, modalidad en la que ocupa una posición —y la comparación no es exagerada— equiparable a la de Joseph Haydn en el cuarteto para cuerdas clásico. Fue sobre todo él quien liquidó las funciones de solo y acompañamiento, dando lugar a la homologación de todas las voces.

A pesar de las circunstancias adversas, la gira por Europa trajo consigo un lance de fortuna. Y es que el trío, con el baterista italiano Aldo Romano y el bajista francés Jean-François Jenny-Clark, tuvo un compromiso en París que coincidió con la estancia de Miles Davis en la ciudad del Sena. Éste conocía a Jarrett de diversas ocasiones anteriores, y ya varias veces había intentado convencerlo para que se uniera a él. De ahí que Davis y su ilustre conjunto al completo —Chick Corea, Dave Holland, Wayne Shorter y Tony Williams— se presentaran en el club parisino donde Jarrett actuaba, a fin de renovar de manera ostensible el gran interés por el pianista.

Entre las capacidades destacadas de Jarrett figura, sin duda, la de valorar correctamente su propia persona y su lugar en el mapa musical, y saber aceptar o rechazar una oferta en el momento oportuno. En Boston, y en sus primeros años en Nueva York, por lo visto no se sentía aún lo suficientemente maduro como para comprometerse con uno de los músicos de jazz más grandes de la historia. El factor decisivo para que no declinara una nueva oferta de Davis tras su gira europea con el trío, debió de ser Jack DeJohnette, quien poco antes había dado a Davis el sí a una colaboración. Sea como fuere, a partir de la primavera de 1970 Jarrett intervino en algunas sesiones de grabación y, tras la entrada de DeJohnette, tocó también de forma regular con Davis, quien por aquellas fechas no mantenía un conjunto estable, sino que más bien disponía de un gran pool de intérpretes entre los que elegía a los componentes para sus conciertos y grabaciones. En la escena se les llamaba con cierta ironía «*Miles's stock company players*», músicos de sesión del ganado de Miles.

Jarrett se incorporó a este pool cuando ya formaban parte del mismo dos pianistas: Chick Corea y Herbie Hancock. En las producciones de estudio, Miles había empleado ocasionalmente hasta tres o cuatro pianistas, por ejemplo a Herbie Hancock, Joe Zawinul, Chick Corea y Hermeto Pascoal, así como a dos bajos, Ron Carter y Dave Holland. Jarrett sabía naturalmente lo que significaba tocar con Davis. Éste tenía en la escena un papel mucho más importante que Lloyd, aun cuando con sus espectaculares grabaciones en lo que era ahora el jazz rock eléctrico hiciera rabiar, aún más que Lloyd, a los críticos que se autoerigían en custodios de las esencias del jazz presuntamente puro.

Jarrett se quedó año y medio, a pesar de que no soportara el piano eléctrico ni el órgano, instrumentos que ahora tenía que tocar, y tampoco tuviera un concepto demasiado elevado de la banda, con excepción, eso sí, de DeJohnette. Sin embargo, parece haber sido uno de los pocos que realmente comprendieron a Miles Davis, ese gran místico con sus jeroglíficas instrucciones interpretativas. Por lo demás, el hecho de que siguiera preservando, incluso al lado de Davis, su independencia artística da fe de su aplomo y entereza. En esto es, también, hijo de su tiempo, época que vio crecer a una generación de músicos emancipada que prefería escucharse a sí misma que confiar en figuras paternas. En cualquier caso, el tesón con el que Miles Davis, en 1944 y en Nueva York, emprendió la búsqueda del mítico mentor Charlie Parker y, al encontrarlo por fin, se puso a su servicio durante dos años, no pareció acompañar a Jarrett veinte años después en la relación con Miles Davis. Sabía que podría aprender de la forma de interpretar de Davis, de la organización de una banda, de los arreglos libres, de la presencia escénica y del «spirit» ['espíritu'] del grupo. Pero una relación de maestro y alumno no cabía en su mente libre. Miles Davis, que escribió una parte importante de la historia del jazz, y Keith Jarrett, el joven y emergente pianista, se cruzaron como dos artistas independientes.

A lo largo de la dilatada carrera de Davis, muchos se preguntaron cómo podían funcionar sus conjuntos cuando él era famoso por su silencio, su talante esquivo y la obsesión por captar constantemente a músicos nuevos y desconocidos para sus grupos. Pero era un agudo observador y sabía leer no solo las notas sino también calibrar a los intérpretes. Cuando contrataba a uno nuevo, a menudo el público aún no conocía sus cualidades; Davis, en cambio, sí.

Tampoco en el caso de Jarrett necesitó meditar mucho si el pianista encajaría con él. Lo había podido estudiar detenidamente con Lloyd, cuando en 1968 el cuarteto de éste y su propio quinteto coincidieron en el neoyorquino Village Gate, y había oído con claridad quiénes eran los que allí «ponían el brío»: DeJohnette y Jarrett, cómo no, a los que ahora reunía en su grupo. El que Davis confrontara a su nuevo pianista con el piano electrónico y el órgano Hammond, sabiendo que, a diferencia del ingeniero del sonido Herbie Hancock, detestaba esos instrumentos, sin duda no fue un ensayo para poner a prueba la capacidad de sufrimiento del joven Jarrett; sino más bien respondía exactamente a la intención de Davis de evitar por todos los medios la rutina y sacar de sus músicos algo nuevo en todo momento. «No toquéis lo que sabéis; tocad lo que no sabéis», fue uno de sus artículos de fe, aparentemente paradójicos, que Jarrett, quien vibraba y pensaba de igual manera, comprendió enseguida, por lo que contuvo su aversión y se enfrentó a los instrumentos a los que no estaba habituado.

Bien es cierto que Jarrett, tras los dieciocho meses de su período más bien corto con Davis, ya no concedió una sola mirada al piano electrónico; con todo, la perspicacia musical de Miles merece admiración. Lo que Jarrett y Chick Corea arrancaron a los instrumentos electrónicos fue algo musicalmente enorme o, dicho con el tono lenguaraz de Miles, algo «para alucinar». Miles no escatimaba elogios, al contrario que Lloyd, quien se las daba de gurú y reclamaba toda la atención para sí, incluso cuando eran otros los que llevaban el compás o marcaban bastante más el carácter de la música. Miles sabía qué pareja de ensueño había recibido de Lloyd, y así lo expresaba también: «En la banda con Keith y Jack, estos determinaban el sonido y los ritmos. Cambiaban la música y de ahí nacía, de manera espontánea, algo nuevo. Nadie más podía hacer esa música, porque para hacerla carecían de Keith y Jack». Siempre había sido éste el gran logro y el secreto del éxito de Miles Davis: encontrar y reunir a intérpretes, poner en marcha una reacción química y dejar que corriese sin que él interviniera.

El período que Jarrett compartió con Davis no está muy bien documentado en términos discográficos, y lo que llegó a grabarse no se corresponde del todo con las ideas sonoras de los músicos, sobre todo las de Keith. Éste se quejó, por ejemplo, de que el sello CBS limpiara las grabaciones en vivo de los ruidos que constituían la esencia del sonido distorsionado de su piano electrónico: «Cuanta más arenilla metía yo en mi sonido, tanta más eliminaban ellos. Apenas si daba crédito. Si no me hubiera acordado de los tonos, me habría sido imposible reconocer el sonido». Algunos repartos ni siquiera están representados en los discos, por ejemplo, aquél que se dio tras la marcha de Chick Corea en otoño de 1970, cuando Jarrett tocó al mismo tiempo el piano electrónico y el órgano e intervinieron, junto a Davis, el saxofonista alto Gary Bartz, el bajista Michael Henderson y el batería Jack DeJohnette, la banda más impresionante de Miles, según Jarrett.

Aun así, de ambos existen grabaciones sumamente complejas en lo musical, complejas en un sentido totalmente distinto a como lo eran las producciones con el cuarteto de Lloyd. Ello se debe, por un lado, al elenco cambiante, generalmente mayor, y por otro, a los insignes artistas que Davis congregaba en torno a su persona, artistas que con su genio se estimulaban mutuamente. Se trata de los dos álbumes dobles *Miles At The Fillmore* y *Live-Evil,* de 1970, así como del documento fonográfico de aquel trip musical de locura ofrecido en el festival de la isla de Wight a finales de agosto del mismo año. Ante las seiscientas mil personas que habían acudido a ese Woodstock europeo, Miles, el único músico procedente del jazz, debió de sentirse con su banda como un extraterrestre al lado de todos aquellos roqueros y frikis del folk, desde Jimi Hendrix y Ten Years After, hasta Joni Mitchell, Joan Baez o Richie Havens. Eso se reflejaba también en su cara cuando, terminada su actuación, volvió brevemente al escenario, insinuando un gesto con la mano y mirando incrédulo el océano de jóvenes hippies extenderse hasta el horizonte. La actuación propiamente dicha llegó a ser un furor sonoro de poco más de media hora de duración y constituye seguramente una cumbre en la fonografía del jazz, un hito que perfectamente puede figurar al lado de documentos históricos como las producciones de Louis Armstrong con sus Hot Five y Hot Seven en los años veinte, el *Carnegie Hall Concert* de Benny Goodman en enero de 1938, *Kind of Blue* de Miles Davis, *Ascension* de John Coltrane, *Free Jazz* de Ornette Coleman o *The Köln Concert* de Keith Jarrett.

Miles, en la isla de Wight, tocó con su banda treinta y ocho minutos ininterrumpidos, y cuando un periodista le preguntó cuál era el título de la pieza, le contestó con su voz ronca y bronca: «Llámalo como quieras». Y bajo este nombre, *Call It Anything,* que reproduce a la vez la opinión de Miles sobre su incalificable música, aquella actuación fue publicada como disco y DVD. Al parecer, los músicos salieron al escenario con la idea de una forma abierta, con unos cuantos temas esbozados por Miles, algunas indicaciones sobre ciertas modulaciones de tempo, centros tonales y atmósferas, y como siempre, sin corsé musical, que solo hubiera entorpecido la respiración. Más adelante, DeJohnette se referiría a la actuación como a una especie de *jam session*, con la diferencia de que el personal de aquel libre juego de fuerzas estaba predeterminado: junto a Miles Davis, el batería Jack DeJohnette, el bajista electrónico Dave Holland, el percusionista Airto Moreira, el saxofonista alto y soprano Gary Bartz y los dos intérpretes de teclado electrónico Keith Jarrett, al órgano, y Chick Corea, al piano, sentados frente a frente, de modo que podían verse, posibilidad que no aprovecharon.

La intervención comenzó sin rodeos, con un sonido en difusa ebullición y un persistente ritmo roquero de batería, distorsionadas superficies sonoras de los teclados electrónicos, impulsores acentos de percusión emitidos por el tambor de fricción y ostinatos salidos del bajo, un sonido al que Davis, como había hecho también en otras grabaciones, añadía más bien señales que líneas melódicas coherentes y menos aún estribillos reconocibles. Diríase que el producto sonoro fue básicamente resultado de lo que tocaba cada intérprete y de las respuestas de los demás. El cambio de tempos y de *moods* siempre venía de los otros músicos, solo una vez del propio Miles, cuando irrumpió con un trompetazo retardado en una intensa estructura de ostinatos transformando la atmósfera. Luego fue DeJohnette el que abruptamente cambió de ritmo. Jarrett, con Chick Corea, se encargaba sobre todo del trasfondo expresivo, aunque en una ocasión tocó un pasaje dilatado que podría calificarse de solo. Posteriormente, dijo que contribuyó a la actuación no tanto en lo musical como aportando más bien energía a la misma. La verdad es que esta apreciación da bastante en el clavo de lo que fue aquella música: un denso flujo de fuerza marcado por lo electrónico, del que sobresalen voces sueltas que luego vuelven a sumergirse en el mar de fondo. Airto Moreira debió de sentirse en su salsa al encontrarse permanentemente con nuevas formas de sonido, collages irisados, que atizaba con los ruidos trémulos y ritmados de sus cuicas, reco-recos, maracas, *shakers* y otros instrumentos de percusión entre fantásticos y bizarros.

Cada músico era libre y no obstante se hallaba inmerso en un todo al que aportaba un timbre o un patrón rítmico. El final lo inició Davis con sus señales de trompeta que intervinieron en la métrica del rock y abrieron el *sound* extenso sobre redobles de batería rítmicamente libres. Luego, abandonó el escenario, seguido por Bartz, mientras los demás continuaban ese prolongado sonido final. Seguidamente, se marchó también Holland, después Chick Corea y, por último, Jack DeJohnette, tras lo cual Keith Jarrett, como en la sinfonía *La despedida* de Haydn, procedió, metafóricamente hablando, a soplar la vela, desatando los crecientes aplausos de los alrededor de seiscientos mil oyentes. «Una clase de historia del jazz en microformato desde el tubo de Miles Davis», calificaría Jarrett la actuación, que, según él, contenía todo lo que esta música había producido en los cien años de su existencia. Si los oyentes de la isla de Wight sintieron lo mismo, si ello respondía a la intención del propio Davis o solo sucedía a la imaginación de Jarrett, es algo que no precisa debate. Más importante es que esta impresión surge con frecuencia en las futuras creaciones propias de Jarrett. En el fondo se trata de su particular credo como solista, que no es otro que el de una interpretación universalista.

La grabación realizada dos meses antes en el Fillmore East, con el mismo reparto que en la isla de Wight (solo que con Steve Grossman en lugar de Gary Bartz), tal vez muestra aún con más claridad que la grabación de la isla de Wight, insólitamente compacta en lo acústico pero menos nítida en lo sonoro, la musicalidad casi irrefrenable de los cinco intérpretes: cómo, en una suerte de descarga de alta tensión, parecen seguir sus fluidos cerebrales, o tonos cardíacos al tiempo que atienden a las señales de los demás con el fin de aprovecharlas para sí mismos, construyen un contraste con respecto a ellos o les siguen la corriente hasta que sus propias frases acaban imponiéndose. Y aún mejor que en el concierto de Wight se puede observar con qué energía todos propulsan el tema. Aun cuando un instrumento toca algo parecido a un solo, las líneas contrapuntísticas del resto de los intérpretes pueden percibirse como huellas sonoras autónomas. Basta con escuchar al bajo con sus carreras constantes o provocadores riffs, seguir al batería en sus poderosos ritmos de swing o concentrarse totalmente en Jarrett con sus sonidos astillados y superficies sonoras, que se van amontonando e incrustando unos en otros como bloques de hielo marino cada vez más compactos.

Con esta banda, Miles Davis alcanzó su objetivo de producir el sonido sensual de una época. Y quien se pregunte si no es puro derroche poner a Chick Corea y a Keith Jarrett juntos, además de emplear en ocasiones a tres o incluso cuatro intérpretes de teclado electrónico, conviene que escuche las cuatro veladas recogidas en el álbum del Fillmore bajo los títulos de *Wednesday Night* y *Saturday Night* y preste oído al extenso intercambio de Corea y Jarrett, en el que uno y otro se incitan mutuamente con los timbres, sonidos y enlaces sonoros más bizarros y al mismo tiempo como nacidos de un solo cerebro musical. Las señales de Morse de Davis se quedarían a veces suspendidos en el aire y las líneas de bajo roqueras de Holland parecerían a ratos demasiado ostensibles si no existieran los salientes armónicos de Jarrett y Corea, quienes se relevan en la tarea de, por una parte, mantener a Davis con los pies en la tierra de los hechos musicales y, por otra, sobresaltar con efectos distorsionados y armonías remotas a Holland en su telúrico roquero. Por si no bastara, el propio Jarrett emprende una expedición sonora y encarna con su conocimiento de la armonía aquello por lo que Davis lo atrajo a su círculo: la novedad basada en la tradición.

En *Live-Evil* el edificio sonoro descansa con todavía mayor firmeza sobre cimientos uniformes de tipo rock, con grandes porciones de patrones rítmicos, ostinatos de bajo, elementos de blues y de funk, más pasajes con solos y escasa constancia de improvisaciones colectivas. Es, en particular, en las piezas que Jarrett ejecuta como único tecladista sin mantener un duelo permanente con Corea —*Sivad, Funky Tonk, Inamorata* y *What I Say*— donde la sustancia musical resulta estructurada de forma más clara, más cohesiva, y presenta, con todo y su aparente carácter expresivo, una textura más sutil. En *What I Say,* por ejemplo, Jarrett, con el apoyo del bajo y de la batería, prepara una fantástica base de funk para Davis. Se produce entonces, a lo largo de extensos pasajes, un intercambio de ideas entre el trompeta y el pianista, intercambio sustentado por un ostinato de bajo con ritmo impulsor de batería, hasta que Jarrett entona con furioso *up tempo* su propio solo, que lo transporta hacia lejanas galaxias armónicas, con aquellas partes hímnicas y patrones repetitivos que más tarde lo harían famoso. En *Little Church,* Davis une a cuatro pianistas —Hermeto Pascoal, Keith Jarrett, Herbie Hancock y Chick Corea— en un lazo sonoro de apariencia irreal que ya no admite diferenciaciones. Podría pensarse que estamos ante un mero derroche de pianistas al servicio de un efecto auditivo más bien mínimo. Sin embargo, esto también forma parte de Miles Davis, al igual que la insistencia estoica del riff de bajo en *Inamorata* antes de que el ritmo se vaya deshilachando y el actor Conrad Roberts recite un bizarro poema sonoro, que presumiblemente se debe al propio Davis y que, por un lado, subraya con acentos líricos la atmósfera misteriosa de la grabación y, por otro, preconiza una curiosa equiparación entre música y masculinidad, como si se tratara de corregir de una vez por todas la férrea imagen del carácter femenino de la música simbolizado por Santa Cecilia, su patrona. Y, como poniéndole énfasis musical al mensaje, las fuentes sonoras, que durante el recitado siguen borboteando caóticas, se encrespan con poderoso y casi violento bufido para ir agotándose poco a poco en la distorsión de la guitarra.

¡Qué tiempo aquél —entre finales de 1965 y principios de 1971—! Durante esos cinco años Jarrett ascendió, con Art Blakey, Charles Lloyd y Miles Davis, a lo más alto del cadalso de la independencia musical. Numerosos músicos en su lugar habrían estado contentos de poder prolongar la estancia en estos ensembles rompedores. No es el caso de Jarrett, quien en el transcurso de su carrera aún demostrará a menudo que puede ser constante en la colaboración con otros músicos, a condición, eso sí, de que exista absoluta congruencia estética, sonora y emocional por parte de todos los implicados. Ser independiente con respecto a las ideas divergentes de otros músicos era para él, en aquel momento, una premisa irrenunciable de su evolución musical. En cuanto a Blakey, Jarrett no estaba satisfecho con su concepción del ritmo, contraria a su propia intelección del desarrollo rítmico ajustado. En el cuarteto de Lloyd debió de molestarle no solo la avezada práctica de hombre de negocios que éste demostraba, sino también su agonizante pasión por la música. En el caso de Davis fueron los instrumentos de teclado electrónico, el piano y el órgano, con su limitada gama sonora y expresiva, los que nunca acabaron de convencerle. Además, habida cuenta de la libertad que Davis concedía a sus músicos, todos los proyectos y actuaciones se regían por un solo concepto: era siempre la música de Davis la que se hacía en cualquier evento o grabación. Y se trataba, hasta cierto punto, de una música colectiva, en la que las sutilezas, aunque deseadas y exigidas, se fundían en la idea global.

Para el solista y músico de cámara que Jarrett siempre ha sido en lo más hondo de su alma, eso no podía ser suficiente.

Miles Davis ideaba grandes espacios musicales, quería crear obras de arte sonoras haciendo trabajar, como en un taller medieval de artistas, a numerosos músicos en un fresco de gran formato. También Keith Jarrett quería producir, con material nuevo, grandes espacios musicales. Según él, sin embargo, los detalles de esos espacios debían quedar elaborados en vez de ser meramente pergeñados para que, como por arte de magia, se plasmaran, junto con otros pedazos servidos al azar, en un todo coherente. Sobretonos, impulsos rítmicos, matices de pulsación, disoluciones de la forma, desencadenantes de motivos, transiciones, asociaciones, fricciones tonales, armonías, disonancias, oscilaciones, pausas, respiración, aire... para Jarrett todo es importante y quiere que sea perceptible. Pese a su reluciente cromaticidad, su fuerza rítmica e incluso su interés en delicadísimas oscilaciones impresionistas, su arte siempre posee el carácter de un dibujo, de la precisión gráfica, inherente al acontecer sonoro. Su impulso pictórico —si por una vez nos tomamos la licencia de aventurar una analogía peligrosa— no es el de un Jackson Pollock. Tanto antaño como actualmente, Jarrett es un Durero de la modernidad, obsesionado por el detalle, configurándolo todo y cohesionando enseguida los momentos musicales con los sonidos pasados y aún presentes en la imaginación. Esto no significa que el caos, la espontaneidad, la emocionalidad desbordante, queden excluidos. Al contrario. Todo es posible, todo se percibe como impulso, idea, sensualidad, imaginación, aporte de energía, material plasmable. Si ha de ser aceptado, si merece la pena responderle y cuándo, son las preguntas decisivas que hay que contestar... y el artista improvisador debe hacerlo más rápidamente que el compositor. No obstante, en esa etapa de su carrera aún no ha descubierto una premisa esencial para dar forma adecuada a su concepción del arte, puntillosa, basada en el estímulo del momento y a veces pendiente del hilo de seda que es su nervio. Ésta lo espera en Europa.

4
ALIANZA IDEAL

Tenía veintitrés años cuando fundó su empresa con el modesto capital que un pariente le prestó a fondo perdido. El artista al que representaba era tres años mayor. Desde el comienzo de su relación tuvieron ambos la sensación de que sintonizaban de forma ideal. Uno poseía un conocimiento exhaustivo de las innovaciones en ciernes y de las revoluciones estéticas. El otro era un genio del que la opinión pública aún no sabía gran cosa y de cuyo arte prácticamente nadie había tomado nota. Su conexión, basada en la confianza y cultivada lealmente por ambos durante varias décadas, les reportaría a ambos gran prestigio. Es más: esta relación entre el galerista Daniel-Henry Kahnweiler y el artista Pablo Picasso —se habían conocido en París en 1907, cuando el joven pintor finalizaba su monumental obra *Las señoritas de Avignon*— es una de las constantes que marcan la historia del arte del siglo XX.

La extraordinaria historia de esta pareja apenas necesitaría reescribirse si sustituyéramos los nombres de Kahnweiler y Picasso por los de Manfred Eicher y Keith Jarrett. Cuanto más se adentra uno en las biografías de grandes pintores, escritores o músicos, más noticia tiene de los vínculos entre los artistas y sus galeristas, editores, productores y, a veces, patrocinadores, sin cuyo papel mediador ninguna obra hubiera visto la luz, ni alcanzado tampoco reconocimiento social.

Manfred Eicher tenía veintiséis años cuando, en 1969, estando en Múnich, fundó su discográfica independiente, ECM, con el modesto capital de partida que le cedió un amigo con quien compartía negocios. El pianista Keith Jarrett, cuya música empezó a editar poco después, era dos años menor. Cuando en 1971 sellaron su colaboración con un apretón de manos, la opinión pública ciertamente intuía que ahí, a la sombra de Charles Lloyd y Miles Davis, había madurado un genio: Jarrett se había dado a conocer en giras y había publicado discos con jazzistas de renombre, así como grabaciones de trío a su nombre. Pero su verdadero triunfo aún estaba por llegar. Manfred Eicher, el productor con un infalible olfato para la calidad musical, y Keith Jarrett, el artista riguroso y poco dispuesto a hacer concesiones, debieron de darse cuenta muy rápidamente de que podían fiarse el uno del otro. Su alianza, que ha perdurado hasta el día de hoy, ha marcado de forma decisiva la historia del jazz a lo largo de más de cuarenta años y ha aportado una importante contribución a la interpretación musical en el siglo XX.

No obstante, la concordancia aproximada de factores externos como la edad, el papel mediador o el comienzo de la carrera apenas bastarían para justificar la comparación entre la relación que unió a Kahnweiler con Picasso y la que mantienen Eicher y Jarrett. Kahnweiler no era un vulgar conocedor de arte; era un historiador, editor y autor que no permanecía atrapado en las categorías ya establecidas de las artes plásticas. Regentaba una legendaria galería para esa vanguardia descuidada y aún mal entendida a principios del siglo XX, escribía obras de referencia sobre el cubismo, publicaba textos de autores por lo general jóvenes, como Guillaume Apollinaire, André Malraux, Michel Leiris, Max Jacob o Gertrude Stein, y encargaba a artistas la creación de estampas para su excepcional edición de pequeño formato, lo cual representaba para ellos una forma sutil de publicidad.

Manfred Eicher es un músico de formación exquisita que suspendió su incipiente carrera de contrabajista en la Filarmónica de Berlín y una tímida trayectoria como bajista de jazz a fin de dedicarse plenamente a la producción de discográfica. Pero, al igual que Kahnweiler en su campo, también ha sido, en su oficio, un editor desde el comienzo, y en modo alguno un productor de discos convencional. Siempre se ha opuesto a los métodos y manejos de aquella industria, llamada también —y no sin razón en lo que a determinados géneros musicales respecta— «el gremio de los tiburones». Su interés nunca se ha centrado solo en el jazz, ni siquiera únicamente en la música. Eicher, quien ha mantenido relaciones amistosas con Ingmar Bergman y Jean-Luc Godard, Erland Josephson, Bruno Ganz y Robert Wilson, siempre ha tenido a su alcance el séptimo arte y el teatro, la literatura en general y la poesía en especial; por ejemplo, la de Hölderlin, T. S. Eliot o Giorgos Seferis, a los que, en acertada combinación con música de Heinz Holliger, György Kurtág o Gija Kantscheli, ha brindado siempre un foro adecuado. Ha colaborado en numerosas ocasiones —asesorando a— el director de cine griego Theo Angelopoulos y también, desde 1990, con Jean-Luc Godard, cuyo «particular sentido para el arte de la supresión» y «marcada voluntad configuradora de la luz, el sonido y la música» —por ejemplo, en la película *Vivre sa vie,* con Anna Karina, del año 1962— lo fascinaron eminentemente. En 1989, ayudó a Godard con la sonorización del filme *Nouvelle Vague,* y todavía de forma más amplia dos años después, en *Allemagne, année 90 neuf zéro.* Eicher también participó en su monumental crónica *Histoire(s) du cinéma,* cuya banda sonora publicó en cinco CD junto con cuatro volúmenes ilustrados y de texto. Con Heinz Bütler, codirigió la película *Holozän,* inspirada en una narración de Max Frisch y con música de Keith Jarrett, y fue distinguido por la misma con el premio especial del jurado del festival de Locarno.

Las Ediciones de Música Contemporánea de Eicher, que mientras esto escribo sobrepasan, con mucho, ya las mil cuatrocientos referencias de catálogo, constituyen un archivo fundamental de la música actual y de la actual interpretación de música antigua, en la que conceptos y especificaciones del tipo «liquidar» o «descatalogado» no existen. En ECM los soportes fonográficos ofrecen el nivel de diseño y el cuidado editorial de un sello de libros con tradición que es consciente del valor artístico de sus ediciones. En esta empresa, que ha seguido siendo obstinadamente pequeña e independiente y que goza actualmente de una notable proyección mundial, el rango del arte y su adecuada materialización acústica, sonora y editorial siempre disfrutan del más exquisito de los cuidados en su elaboración. Significa esto también que, desde el punto de vista meramente comercial, muchas de sus originales publicaciones no habrían sido en absoluto justificables.

Es precisamente en esto en lo que los sellos discográficos estadounidenses, con los que Jarrett comenzó a publicar sus grabaciones en los últimos años sesenta y primeros de los setenta hasta comprometerse casi de forma exclusiva con ECM, parecen haber errado literalmente el cálculo. Así, en el contrato de Jarrett con la empresa ABC, donde entre 1973 y 1978 aparecieron un total de ocho grabaciones del «Cuarteto Americano» del pianista, y bajo el artículo «Excepciones a la exclusividad», figura el siguiente pacto: Keith Jarrett tiene permiso para realizar con ECM producciones de «música seria» y grabaciones similares mientras dure el contrato con ABC, ya que tales producciones «prácticamente no tienen repercusión, y si llegan a tenerla, antes bien pueden incrementar su prestigio»… sin necesidad de contraprestación por parte de ABC, cabría añadir, en honor a esta lógica editorial un tanto cínica. Tal actitud fue confirmada por George Avakian, mánager de Jarrett, a principios de los años setenta: «Yo había explicado detallada y detenidamente a Ed Michel [productor de Impulse!, un sello de ABC] mi tesis de que no tendría ningún efecto negativo para las cifras de venta de Impulse! que se concediera a Keith la libertad de expresarse fuera del sello con formas musicales que no interesaban para nada a Impulse! y que, al contrario, solo podían suponer una ganancia de imagen y de oyentes, reforzándose, de esta manera, el valor de los trabajos más convencionales de Keith para Impulse!. Lo que nos dejó estupefactos a todos fue que de los proyectos con ECM surgieran álbumes que de pronto superarían todo lo que había grabado con anterioridad».

En efecto, en la primera mitad de los años setenta, la gran época de las bandas de fusión con amplificación eléctrica, como Mahavishnu Orchestra, Return to Forever o Weather Report, nadie podía imaginar que las grabaciones de un solista de jazz que improvisaba en un piano de cola tradicional para conciertos fueran a recibir no solo el reconocimiento de la crítica, sino también éxito comercial. En el caso de *The Köln Concert* incluso se alcanzó lo que es la cifra récord para una producción de solista, con casi cuatro millones de ejemplares vendidos hasta la fecha. Jarrett comentó al respecto: «Todos decían que Manfred estaba loco por producir algo así. Que era un riesgo demasiado grande. Pero ésta es precisamente una de sus raras cualidades. No tiene miedo a asumir riesgos cuando cree en algo. Manfred fue el primero en publicar todo lo que yo quería en el plano artístico».

El riesgo ya comenzó con *Facing You* y continuó con el triple elepé *Solo Concerts Bremen/Lausanne.* Incluso grabaciones como los *Sun Bear Concerts,* una caja de diez compactos con cinco actuaciones íntegras del solista, registradas durante una gira por Japón en noviembre de 1976, y tildadas con cierta sorna de haraquiri económico por algunos colegas productores de discos que no daban crédito a cuanto presenciaban, han sido amortiza-

das hace tiempo. Dan Morgenstern vio en los hipertrófi-
cos *Sun Bear Concerts* la señal infalible de un gigantismo
que, durante los últimos días del elepé previos a la aparición del CD, anunciaba ya, como en el caso de los dino-
saurios, la extinción de la especie por falta de adaptación
al medio cambiante. No fue el único observador de la escena que andaba errado con sus opiniones relativas a las
ambiciones artísticas de ECM y la pervivencia del elepé.

A los grandes y consolidados sellos de jazz americanos los inicios de ECM debieron de antojárseles como la
buhonería de un vetusto Juan Palomo europeo que no
sabe leer los signos de los tiempos. De lo mucho que se
equivocaron dan testimonio las encuestas anuales sobre
el «sello del año» y el «productor del año» de la revista
Downbeat, en las que desde hace tiempo (desde 1976) las
distinciones son, con insusitada frecuencia, para ECM y
Manfred Eicher. Jarrett supo cuál era la situación económica de los músicos de jazz en Estados Unidos y cómo
operaban las discográficas americanas gracias a su experiencia con Atlantic, su primera productora entre 1967 y
1971, pero sobre todo como miembro de la banda de Miles Davis con Columbia, el entonces sello del trompetista.
Después de que Atlantic hubiera rescindido el contrato
con Jarrett porque, a pesar de su reputación ya respetable, no esperaba que las producciones arrojaran grandes
ventas, George Avakian logró convencer a Columbia para
grabar un elepé doble. Para éste, Jarrett solo echó mano
de su propio repertorio, acompañado por Charlie Haden y
Paul Motian. El trío se amplió incorporando al saxofonista
Dewey Redman, al guitarrista Sam Brown y al percusionista Airto Moreira, además de integrar a un ensemble de
cuerdas y vientos. La producción, titulada *Expectations,*
fue galardonada el año mismo de su publicación con el
prestigioso Gran Prix du Disque Charles Cros francés.
Columbia se había asegurado la opción de un segundo
álbum que, según la voluntad de Jarrett, debía de ser uno

de solista; George Avakian hizo grabar para tal fin un concierto en el Mercer Arts Center de Greenwich Village. Pero el sello consideró que la producción no ofrecía la menor oportunidad de negocio, por lo que rescindió el contrato y, en cambio, se hizo con los servicios de Herbie Hancock, cuyos proyectos de fusión auguraban un éxito comercial infinitamente mayor.

En la actualidad, la relación de uno de los más importantes músicos de jazz y pianistas del presente con un productor colmado de distinciones por sus minuciosas grabaciones, casi puede parecer algo lógico y natural, consecuencia de una inexorable fuerza de atracción entre dos individuos que en sus respectivos oficios se exigen a sí mismos lo máximo posible. En las postrimerías de los sesenta, sin embargo, no era moneda de curso común (y, probablemente, tampoco lo sería hoy) que un jazzista estadounidense, a punto de dar el salto hacia una gran carrera, depositara su confianza justamente en un productor alemán que hasta la fecha no podía acreditar en su haber poco más que un puñado de discos. Ya para entonces, la labor de convencimiento de Manfred Eicher, con sus ideas estéticas, técnicas y fonográficas, debía de estar dando frutos, si reparamos en que para su primera publicación consiguió convencer al pianista Mal Waldron, que desde 1967 vivía en Múnich y había sido pareja de Charles Mingus y acompañante de Billie Holiday, y poco después a Chick Corea, a efectuar grabaciones como solistas para ECM.

Fue justo en el momento en que Columbia dejó caer a Jarrett cuando Eicher se dirigió a él con una propuesta de grabación, mandándole como ejemplos de su hacer el prensado de prueba de la aún no aparecida producción con Chick Corea y el álbum *Afric Pepperbird,* ya publicado, de Jan Garbarek. Le ofreció una selección con tres proyectos: una producción conjunta con Chick Corea, una grabación de trío con Gary Peacock y Jack DeJohnette, y por último una de solista. Las muestras que acompañó bastaron para convencer a Jarrett de que se le estaba presentando una nueva e interesante posibilidad de efectuar registros fuera de lo convencional. Cuando poco después, en su gira con Miles Davis, llegó a Múnich, Eicher y él pactaron el disco de solista que sería grabado en Oslo en noviembre de 1971 y en un solo día, con el título de *Facing You.* Fue la primera de las nada menos que veintiocho producciones de solista que hasta la fecha Jarrett ha llevado a cabo con Eicher.

Facing You salió en 1972, junto con *Expectations* y *Birth,* la primera grabación del «Cuarteto Americano» de Jarrett, con el saxofonista Dewey Redman, el bajista Charlie Haden y Paul Motian a la batería. Las tres producciones causaron gran sensación en Estados Unidos. Ningún músico de jazz podía lucir tanta variedad de géneros ni tan ambicioso paquete integral en tan solo un año. Las reacciones fueron unánimes, como si la opinión pública musical del continente americano se hubiera perdido una evolución que Europa había percibido hacía tiempo y acogido conforme al rango que le correspondía. Robert Palmer, con un artículo en la revista especializada *Rolling Stone,* abrió los ojos y los oídos de América para un músico que había dado el salto de «ex pianista de Miles Davis» a su entronización como el más importante estilista de piano del jazz. Sostenía que en *Expectations* había más diversidad musical que en cualquier otra publicación de 1972. *Facing You* era para él «sin duda el álbum de solista más creativo y satisfactorio de los últimos años». Por las mismas fechas, el semanario *Der Spiegel,* en su edición del 10 de julio de 1972, constataba sobriamente que un alemán producía, desde se reducto microempresarial en solitario, discos de jazz tan perfectos que cada vez más preeminentes músicos americanos deseaban tocar para él. Diez años más tarde, también la revista *Time* se hizo eco de la reputación de ECM: «Así como un autor de relatos breves quiere ver publicadas sus obras en el *New Yorker,* un joven músico de jazz sueña con ver sus producciones en ECM». Poco después, Michael Zwerin en el *New York Herald Tribune* sentenció con rotundidad que, en aquel momento, ECM era incontestablemente el más creativo de los sellos de jazz.

De 1978 en adelante, y salvo tres grabaciones de obras de Bach, Händel y Lou Harrison, Keith registraría su música únicamente en ECM, sin haber firmado jamás un contrato de exclusividad. Quedará en el terreno de la especulación conjeturar cuáles de estas producciones posiblemente nunca se hubieran materializado sin la conexión con la empresa de Eicher. La discografía de Jarrett abarca entretanto más de setenta producciones con el sello jazzístico de ECM y el sello ECM New Series para música clásica y contemporánea, concebido y creado para acoger otras propuestas artísticas en 1984. La prioridad que los productores americanos dan a las razones comerciales, sin embargo, permite concluir con cierta probabilidad que, trasladadas a Estados Unidos, muchas de las ideas puestas en práctica por ECM jamás habrían salido de la fase de proyecto. El prestigio del artista Keith Jarrett en el mundo de la música, de eso no cabe duda, fue promovido sustancialmente por las ejemplares producciones de Manfred Eicher y las posibilidades que éste ofreció de forma generosa para el desarrollo de toda idea musical sin consideraciones comerciales o incluso concesiones estéticas. A la inversa, claro está, también es cierto que, en la misma medida, ECM debe su posición como sello al prestigio de Jarrett.

No obstante, quien busque razones a la tan larga y tan fructífera colaboración entre Eicher y un maníaco como Jarrett no debería detenerse en su coincidente concepción de la música, de las producciones musicales y de criterios de calidad libres de concesiones. Decisivo es también que Jarrett —y no solo él, sinó, en el fondo, todos los músicos que graban con ECM— percibe a Eicher como *partenaire*. Pues es un músico dotado de ese oído tan agudo que tienen algunos artistas para percibir de forma sismográfica todas y cada una de las vibraciones posibles. Sabe comunicarse con los músicos a través de sistemas de signos no verbales y sabe lo que los artistas necesitan, cómo reaccionan y actúan, porque él mismo es un artista. Existen de Jarrett y Eicher dos fotos del año 1973, tomadas por Roberto Masotti en la Casa de América de Múnich y publicadas, entre otros lugares, en el catálogo realizado con motivo de la exposición *ECM: una arqueología cultural,* que se celebró de noviembre de 2012 a febrero de 2013 en la muniquesa Casa del Arte. En una de las fotos, Jarrett aparece sentado en su sitio habitual ante el piano, y Eicher, de pie junto a él, lo escucha con actitud animada. En la otra, los papeles se invierten: Eicher aparece sentado al piano mientras Jarrett le mira los dedos, concentrado. Si apeláramos a la iconografía para explicar su relación, estas tomas tendrían el carácter de principal testimonio de lo que los une: su condición de artistas. Todas las decisiones editoriales se adoptan de forma solidaria entre Jarrett y Eicher, quien no se siente productor, sino más bien director de sonido. Peter Stein, Robert Bresson, Andrei Tarkowski... he aquí el ámbito en el que se sitúa a sí mismo y donde encuentra los estímulos y la inspiración para su trabajo con los artistas.

Pero las grabaciones no son más que la emanación visual y sonora de esta colaboración enormemente fértil. Como todo buen productor y editor, Eicher es aportador de ideas, incitador, detector de caminos y facilitador de encuentros entre artistas que, posiblemente, nada sepan de las ondas en las que nadan de forma sincrónica. El «Cuarteto Europeo» de Jarrett se debe a la iniciativa de Eicher, al igual que la conexión que aquél pudo establecer con el violinista Gidon Kremer para grabar *Fratres* de

Arvo Pärt, pieza recogida en el álbum *Tabula Rasa,* con el que el compositor estonio se dio a conocer mundialmente en 1984. Numerosas giras, proyectos y encargos de composición fueron iniciados, cogestionados o ejecutados íntegramente por ECM. Ni contando con el mejor de los equipos directores, Jarrett habría podido penetrar, desde América, en la escena europea del mismo modo en que pudo hacerlo con la tropa bávara, que allanó a su artista más importante el camino hacia organizadores, iniciativas y facilidades de producción. También la primera gira europea del trío conformado por Jarrett, Haden y Motian fue organizada por ECM. Asimismo, fue el compromiso de Eicher el que dio lugar al primer recital del pianista, ofrecido en las Jornadas de Jazz de Heidelberg, donde éste aún no improvisaba libremente, sino que fantaseaba sobre composiciones propias o estándares del jazz, como solía dictar por aquel entonces el canon.

Tan cierto como que Jarrett pudo realizar con ECM todos los proyectos artísticos que le parecían importantes, es el hecho de que Eicher siempre supo hasta dónde podía llegar en este terreno y de qué convenía abstenerse. En este sentido, no solo ha sido y fue productor y partenaire musical; se convirtió también en una especie de asesor, y lo fue de esa manera extremadamente sutil sin la cual una colaboración con el pianista, escéptico sobremanera y a menudo hipersensible, hubiera sido a todas luces impensable, sobre todo durante un período prolongado. Eicher, a semejanza de Jarrett, tenía experiencias en los dos campos (el del jazz y el de la música clásica), y por tanto podía mediar entre ambos trasladando al jazz el rigor y la seriedad que había conocido en la Deutsche Grammophon. Esto también dio al virtuoso la confianza necesaria para llevar a cabo con Eicher, ya en 1973, producciones tan extraordinarias como *In The Light,* con el American Brass Quintet y el Fritz Sonnleitner Quartet, o grabar poco después, con la Orquesta de Cámara de

Stuttgart y Jan Garbarek, *Luminessence,* su música para cuerdas y saxofón. Pasando revista a las producciones que Eicher le posibilitó a Jarrett entre noviembre de 1971 y octubre de 1975, y que surgieron en paralelo a las grabaciones del «Cuarteto Americano» para ABC, podemos calibrar la magnitud de una hazaña editora de la que nadie podía saber si algún día resultaría rentable: *Facing You,* primera producción de solista; *Ruta And Daitya,* grabación de dúo con piano y batería; *In The Light,* magna grabación con cuerdas, quinteto de vientos y combo jazzero, de piezas para clavecín y cuarteto de cuerdas, entre otras; el triple elepé *Bremen/Lausanne* con improvisaciones libres como solista en dos recitales en vivo; *Luminessence,* música para cuerdas y saxofón; *The Köln Concert,* improvisaciones de solista en la Ópera de Colonia y finalmente, *Arbour Zena,* grabaciones con la Orquesta Radio Sinfónica de Stuttgart, piano, bajo y saxo. Producciones alejadas todas ellas de cualquier *mainstream* y calificadas a veces de rarezas marginales que, sin embargo, consolidaron la fama de artista sumamente original de Jarrett y la no menos reseñable valía de Eicher como intrépido productor.

El credo de Eicher estaba por encima de todas las consideraciones y jamás habría podido salir de la boca de un productor afincado en la madre patria del jazz: «Muchos discos no se hicieron para vender, sino por el simple deseo de que existiesen». En esto encaja también la ya legendaria política del apretón de manos de Eicher, quien no ata a los músicos a ECM por medio de contratos: se da a sí mismo y a los artistas la libertad de decidir sobre cada producción o, como dijo el pianista Paul Bley: «Cuando yo hacía grabaciones para Polygram había un contrato de treinta y cinco páginas de extensión. Los de ECM Records en cambio me dijeron: "Si te gusta cómo hemos grabado tu música, estamos seguros de que querrás volver a hacer grabaciones con nosotros". Es completamente lógico: si me ha gustado lo que hicieron, y a ellos les gusta lo que yo hice, entonces volveremos a encontrarnos. No tuvimos que prometernos ni, menos aún, garantizarnos nada, tampoco regular nada por contrato para coincidir de nuevo».

Y otra cosa: ¿debe un productor dejar su rúbrica en la producción o es mejor que no se le oiga? ¿Debe seguir la máxima de Glenn Gould, quien manifestó que el trabajo del productor había de reconocerse en el sonido de la grabación de manera tan inconfundible como el trabajo del compositor y del intérprete? ¿Y debería ese trabajo del productor revestir significancia estética para el oyente sensible? ¿O vale para un productor lo mismo que Franz Liszt exigía del director: que desapareciera a ojos vistas en su función? Para contestar a estas preguntas, podemos volver a recurrir a la iconografía. La portada de la grabación del dúo entre Enrico Rava y Stefano Bollani, titulada *The Third Man,* luce una foto en la que el pianista Bollani, sentado al piano, está absorto en el diálogo con el trompeta Rava, el cual tiene la cabeza apoyada en su brazo derecho que a su vez descansa sobre el piano. Solo al mirar más de cerca se descubren los zapatos de un hombre que sin duda debe de estar detrás de Bollani, de pie, y cuya estampa fue eliminada de la foto. En el folleto y en la publicación *Der Wind, das Licht —ECM und das Bild* ['El viento, la luz— ECM y la imagen'], editada por Lars Müller en 2010, que describe y documenta con profusión de fotografías el diseño de las publicaciones de ECM, se encuentra la explicación. Allí se ve la toma original, no retocada, de Rüdiger Scheidges, en la que apreciamos de quién son los zapatos: de Manfred Eicher, que, como si con su cabellera gris fuera una especie de imagen especular de Enrico Rava, sigue, igualmente mudo, los comentarios verbales y presumiblemente también musicales del pianista.

Eicher siempre es «el tercer hombre», aunque no se le vea ni se le oiga. Nada mejor que estas dos fotos para visualizar cómo actúa sobre los músicos y la propia música.

Concede a estos su libertad, pero está ahí en cualquier instante. Su presencia se siente. Es preciso haber asistido alguna vez a una sesión de grabación, sea en Oslo, Nueva York o un lugar tan recoleto como es en invierno el finlandés Lohja, donde nació el *Te Deum* de Arvo Pärt, con la participación del sensibilísimo Coro de Cámara Filarmónico de Estonia dirigido por el susurrador de sonidos Tõnu Kaljuste, a fin de comprender mínimamente la fuerza mágica que emana de muchas producciones de ECM. La personalidad del productor determina el aura de la sesión, pero no es tanto su vigilante control cuanto su mera presencia, que suscita reacciones artísticas. La concentración, la inspiración, la voluntad moldeadora, el aliento de los virtuosos se palpan literalmente con las manos. Y, en ciertos momentos, acontece, aunque sea por pura sugestión, algo que es imposible: en la iglesia de Lohja, durante el registro de *Silouans Song* de Pärt, en el gélido enero de 1993, sucedió en el compás cincuenta y seis... un crescendo en una pausa general.

Paul Bley, a su vez, ha descrito este fenómeno desde la perspectiva de los músicos. Dice que los productores con ideas son tan importantes porque constituyen una infrecuente materia prima: «Creo que todo músico hace un álbum *con* Manfred. Él es un intérprete adicional. En otras situaciones eso difícilmente se toleraría. Creo que es un genio. No, lo sé. Es un antiguo bajista que abandonó la interpretación para tocar a través de los demás músicos. A algunos eso no les gusta, a otros sí». A Pärt le gusta, y quizá haya sido él quien más concisamente ha formulado lo que define al productor Manfred Eicher y lo que, en su asociación con Keith Jarrett, ha adquirido carácter ideal: «Mi relación con ECM va más allá de las categorizaciones: es un complemento natural de mi actividad como compositor».

5
LOS AÑOS
FORMATIVOS

A principios de 1970, el renombrado crítico de jazz, autor, compositor y productor Leonard Feather echaba sapos y culebras. El mismo título de su ensayo, «Un año de rebajas», publicado en el anuario de *Downbeat,* no dejaba lugar a dudas sobre el sentido de su valoración a propósito de lo acontecido en los pasados doce meses. Cargaba contra todos: músicos, productores, jefes de discográficas, accionistas de grandes consorcios, el público en general, lo divino y lo humano en el universo musical entero, ya que nadie se había opuesto a la abrumadora tendencia a lo popular y a la fusión, por motivos comerciales, del jazz y del rock. Su mirada retrospectiva era un panfleto con argumentos contundentes. Según Feather, nunca antes para un jazzista había sido tan fácil ganar dinero con recursos tan modestos: tres acordes, ostinato rítmico, sonido eléctrico. Ante el panorama que ebozaba esa música primitiva, los virtuosos habrían podido ahorrarse el gran esfuerzo invertido a lo largo de muchos años en aprender a fondo sus instrumentos y su oficio. La amplificación eléctrica, toda la parafernalia técnica para manipular los sonidos, tapaba cualquier acento individual de los intérpretes: «Todos sabemos que la música rock ha alumbrado numerosos grandes talentos y que lo seguirá haciendo. Pero seguramente estamos a años luz de encontrar entre ellos a un Art Tatum, un Jimmy Blanton o un Charlie Parker. Claro que hay que reunir otros requisitos para hacer música rock y se necesitan criterios distintos para juzgarla. Sin embargo, la buena disposición con la que el músico de jazz se ha subido al tren expreso del rock no deja de tener un insípido resabio a oportunismo, por no decir a cinismo».

Feather no se conformaba con el ataque indiscriminado. Aducía ejemplos para su veredicto, como al guitarrista Gábor Szabó, que en su grabación *The Sorcerer* lanzada en 1967 tenía un swing diabólico y en cuyo álbum *Magical Connection,* publicado tres años después, cualquier impulso de jazz brillaba por su ausencia. Szábo habría sacrificado, en aras de una moda efímera, todo lo que le distinguía como jazzista: la técnica de interpretación, el swing, el lenguaje propio. El joven pianista Pete Robinson, que en 1970 tocó en el cuarteto del saxofonista tenor Ernie Watts, confesó a Feather sin ambages que «esa caja eléctrica», el teclado electrónico, le estaba poniendo enfermo. Que en él solo podían tocarse determinadas tonalidades, que su capacidad sonora era limitada y la matización dinámica, casi imposible. Feather le dio la razón. Únicamente Miles Davis había creado una música electrónica nueva y excitante que no podía calificarse de jazz eléctrico, jazz rock o jazz con otro aditamento taxonómico: «Las reglas del juego para todo el año 1970 le fueron dictadas al jazz por el gran negocio con el que estaba vinculado: "Si no puedes ser tú mismo, al menos sé alguien que saque beneficio". Por eso, y aunque algunos hayan vendido el pellejo a regañadientes y sintiendo vergüenza, el año 1970 fue un año para el proxenetismo y la prostitución».

Eran palabras fuertes dichas por un hombre que llevaba más de treinta años siguiendo atentamente la evolución del jazz, comentando con agudeza su progresión e influyendo a veces en él de forma activa. No se puede afirmar que las tesis de su análisis fueran del todo desacertadas. Sus exageraciones venían justificadas tanto por la forma y la función de un libelo como por su evidente sordera para el rock. Sin embargo, la periferia de la escena jazzística se presentaba deshilachada, variopinta y confusa como nunca. Desde los años sesenta, las protestas juveniles contra la guerra de Vietnam, el movimiento por los derechos civiles, el malestar por la sociedad de la opulencia, la búsqueda de formas de vida alternativas y de una salida del engranaje del mundo laboral moderno habían dejado una impronta indeleble en una contracultura musical de amplio espectro. Además, el amoldamiento frívolo y acomodaticio a la música rock provocó en los artistas una fuerte resistencia que Feather obvió deliberadamente. Ya a finales de los cincuenta, Ornette Coleman se dedicaba a erradicar del jazz el viejo orden armónico y el ritmo estereotipado, además de a transformar la dinámica de grupo con su rigidez jerárquica. A algún observador su música le debió de sonar tan extraña que ya no la asoció al jazz, sino que más bien la tildó de *new thing*, de cosa nueva, etiqueta que en el fondo revelaba la impotencia de la crítica frente a la aparición de cambios fundamentales.

En aquellos días revueltos, Coleman no fue el único en sacrificar rasgos del jazz tenidos por indispensables, pues consideraba que entorpecían su necesidad de expresión. Las acciones de la Association for the Advancement of Creative Musicians (AACM), agrupada en torno al pianista Muhal Richard Abrams y al Art Ensemble of Chicago de Lester Bowie, no eran menos radicales que Coleman con su free jazz de caóticas resonancias. La AACM había sido fundada por músicos y para músicos como organización sin ánimo de lucro a fin de independizarse de las grandes discográficas y sus inmutables estrategias de venta. No solo cumplía una función de protección musical, sino que formaba parte de una idea comunitaria integradora cuyos defensores se militaban en la política municipal, trabajaban a favor de grupos marginados, sacaban a los jóvenes de la calle gracias a programas culturales y creaban, sobre todo entre la comunidad negra, una sensación de cobijo comunitario. A la música le correspondía convertirse en la pieda angular de una nueva forma de vida: *jazz, a new way of life.*

La andanada de Feather tenía en el punto de mira al *mainstream* musical. Pero no solo el rock y el jazz se fusionaban a finales de los sesenta; también en otros campos emergían como hongos las más azarosas combinaciones sonoras y grupos experimentales. El jazz latino celebraba su tercer o cuarto resurgimiento desde los días del jazz de Nueva Orleans, de cuño caribeño y criollo. Randy Weston llevó el blues de vuelta a África, y Anthony Braxton armaba, según fórmulas cuasi químicas, un revoltijo de sonidos más próximo al gesto vanguardista de un Henry Cowell que al lenguaje jazzista afroamericano. En Alemania, Peter Brötzmann hacía rugir su musculoso saxo barítono por encima de todo el andamiaje armónico del jazz, mientras que en Holanda nacía el Instant Composers Pool, otro grupo de autoayuda independiente seguidor del modelo de la AACM, y el Kollektief de Willem Breuker desarrollaba un nuevo folklore de bandas de viento con resonancias de utopía social. Por último, y procedente de las regiones septentríonales de Europa, un grupo de músicos liderados por el saxofonista Jan Garbarek irrumpió en la escena de forma directa y sorprendente; como si, por razones inexplicables, una tribu indígena se hubiese extraviado hacia el mundo civilizado del jazz.

¿Y Keith Jarrett? A principios de los setenta, ni siquiera los videntes habrían sabido vaticinar el rumbo que tomaría su camino. Sin embargo, la bola de cristal que presagiaba su futuro no estaba empañada por dudas acerca de su talento. Lo que dificultaba el pronóstico era justo lo contrario: el exceso de opciones y perspectivas que ahora se le concedían. A finales de 1973, al reseñar en *Downbeat* el álbum *Fort Yawuh,* Steve Metalitz hacía un balance tan sencillo como convincente. Desde la llegada de

Keith Jarrett a la escena musical solo habían pasado siete u ocho años. En ese tiempo su nombre había surgido en incontables álbumes editados por cuatro sellos distintos. Ninguna de las grabaciones se asemejaba a las anteriores: «Ha tocado bonito, ha tocado a contrapelo y ha tocado alto (con Miles). Ha tocado suave (solo), ha tocado "libre". Y ha hecho música con un inconfundible *feeling* de country rock». Al parecer, Jarrett no podía decidirse por un estilo determinado y seguía buscando su propio sonido. Eso no tenía por qué ser un impedimento mientras pudiera tocarlo todo a la perfección. Al fin y al cabo, la insatisfacción de Jarrett tocando daba lugar a la máxima satisfacción de quienes escuchaban su música siempre nueva.

En efecto, en el tiempo que media entre su trabajo con Art Blakey a finales de 1965 y su marcha del ensemble de Miles Davis en diciembre de 1971, Jarrett exploró un terreno vastísimo, desde el hard bop hasta la vanguardia pasando por el jazz rock, sin olvidar un breve escarceo con el círculo de los cantautores e intérpretes del gospel. Y, en todo momento, se tenía la impresión de que los límites de los géneros tradicionales le servían únicamente para transgredirlos. Muchas interpretaciones revelaban la faustiana actitud del «¡Ay! He estudiado con denodado esfuerzo y sin pausa el jazz, la música clásica, la vanguardia y, por desgracia también, la música de los bares de copas y el jazz rock de electrónico trasfondo». Es posible que el tan denostado álbum de solista *Restoration Ruin,* de 1968, para el cual escribió todas las letras y composiciones, tocó todos los instrumentos y encima cantó, fuera ya la manifestación de su frustración faustiana. Quizá el diletantismo y los experimentos radicales con extrañas herramientas sonoras tenían que servir para invocar las fuerzas mágicas necesarias y lograr lo que, al parecer, no había obtenido con grandísimo artificio durante todos los años de experimentación previos: saber en qué consiste la médula de la esencia musical. A aquella grabación difícilmente se le puede atribuir un alarde de perfección técnica, ni tampoco una estructura cohesionada, un impacto estético o cualquier ideal de belleza convencional. De algún modo el comentarista de *Downbeat* debió de sentir, en abril de 1969, la vertiginosa proximidad a un peligroso arte esotérico cuando expresó la esperanza de que «este álbum horroroso» tuviera «un efecto catártico» y eliminara «toda la morralla del sistema nervioso de Jarrett, para que pueda regresar a su música de piano brillante, vital e inventiva».

¿Qué viene ahora? Esa pregunta, que se planteaba después de abandonar el escenario de Miles Davis, no debía de ser fácil de contestar a la luz del abigarrado universo musical y las numerosas estaciones por las que había transitado. Por otra parte, quien se separa de Miles Davis y desea salir adelante solo puede optar por la autonomía. No se abandona al emperador para servir a un reyezuelo. Que en el futuro Jarrett no tendría nada que ver con aquella música tan duramente atacada por Leonard Feather era previsible, dada su fobia a lo electrónico. Pero había opciones, relaciones que subsistían, como las que mantenía con Charlie Haden y Paul Motian y, sobre todo, con Jack DeJohnette, quien poco antes había abandonado también a Davis. Asimismo, existía la perspectiva europea que se abría gracias a Manfred Eicher y su pequeña discográfica emergente. Fue sin duda una sensación liberadora no tener que seguir respaldando la música de otros. Y, ante todo, no tenía ninguna presión. Podía encarar el futuro con optimismo cuando pasaba revista a lo conseguido y contemplaba el presente musical. Su nombre ya no podía borrarse de los anales del jazz. Lo único que solo sabían las estrellas era qué lugar ocuparía en ellos.

En 1972, comenzó para Jarrett una vida nueva, autónoma. Ya a finales de los sesenta se había trasladado, con Margot, de Nueva York a una casa con gran terreno en Nueva Jersey, a mitad de camino, por así decir, de Allentown, Pensilvania, su villorrio natal. Allí vio la luz su primer hijo, Gabriel. La mudanza no fue del todo voluntaria, sinó más bien motivada por los habituales problemas que los músicos afrontan en cualquier parte del mundo. ¿Dónde se puede ensayar sin que enseguida los vecinos llamen a las fuerzas del orden para hacer entrar en razón al barullero del piso de al lado? El nuevo alojamiento no tardaría en quedarse pequeño, y los Jarrett se instalaron en una vieja casa de madera de la época colonial holandesa ubicada en los aledaños, en el claro de un bosque extenso. Con el tiempo fueron construyendo anexos, entre otros los necesarios para el *cavelight studio*, donde se realizaron una serie de grabaciones.

Por la finca pasa un arroyo que, no lejos de la casona, desemboca en un lago cristalino rodeado de suaves montañas. Es un sitio silencioso, marcado por esa atmósfera arquetípica que recogen las películas de Howard Hawks o Sam Peckinpah: un grupo de lenapes montados a caballo a punto de asomar sobre una de las colinas, señales de humo elevándose al cielo, los sordos ecos del tambor de una tribu procedentes de no se sabe dónde. No hay que ser un romántico empedernido para imaginarse que aquella casa y la finca entera, que dista dos horas largas en coche de Nueva York, es un reducto idóneo para almas sensibles. Un lugar para adentrarse en sí mismo y dialogar cual viejo indio con la naturaleza y los ancestros. En efecto, un artista con sensibilidad no necesita mucho para intuir la historia que se conserva en aquellos pagos. Fue Walt Whitman quien señaló el camino: en cada brizna de hierba se encuentran huellas históricas. Nadie se extrañaría si hallara, en un tablero de corcho en la cocina de la casa de Jarrett, una hoja de papel con el maravilloso poema *O Gran Espíritu*, traducido al inglés hace mucho tiempo por Yellow Lark, un jefe de los sioux: «Oh, Gran Espíritu {...} Haz que mis manos respeten lo que tú has creado {...} Hazme sabio, para así conocer las cosas que tú has escondido en cada hoja y en cada roca. Busco tu fuerza, no para ser superior a mis hermanos, sino para ser diestro en combatir a mi mayor enemigo: ¡yo mismo!».

En 1972, la reputación de Jarrett fue en aumento. Junto a Carla Bley, Meredith Monk, Sonny Rollins y Mary Lou Williams, recibió una beca Guggenheim, distinción que comportaba una respetable suma de dinero y que le permitió cofinanciar, en febrero de 1973, el doble elepé *In The Light*, una de las muchas producciones excepcionales con composiciones intergenéricas del pianista editadas por ECM. Las piezas que recoge la grabación fueron escritas por Jarrett en un período de seis años, como quien dice en las pausas entre los trabajos con Lloyd y Davis. Muestran básicamente, desde el mismo comienzo de su carrera, la voluntad de no dejarse encorsetar en un esquema de expresión musical de tipo formal, estilístico o definido de la manera que sea. Al primer tema, «Metamorphosis», lo calificó en el texto de la carátula (escrito francamente con elocuencia para lo que acostumbra a hacer, aunque, como siempre, con una dosis de misticismo) de *universal folk music*. Encontró, para el proceso de creación, un concepto que los surrealistas tomaron prestado de la psicología y que fue recuperado por escritores como Marguerite Duras o, en los Estados Unidos, Jack Kerouac: la *écriture automatique*. Ese proceso del flujo inconsciente de la escritura se ha convertido en uno de los métodos compositivos de Jarrett y en premisa esencial de aquel libre improvisar suyo que poco después apuntalaría su celebridad en sus noches en solitario. Por lo demás, este doble elepé reúne piezas diversas de estilo clásico y ejecución a ratos extremadamente difícil, con algún acento lírico en idioma jazzístico.

Hasta el *Book Of Ways* de 1987, trabajos extraordinarios como el que acabamos de mencionar constituyen uno de los focos prioritarios en la creación de Jarrett. Sin embargo, su fama de personalidad sobresaliente se la ganó con otros desempeños, a saber, sus actuaciones como solista, en tríos o cuartetos y los registros realizados con estas formaciones. Su inquieto temperamento artístico, su versatilidad y los resultados siempre nuevos de sus exploraciones de sonido, a veces pueden resultar desconcertantes. Pero hay, en el cosmos de su música, una constante esencial con la que se podía contar en todo momento: el formato de trío. Cabría señalarla como la columna vertebral indoblegable de su arte.

En el jazz, la formación de trío está nimbada por un aura de rigor y seriedad camarísticos, de máxima concentración en los mejores instantes, similar a la del cuarteto de cuerdas clásico. En ningún otro formato el nivel artístico, la maestría técnica y la destreza comunicativa de un músico se manifiestan tan claramente como en la interacción en el trío. En ningún otro formato el acontecer musical queda tan patente. En ninguna otra formación al intérprete le es más difícil ocultarse tras un sonido benévolamente encubridor de sus propias insuficiencias. El cuarteto de cuerdas clásico y el trío de jazz son piedras de toque de inmisericorde dureza: sacan a la luz los más mínimos detalles.

Esto es particularmente cierto para aquellos escalones evolutivos de los géneros que se asocian a los nombres de Joseph Haydn y Bill Evans. El primero, en el año 1781, publicó sus seis *Cuartetos de cuerdas Op. 33*, anunciando que los había compuesto «de una manera particular, del todo novedosa». Con ello se refería, por un lado, al cambio de las figuras de acompañamiento, que se amoldaban al transcurso melódico influyendo en el mismo, y, por otro, a aquella forma de contrapunto clásico en la que las cuatro voces propulsaban el desarrollo musical en pie de igualdad. Más tarde, Beethoven calificaría este procedimiento —que tuvo también gran influencia en el estilo cuartetístico de Mozart— de «acompañamiento obligatorio».

Lo que Haydn aportó al cuarteto de cuerdas, lo aportó el ensemble de Bill Evans, con el melodioso bajista Scott LaFaro y el afiligranado baterista Paul Motian, al trío de jazz. En 1959 salió el rompedor álbum de debut *Portrait In Jazz*, la primera producción íntegra de trío, por así decir, a la que lamentablemente solo seguirían tres álbumes más en los años 1960 y 1961, grabándose el último diez días antes de la muerte de LaFaro, ocurrida a los veinticuatro años a raíz de un accidente de automóvil. Evans transformó el trío de piano tradicional, consistente en el instrumento de teclado dominante y dos voces de acompañamiento, en un trío con voces de igual rango conducidas, en cierto modo, de forma contrapuntística. Evans se pronunció en estos términos con respecto al papel del bajista: «Cuando oye un motivo al que le gustaría responder, ¿por qué habría de obstinarse el bajista en mantener su compasillo al fondo? No comprendo por qué tienen que oírse siempre esos golpes básicos cuando se pueden tocar cosas más sutiles sin que se pierda la percepción del metro». En realidad, eso afectaba también a la interpretación del batería, cuyas figuras rítmicas deberían desenvolverse tan libremente como el bajo.

«... le gustaría responder». He aquí la clave de las declaraciones de Evans. La voluntad de comunicación, y desde luego también la capacidad para la misma, constituye la condición indispensable para el éxito de su idea. También Jarrett era consciente de ello a la hora de elegir, meditadamente, a los miembros de su trío. Recurrió a músicos con los que llevaba tiempo interactuando en otras formaciones, a los que conocía bien y quienes, como Jack DeJohnette, Gary Peacock y Paul Motian, venían, además, de la órbita de Evans. Éste, en cierto modo, los cedió a las seguras manos del pianista, razón adicional para considerar a Jarrett como su legítimo heredero.

La relación de Jarrett con Jack DeJohnette es, quizá, la más constante de toda su vida artística. Con él formaba ya el embrión del cuarteto de Lloyd, lo mismo que el del conjunto de Davis. Y no es casualidad que DeJohnette y Jarrett abandonaran los dos grupos casi a la par, aunque continuaron colaborando en otros contextos. El que Jarrett no montara su primer trío propio con DeJohnette, sino con Paul Motian como batería, seguramente tiene que ver también con que en ese tiempo ya tocaba con aquél en las bandas de Lloyd y Davis, por lo que la conexión con Motian suponía una experiencia y un reto añadidos. La lealtad de Jarrett con determinados compañeros no es, por cierto, nada frecuente en el jazz. A Charlie Haden lo unía una alianza musical que, con interrupciones, duró desde 1966 hasta la muerte de éste en 2014. La amistad del artista con DeJohnette abarca el mismo período. Y el segundo trío de Jarrett, con De-Johnette y Peacock, que se constituyó como tal en 1983, pero que operaba ya esporádicamente a mediados de los setenta, es considerado hasta el día de hoy una de las alianzas musicales más estables en el jazz moderno.

Si definimos el año 1972 como el año de la autodeterminación en la vida del pianista, no debemos obviar que a esta liberación con respecto a las ideas musicales de otros líderes le precedió un largo período gestatorio, durante el cual estuvo ensayando su independencia estética. Comenzó esta andadura con un trío formado en 1967, después de que George Avakian se convirtiera en su mánager. Éste, por supuesto, tenía interés en que Jarrett, paralelamente a su trabajo con Lloyd, persiguiera una carrera autónoma. El primer paso hacia ello fue la creación de un trío para grabaciones de discos conforme a su propia voluntad y concepción. El que eligiera a Haden como bajista y a Motian como batería debió de sorprender a cualquiera que hubiese seguido la evolución del jazz a lo largo de los diez años transcurridos hasta esa fecha. Bien es cierto que desde hacía tiempo ambos eran considerados músicos eximios, pero en lo estilístico pertenecían a esferas completamente distintas.

Haden, quien muy temprano había entrado en contacto con el country, parecía buscar en la música algo puro, una expresión sencilla, genuina o, si se quiere, popular. Como contrabajista había disfrutado de una sólida formación académica tradicional, pero luego se unió a los revoltosos congregados por el saxofonista alto Ornette Coleman en las legendarias actuaciones que éste protagonizó con un cuarteto doble en el neoyorquino Five Spot a finales de los años cincuenta y con la posterior grabación encabezada por el programático título *Free Jazz.* El ultrasensible baterista Motian fue miembro de aquel, no menos revolucionario, trío de Evans que creó una música de cámara altamente sutil basada en la igualdad de rango de las tres voces instrumentales, una música sin embargo que, al lado del vanguardismo rabioso de Coleman, su desenfado armónico y salvaje fraseo, se antojaba como tocada por un esteticismo autosuficiente.

Reunir a estos jazzistas dispares en un trío no solo dice algo sobre la falta de prejuicios artísticos de Jarrett. Debió de presentir —y también en esto es comparable a Davis— la explosividad creativa que podría liberarse al hacer coincidir a ambos músicos. Poco después, amplió el trío, el primero de los dos, con el saxofonista tenor Dewey Redman para formar el «Cuarteto Americano». Otros pasos hacia la independencia musical y el encuentro consigo mismo en aquellos años de colaboración con Lloyd y Davis fueron el repetidamente citado álbum en solitario *Restoration Ruin,* de 1968, y *Ruta And Daitya,* grabación a dúo con DeJohnette de 1971, cuando éste era todavía miembro de la banda de Davis, trabajo que, con la mezcla realizada por Manfred Eicher, salió dos años más tarde en ECM. Completan estas creaciones una muy inspirada grabación a dúo con el vibrafonista Gary Burton y, sin olvidarlo, el álbum en solitario *Facing You,* registrado en aquel mismo e increíblemente productivo año de 1971, también con ECM, que a principios de 1972 inauguraría de forma visible y audible para todo el mundo aquella nueva etapa en la vida de Jarrett.

La primera producción de trío llevada a cabo por Jarrett, Haden y Motian, en 1967 y con el apoyo de Avakian, fue editada al año siguiente por Nesuhi Ertegun en Vortex, subsello de Atlantic Records, bajo el título de *Live Between The Exit Signs*. Como era de esperar, se trataba de una grabación ambigua, aunque en modo alguno decepcionante desde el punto de vista artístico. Todo lo contrario. Jarrett alcanzó con esta producción lo que debía de tener en el oído al pensar en esa constelación integrada por un vanguardista riguroso al bajo y un batería tan esteticista: no una obra de arte perfecta como objeto de exposición destinado al museo del jazz, sino más bien una grabación que reuniera en sí todas las antítesis sin conciliarlas. En definitiva, música viva.

Efectivamente, el registro fue capaz de enlazar el gran cancionero estadounidense, con sus casi inagotables melodías de musical, y el concepto de una vanguardia exenta de ataduras. Ya la pieza inicial, «Lisbon Stomp», da fe del dominio de sí mismos con el que los tres músicos se comunican. Ninguno busca imponer un enervante mantenimiento del «tempo». Motian abre con un ensimismado revoloteo de triángulo y dando golpes en los bordes metálicos de la caja, indiferente, según parece, a las propuestas sonoras de los demás, y todavía mucho más libre de lo que nunca lo fue con Evans. Cuando Jarrett entra con claridad cristalina en una estupenda secuencia de notas sueltas, recogida una y otra vez por un acorde, Motian hace aletear virtuosamente las escobillas, como si tuviera que barrer todo el resto de marcadas fórmulas rítmicas para despejarle el camino a Jarrett. Haden, lejos de limitarse a un comentario plano, enhebra, imperturbable aunque no sordo, sus líneas de bajo como filamentos liberados en aquel entramado de sonidos. Jarrett, Haden y Motian se asemejan allí a tres topos maníacos que, individualmente, por su cuenta y riesgo, pero atentos a los otros dos, cavan sus galerías subterráneas en la misma dirección.

En «Love No. 2», Motian hace lúdicamente realidad lo que siempre había parecido impensable: que las viscerales prácticas percutivas del gran confusionista Han Bennink y la refinada técnica de batería de Shelly Manne pudieran confluir y complementarse de algún modo en un único intérprete. Con todo, cada pieza de la grabación es un cosmos en sí mismo. «Everything I Love», la canción de Cole Porter y única composición que no procede de la pluma de Jarrett, aunque ciertamente recuerda más bien el estilo de Evans, permite intuir detrás de cada acorde y de cada solo de bajo una libertad armónica que podría conducir directamente al free jazz, por poco que el intérprete se lo propusiera. «Margot», el homenaje de Jarrett a su mujer, está cargado de diabluras rítmicas: la primera mano a ratos avanza doblando el tempo mientras la otra se rezaga templando el pulso para que luego las dos se lancen, a ritmo de vals, a un rubato libre que ninguna transcripción sería capaz de consignar. En «Long Time Gone», una pieza up tempo con ataques de free jazz a lo Cecil Taylor, no hay pausas orgánicas, sino, a lo sumo, frases que se entrecortan, con ocasionales clichés de bebop que asoman como máscaras y ponen al alcance del oído lo que puede considerarse deliberadamente obsoleto. Pero la pieza más curiosa es «Church Dream», donde Jarrett no deja de enmendarse la plana a sí mismo sacándole al piano y a sus entrañas sonidos y rumores extrañísimos, en tanto que Motian revuelve su baúl de la percusión hasta dar, en el fondo, con un deshilachado manojo de ritmos que lleva el rótulo de «apocalipsis».

El grado de diferencia existente entre la música que el trío genera en registros de estudio y la que hace en actuaciones en directo puede demostrarse comparando *Life Between The Exit Signs* y el álbum *Somewhere Before*, grabado un año después en Shelly's Manne-Hole de Hollywood. Representada en vivo, la música tiene un estilo menos experimental; revela, en cambio, un irrefrenable placer por la enigmatización. Placer que se hace palpable no solo en la versión gospel de «My Back Pages», de Bob Dylan, sino sobre todo en el irónicamente desquiciado «Old Rag», que en vez de atender al «Don't play ragtime fast», la apodíctica instrucción de Scott Joplin, se desfoga francamente en síncopas salvajes. El gozo del continuo, y por momentos, sorprendente intercambio de papeles queda patente también en el robusto ritmo funk de «Pouts Over» o en la relajada cadencia de la pieza que da nombre al disco, «Somewhere Before», con su trepidante *two beat stomp,* y, aún más, en «Mooving Soon», con sus amorfos y estrambóticos arrebatos de free jazz salpicados de una cadencia de dominante y tónica románticamente anticuada, mientras el arco de Haden persevera estoico en sus excéntricas líneas de bajo como si aquello no fuera con él.

Una vertiente muy distinta es la que el trío ofrece en la producción de estudio *The Morning Of A Star,* de 1971, trabajo integrado exclusivamente por composiciones de Jarrett, salvo la bella y sensual adaptación de «All I Want», de Joni Mitchell. Aquí todo pasa como por ensalmo y eclipsándose a menudo antes de que pueda cundir una determinada emoción. Piezas tales como «Follow The Crooked Path» brindan una experiencia auditiva completamente nueva: todo es libre, el ritmo, la armonía, el sonido irreal de los *steel drums,* que refuerzan aún más el carácter atonal. Haden toca un solo de bajo repitiendo los tonos de forma casi maníaca, dando lugar a una impresión idéntica a la que suscitan las composiciones de música minimalista de Steve Reich o las poco cambiantes superficies sonoras de György Ligeti. «Standing Outside» es ya una especie de anticipo de pasajes del *The Köln Concert* a, con su cadencia de folk rock, el (para variar) walking de Haden y el ritmo persistente, estoico, de Motian, que no mira ni a derecha ni a izquierda, ajeno a la tentación de todos aquellos tambores. Finalmente, las palabras desfallecen ante la sobrenatural belleza de la contemplativa balada «Everything That Lives Laments», donde uno intuye que este pianista y este bajo se guardarán fidelidad hasta que la muerte los separe.

Jarrett, en la grabación, alterna entre piano, saxofón soprano, flauta e instrumentos de percusión. La pieza más curiosa es, tal vez, el «Interlude No. 1», donde se perciben, al fondo, irreales cantos monásticos y un repique percutivo como si se llamara a una oración budista. Misticismo similar es el que se percibe en «Trust», con su «canto» acompañando el piano, mascullos y gruñidos arcaicos a la manera de una fórmula de conjuro, mientras el instrumento esparce sonidos y complejos tonales indefinibles. De nuevo, Haden desgrana sus tonos repetitivos, que revisten un aire de obsesiva insistencia. Por último, y al igual que en muchas otras piezas de esta mística producción, llega un lacónico *fade out*, como para demostrar que la cosa podría seguir así infinitamente. Los músicos entran en un fluir musical eterno que pueden abandonar de la misma forma, ensimismadamente. Aires de gospel hímnico resuenan en la adaptación de «All I Want», de Mitchell, donde Jarrett hace solapar el piano y la flauta dulce. También el tema del título, «The Morning Of A Star», contiene fervor, con un Jarrett emitiendo exclamaciones extáticas, mediante las cuales parece intensificar todavía sus frases aumentativas, y un Motian que evoca aquellos frenéticos tiempos del swing en que Gene Krupa, en tanto que miembro de la orquesta de Benny Goodman y con piezas como «Sing, Sing, Sing», hacía temblar las paredes del venerable Carnegie Hall de Nueva York. Pero de pronto todo ha terminado. El fade out se lleva el fantasmagórico sueño.

El álbum *Birth,* de aquel mismo año, fue grabado con su «Cuarteto Americano», es decir, ya con el saxofonista tenor Dewey Redman. La formación se mantuvo hasta 1978 y, en ocasiones, se amplió con uno o dos percusionistas y otros instrumentistas. El material de la grabación salió igualmente de la pluma de Jarrett. Volvemos a en-

Keith Jarrett con el bajista Charlie Haden y el batería Paul Motian durante el taller de la Radiodifusión de Alemania del Norte (NDR) celebrado en Hamburgo el 14 de junio de 1972.

contrarnos en un mundo sonoro distinto, esta vez hechi-
zante, lo que se nota desde la pieza que da título al álbum,
un dueto de ritmo libre entre Jarrett y el saxofonista con
su tono cálido, tan terapéutico para el alma. De buenas a
primeras, Redman cambia hacia una técnica estrafalaria:
canta a la propia boquilla del saxo generando tonos que
resultan como gritos primitivos del jazz. Pero ya la pieza
siguiente, «Mortgage On My Soul», se transforma en un
baile desenfrenado, impulsado por el sofocado retumbo
del riff de bajo que produce el pedal de *wah-wah* sosteni-
do, mientras Jarrett, con el saxo soprano, y Dewey, al saxo
tenor, proceden como en los viejos tiempos del hard bop,
entonando el tema con sincronía de ritmo y melodía. La
interpretación culmina en un apogeo orgiástico antes de
que reaparezcan estos temas paralelos, como si se tratara
de conjurar el consabido orden del hard bop.

La grabación entera parece buscar la sorpresa constante: la pieza siguiente, «Spirit», hace gala de una loca
acumulación de sonidos y atmósferas propias de un ba-
zar de Oriente, desencadenadas unas veces por el oboe
musette de Redman, otras por los trinos y chirridos de
grillo de la flauta dulce de Jarrett, que suenan a música de
flor de cerezo japonesa acompañada por un murmullo de
voces indefinibles. El posterior dueto de piano y clarinete, «Markings», parece una rima infantil, mientras que en
«Forget Your Memories (And They'll Remember You)» el
cuarteto comienza por presentar un balbuceo atormen-
tador al estilo bebop de un Thelonious Monk hasta que
Jarrett, en el piano, se entrega al libre juego de fuerzas.
En «Remorse», el oyente escucha una vez más un mare-
mágnum de fuentes sonoras que no acaban de ligar y lo
sumen en la reflexión: el *picking* de Jarrett en el banjo
recuerda más bien a las tonalidades propias de la música
árabe; Haden lo acompaña con un fraseo genuinamente
jazzero sin solución de continuidad, y emerge un clarinete al que nada se le ha perdido allí. El *steel drum* pugna

por llamar la atención, cosa que el lastimero clarinete parece empeñado en eclipsar. Haden, por su parte, vuelve a probar con tonos repetitivos en el bajo, hasta que el banjo irrumpe con su rasgueado al estilo flamenco, enmarcado en peculiares chirridos, golpes y fricciones procedentes de la batería.

Una diversidad similar de sonidos amalgamados se encuentra también en *El Juicio,* producido por el cuarteto en 1971, aunque publicado solamente años después: resonancias de rock en «Gypsy Moth», tratando de parafrasear el estilo ostentoso de Ramsey Lewis; una mixtura alocadamente rápida de *ragtime* y *piano stride* de Jarrett en «Pardon My Rags»; seguida de una orgía baterística en «Pre-Judgement Atmosphere»; y, por último, la pieza que da título a la obra, «El Juicio», que arranca con ritmos de todos los colores que, hacia el final, semejan latigazos sonoros, hasta que el conjunto se funde en una carcajada blasfema; clausurándose con «Piece for Ornette», en una versión larga y otra más breve, une a Jarrett, al saxo soprano, y a Redman, al saxo tenor, en un complejo dueto de free jazz.

El año 1971 trae aún dos álbumes más, que cierran aquel asombroso catálogo de publicaciones. Por un lado, el dúo con DeJohnette, grabado en los estudios Sunset de Los Ángeles en un día libre durante una gira con Davis, mezclado por Eicher y editado posteriormente como *Ruta And Daitya;* y por último, *Facing You,* su primera producción en solitario como pianista y su debut propiamente dicho con ECM, un álbum que demostró lo que todavía podía esperarse de él en este campo: un grandilocuente ejercicio de improvisación a caballo entre la cadencia hímnica del gospel, el recurrente recurso a la balada con una manifiesta riqueza de sobretonos, autoinspiraciones contrapuntísticas y ritmos complejos, todo un alarde de condensación del universo de la interpretación pianística solo para su exclusivo deleite. *Facing You* fue acogido con entusiasmo por la crítica en 1972 y recibió en 1973 el Grand Prix des Festivals de Montreux.

Vistas a cámara rápida, las producciones de aquellos años formativos pueden antojarse como un panóptico enloquecido. De hecho, cuando vieron la luz, la opinión pública tuvo alguna reacción de desconcierto ante esos acontecimientos sonoros y su proyección hacia los cuatro puntos cardinales del orbe musical. En el fondo, sin embargo, estas obras vienen amalgamadas por algo esencialísimo: la voluntad de su autor de desarrollar la música en el momento, de no someterse a un esquema preexistente impuesto al afán creador. En cualquier caso, fue una productividad pasmosa, francamente enciclopédica, habida cuenta de que durante todo ese tiempo el pianista pertenecía al cuarteto de Lloyd, que en tres años viajó seis veces por toda Europa y editaba sus propias producciones. A esto hay que añadir los conciertos y los registros llevados a cabo con la banda de Davis.

Después de que Jarrett hubiera abandonado a Davis y se encontrara ya con un pie en Europa gracias a ECM, Eicher organizó la primera gira europea del trío que formaba con Haden y Motian. Siguió el primer concierto solo de Jarrett, en las Jornadas de Jazz de Heidelberg. Reseñando en *Rolling Stone* los álbumes *Expectations, Birth* y *Facing You,* publicados simultáneamente en Estados Unidos, Robert Palmer comentó con suficiencia que Keith Jarrett había ido madurando hasta convertirse en un joven e importante estilista del piano sin que América tomara nota de ello. Tenía razón. Fueron los europeos los primeros en reconocer el talento de Jarrett y en abrirle la posibilidad de desarrollarse musicalmente con libertad e independencia. Por tanto, 1972 no solo se convierte en el año de la autodeterminación del pianista. Es también el año en que Jarrett inicia una nueva andadura vital y artística: la europea.

6
LOS CAMINOS A LA MAESTRÍA SON INESCRUTABLES

¿Qué es música americana? Virgil Thomson, el ingenioso compositor y crítico de afilada lengua, encontró una astuta respuesta a esta pregunta: «Escribir música americana es muy sencillo. Todo lo que uno tiene que hacer es ser americano y apuntar la música que se imagina». O lo que es lo mismo, tomar en serio la pregunta y llevarla, a un tiempo, al absurdo. En la mente escéptica de Thomson, que vivió muchos años en Europa y tuvo amistad con Gertrude Stein, la música americana solo existía, al parecer, si las características se definían de manera tan general que dejaban de tener significado. Sin embargo, a aquel artista clarividente y perspicaz observador de las pulsiones humanas, no le habría sorprendido si durante una representación de la opereta *The American Maid,* de John Philip Sousa, en el pasaje donde suena una paráfrasis del *Star-Spangled Banner,* los americanos reunidos en el auditorio se hubieran levantado de sus asientos y escuchado la melodía de pie, llenos de reverencia y con actitud patriótica.

Aquel a quien no le baste la sutil simplificación de Thomson, puede consultar a otro apologeta de la música americana: Leonard Bernstein. En su sugerente ensayo *El encanto de la música* explicó, valiéndose del método socrático del diálogo ficticio, su idea de la música del Nuevo Mundo. En una conversación, un productor de Broadway

le propone que componga un musical, ya que la forma de
éste es «el verdadero arte americano». Que todo lo que a
diario se representa en las salas de conciertos es, en realidad, europeo, pintado con una capa americana de cuatro
melodías de vaquero, armonías de blues y ritmos de jazz.
Que Bernstein no debería dejarse embaucar por nadie al
respecto. Que todas las sinfonías rusas son, en el fondo,
alemanas, pero sustituyen «la cerveza por el vodka». Que
también las sinfonías de César Franck son alemanas, solo
unas trompas hacen la diferencia. Que lo mismo vale para
las sinfonías de Liszt, Elgar, Grieg y Dvořák. Que cualquier colorido nacional añadido no puede negar lo alemán
que le subyace, pues la evolución propiamente dicha de
la sinfonía transcurre en línea recta de Mozart a Mahler.

Entonces el interlocutor de Bernstein, que naturalmente es el alter ego de éste, comienza a hablar de «nues-
tra música popular más genuina», el cándido, sugerente
y excitante jazz, que está en el origen del musical americano. Dice que lo único que hace falta es que aparezca
pronto un Mozart americano que transforme los convencionales pastiches de musical, como *Pal Joey* o *Guys And
Dolls,* en arte auténtico. Bernstein, qué duda cabe, se
idealiza aquí a sí mismo no sin ironía, pero también con
un toque de orgullo, como aquel Mozart americano que,
desde el espíritu del jazz, eleva el musical al rango del
arte dramático. Por otra parte, el verboso intercambio de
pensamientos entre Bernstein y su otro yo puede leerse
también como la sofisticada sobrecompensación de un
artista americano que, particularmente en Europa, luchó
toda su vida por obtener, por su condición de compositor
de música seria, el mismo reconocimiento que de buen
grado se le concedía como estrella mediática y excéntrico
director de orquesta.

Hay otro artista que, debido a su trayectoria, se ha
visto involucrado en el debate acerca de la música americana. Se trata de Kurt Weill, que lleva una doble vida

en los anales de la historia. Incluso en publicaciones de rigor científico, se distingue entre un Weill europeo y uno americano, como si se tratara de dos artistas distintos. Estudiosos de ambos lados del Atlántico tienden a enfrentar al compositor y autor de canciones de Hollywood con el contestatario dramaturgo musical de la República de Weimar, negando toda evolución en su obra. Sostienen que el Weill europeo cometió un suicidio musical a su llegada a los Estados Unidos, renaciendo como el Weill americano sin relación con el Viejo Mundo. Ahora bien, basta recordar obras como *Street Scene* para desvelar el error de juicio inherente a tales opiniones. Tras la fachada de esta «ópera de Broadway» asoma el viejo Weill: comentarista mordaz de la sociedad y virtuoso parodista de las formas musicales, quien, sin embargo, pone cara de póker a todo (en palabras de Mary McCarthy), de modo que no espanta ni a los entendidos ni a los sibaritas. Por lo visto, la escritora americana tenía más finura de oído y amplitud de miras que algunos expertos en música.

La tentación de describir también a Keith Jarrett como un ser de doble naturaleza es ciertamente irresistible, habida cuenta del Jarrett americano que, al menos en opinión de su mánager Avakian, graba «música convencional» para Atlantic y ABC-Impulse!, y del europeo, que como artista universal produce «música seria y excéntrica» para ECM. Por acertada que pueda ser la afirmación de que las grabaciones de Jarrett son de muy diversa índole, sería erróneo deducir de ello una personalidad escindida en lo artístico, con una doble vida casi ilegítima. Jarrett solo es un artista polifacético en la medida en que aprovecha las distintas opciones que se le ofrecen para materializar todas sus ideas musicales. A ningún oyente sensible se le ocurriría contraponer las grabaciones del trío con Haden y Motian, en su mayoría americanas, con las llevadas a cabo con Peacock y DeJohnette para ECM. Tampoco a los álbumes realizados con el «Cuarteto Americano» y el «Cuarteto Europeo» los separan principalmente concepciones estéticas divergentes, sino las cualidades individuales de los intérpretes que intervienen en ellos.

En lo que se refiere a las grabaciones producidas hasta 1978, año en que se editó el último álbum que realizó para un sello estadounidense (excepto tres producciones de clásica), las diferencias pueden atribuirse, sobre todo, a las condiciones de grabación, la más o menos gran disposición al riesgo y la seriedad de los productores, así como a las opiniones de los jefes discográficos respecto a las preferencias del público. Jarrett no era un mago que solo necesitaba mover su varita americana o europea para que borboteara la música conveniente. Tuvo la suerte de encontrarse con un productor del rango de Manfred Eicher, suerte que no solo supo apreciar, sino también aprovechar. De no haber existido ECM, quizá se hubiera visto obligado a escindir su personalidad en un artista cuya obra hiciera eco en la opinión pública y otro inaudible, que compusiera para el cajón. Puesto que no es el caso, ha podido y sigue pudiendo producir cuanto lo conmueve musicalmente. Y podemos estar seguros de que la música que nace de esta manera es siempre la de Jarrett y no un mundo sonoro que haya que adscribir a determinado país o continente.

En el período comprendido entre 1972 y 1979 se grabaron, en el sello estadounidense de Impulse! y en ECM, un total de veintitrés álbumes suyos, además de seis producciones de otros artistas en las que participó. Esto da una media de tres publicaciones al año bajo su propio nombre, grabadas en el estudio, en los conciertos con el trío y los cuartetos o en solitario, no solo en los Estados Unidos, sino también y de forma regular en Europa y Japón. Fue la fase más productiva de su carrera. Podría hablarse incluso de un estallido de creatividad, el cual, eso sí, no dejó de afectar a su vida social y privada. Volveremos sobre esto más adelante.

La era de su autodeterminación comenzó, programáticamente, con tres producciones completamente distintas entre sí, que permitieron vislumbrar lo que en los próximos tiempos se abatiría sobre la comunidad internacional de los fans del jazz, sin mencionar la monstruosa ola del jazz rock: *Birth,* la primera grabación del «Cuarteto Americano», el doble elepé *Expectations,* realizado igualmente con este conjunto pero ampliado de forma espectacular por el guitarrista Sam Brown, el percusionista Airto Moreira, presente en la banda de Miles Davis en la isla de Wight, y un ensemble de vientos y cuerdas; por último, el primer disco solo, *Facing You,* que fue, además, su debut con ECM.

Jarrett debió de ver muy rápidamente las posibilidades artísticas que se le abrían gracias a la relación con ECM. Después de que *Expectations* cosechara críticas excelentes por todas partes, aunque, según parece, no alcanzó resultados de venta satisfactorios para el sello, CBS no cumplió su acuerdo de llevar a cabo otra grabación con el pianista. Manfred Eicher, en cambio, se encargó de la mezcla de *Ruta and Daitya,* la grabación del dúo con De-Johnette efectuada un año antes en Los Ángeles, y la editó en 1973 como segunda producción de Jarrett. Además, el sello muniqués organizó, aquel mismo año, su primera gira en solitario, con dieciocho conciertos en Europa, durante la cual se grabaron dos actuaciones, la de Lausana en marzo y la de Bremen cuatro meses más tarde, publicadas inmediatamente después en una caja de tres elepés. No sorprendería que Jarrett tuviera la sensación de que en Estados Unidos se le quería forzar a adaptarse al mercado, mientras que en Europa prácticamente no se ponían límites a su ascenso. Sin embargo, sus grabaciones y actuaciones en solitario provocaron reacciones de entusiasmo en su propia patria. Revisando en 1975 los ocho años transcurridos desde la muerte de John Coltrane en 1967, el *New York Times* llegó a la conclusión de que el sucesor legítimo de éste no era Miles Davis, ni tampoco Ornette Coleman, sino Keith Jarrett, con su heroica cruzada por la música de acústica tradicional en una era dominada por el jazz rock de amplificación electrónica, y que ahora él pertenecía a la liga de los «gigantes del jazz».

La gira por Alemania fue un éxito artístico en todos los sentidos, y no en último término por dar lugar al triple álbum *Bremen/Lausanne*. Además, hizo que el pianista y el productor, quien siempre lo acompañó, se acercaran también en lo humano. Sin embargo, la estancia de Jarrett en Europa no estuvo exenta de problemas. Volvieron los dolores de espalda que arrastraba desde que, de joven, intentara en una ocasión poner en marcha un automóvil con dificultades de arranque, dolores que convirtieron sus actuaciones en Bremen, sobre todo, en un verdadero tormento. No ignoraba que su manera de tocar el piano era más propicia a intensificar esos problemas que a evitarlos. Ya en Boston, con su *drop out trío*, alguien le advirtió de que acabaría necesitando un quiropráctico si seguía tocando sin hacer caso a su cuerpo. La advertencia resultaría profética. Durante toda la gira tuvo que llevar un corsé ortopédico, no pudo moverse, necesitó analgésicos ya durante el vuelo a Europa y pasó en la cama del hotel la mayor parte del tiempo entre los conciertos. En Bremen a duras penas fue capaz de efectuar un control de sonido, volvió a tomar pastillas contra el dolor y, durante el concierto, se centró ante todo en evitar determinados movimientos. Acabado el recital, no supo muy bien decir cómo había aguantado ni qué había interpretado. Tanto mayor fue su sorpresa cuando, semanas después, Eicher le presentó aquella música eminentemente inspirada, que más tarde recibiría críticas exultantes desde Estados Unidos hasta Japón y, claro, también en Alemania.

Cuando, en 1973, salió la caja con los tres elepés, los autoproclamados expertos volvieron a menear la cabeza ante esa inversión aberrante que supuestamente jamás tendría rentabilidad. Pocos años después, esa idea loca había vendido 350.000 ejemplares, más que la mayoría de los discos de toda aquella década del jazz rock. Al parecer, no eran pocos los oyentes dispuestos a aceptar la aventura de una música improvisada con total libertad y sin ningún tipo de premisa temática, en vez de entregarse solo a los estereotipados riffs electrónicos. Jarrett, por su parte, había pisado un terreno nuevo con esta grabación y entrado en el selecto grupo de los revolucionarios del jazz.

Al año siguiente apareció el doble elepé *In The Light,* y la sorpresa volvió a ser muy gratificante. Sobre todo Estados Unidos se admiró de la renovada metamorfosis de aquel pianista de jazz en compositor de estilo clásico serio. *Downbeat* valoró la grabación con la nota máxima y se disculpó por no tener palabras para describir su belleza, pudiéndose expresar sus sutilezas solo con adjetivos manidos y desgastados. El crítico dijo que, a riesgo de parecer melodramático, aquella grabación con su «profundidad sinfónica wagneriana» debía apostrofarse como un «golpe de ingenio audazmente ideado», solo comparable a las más sublimes obras maestras del pasado. Su crítica culminó en la conjetura de que *In The Light* contenía la llave para una música americana distinta, revolucionaria.

Jarrett apenas imaginó siquiera que su grabación fuera a recibir tales elogios. De lo contrario, en el texto de la carátula no habría sugerido al oyente que olvidara todo lo que hubiera escuchado hasta entonces; que no pensara en categorías de estilo ni tuviera opiniones preconcebidas, que tampoco se planteara si aquello era música y si siquiera existía algo así como la música. Es posible que al formular aquellos pensamientos radicales se dejara guiar por la idea platónica de una belleza en sí. Pero quizá solo le movió el miedo profano a los malos entendidos que pudiera causar como músico de jazz si de los surcos del disco salía algo muy distinto a lo esperado. En Alemania, aquella producción estilísticamente polifacética y com-

127

positivamente asombrosa fue juzgada de forma menos
eufórica aunque del todo benévola. Que era necesario estar preparado para lo que fuera cuando Jarrett presentara
una nueva grabación o un nuevo programa de concierto;
éste sería, en adelante, el tenor de todas las reseñas y una
premisa nada desdeñable del culto que empezó a rodear
tanto a su persona como a su arte.

Aproximadamente por las mismas fechas en que salieron aquellas insólitas grabaciones, sacó, en ABC-Impulse!, otros cuatro álbumes de jazz con su «Cuarteto
Americano», que en cada ocasión fue complementado con
uno o incluso dos percusionistas: *Fort Yawuh,* grabado
en el neoyorquino Village Vanguard en febrero de 1973,
y, al año, las producciones de estudio *Treasure Island,*
Back-hand y *Death And The Flower.* Convendria ver esta
música en el contexto de las producciones con ECM, aparecidas en ese período, para calibrar cuánto el cerebro y el
corazón de este músico eran capaces de forjar. Acababa de
presentar un triple álbum inaudito con improvisaciones
totalmente libres, luego un doble elepé con formas clásicas
sumamente complejas como cuartetos de cuerdas, fugas y
adaptaciones sinfónicas, y ahora ofrecía cuatro discos que
lo mostraban a la altura de la evolución del jazz.

Pocas veces se ha oído de manera tan compacta como
en la grabación en directo de *Fort Yawuh,* en el Village
Vanguard de Nueva York, un jazz más desatado, arraigado
en el bebop y refrenando en lo formal el caos del free jazz.
Uno se ve literalmente arrebatado por sus vertiginosos patrones de repetición, a partir de los cuales Jarrett, Motian
y Haden desarrollan la primera pieza, «(If The) Misfits
(Wear It)», hasta que un cambio abrupto del centro tonal
produce un crescendo considerado prácticamente imposible y el siguiente centro tonal da lugar a otra intensificación. Motian, con su cincelada demostración de fuerza
en los grandes timbales, mantiene tal sintonía rítmica con
Jarrett que entre los acentos de los dos no media ni un na-

nosegundo y se pregunta uno quién impele a quién. Parece una carrera casi existencial, una cabalgada al borde del abismo, en la que se espera que el jinete no vuelva la vista atrás. Es aquí donde se comprende lo que Jarrett quiere decir cuando afirma que compone cuando improvisa. Cada tono parece tan inamovible, tan consecuente, como si antes se hubieran examinado a conciencia todas las variantes posibles. Pero, ¿cuándo? ¡A doscientos treinta kilómetros por hora! Redman ataca francamente su saxofón tenor, sopla con tanta fuerza y tanto fervor que los sonidos se transforman en gritos, fundiéndose el instrumento con la garganta. Así como Jarrett trasciende el piano con su interpretación percutiva, Redman trasciende con sus sonidos guturales el saxofón, mientras que Haden llena con su bajo cada fisura sonora que dejan los demás.

Todo lo que «Misfits» genera en intensidad se convierte en la sucesiva «Fort Yawuh» en serenidad. Hay en esta pieza espacios infinitos entre los afiligranados motivos pianísticos. Jarrett va extinguiendo despacio los sonidos hasta desarrollar el motivo siguiente. Poco a poco, sin embargo, los efectos sueltos de la percusión se condensan en un bullicio ensordecedor, las repeticiones de los motivos y las melodías y las rítmicas, van incrementándose, se oye un golpeteo continuo como si en un taller subterráneo el tesoro de oro de los Nibelungos fuera transmutado en joyas por sus esclavos. Una vez más este mundo sonoro se manifiesta como una exhalación, mientras los rapsódicos pasajes de piano de Jarrett, el tono hímnico del saxo de Redman, el bajo telúrico de Haden y los timbales cantarines de Motian iluminan suntuosamente el espacio del Village Vanguard, hasta que el cambio de Redman al oboe pícolo, las notas pedal y los ostinatos del piano y del bajo encauzan también este pasaje hacia un ritual de encantador de serpientes. Por último, todo se disuelve en un libre tono de balada con breves repeticiones de motivos de Jarrett en registro agudo y campanillas de Motian que se van apagando como los rumores de una procesión que desaparece en el horizonte. «De Drums», en cambio, se presenta como una vieja y robusta canción de rock, con incisivos riffs de piano y de bajo que se expanden a lo funky hacia un sonido de gospel y, de repente, mudan en un *shuffle* extrañamente caprichoso; finalmente, el bajo toma las riendas y, con gran disimulo, se eclipsa a sí mismo y a los otros músicos en el *fade out*. Pero el compendio de estilos no termina ahí. «Still Life, Still Life» empieza cual preludio de Chopin y da paso a un contrapunto barroquizante para luego retornar al carácter romántico, hasta que el pianista y el bajo se ven devueltos al jazz por los ritmos de Motian, lo que Jarrett revalida con el sonido perlado de una ejecución *non legato*. El remate de esta impresionante grabación lo constituye la pieza «Roads Travelled, Roads Veiled», cuyos motivos de apertura, con espaciosas armonías y ritmos métricamente libres, señalan que aquí hay tela que cortar, que ahora conviene armarse de paciencia. Cuando Jarrett se engancha en un motivo repetitivo sin soltarlo, cabe suponer que la urdimbre es la de una epopeya. Esto sucede también en este caso, cuando, a modo de episodios, se evoca, por ejemplo, *Drumming* de Steve Reich y la «música pobre» de Satie, la opulenta vida campestre de Músorgski y los excesos de Rachmáninov. Al poco prosigue Redman con su tono patéticamente bello, y todo reluce bajo el sol naciente. Jarrett lo acompaña con trinos de su saxo tenor, como teniendo que emularlo y retransformar el arte en señales de la naturaleza.

Fort Yawuh es una grabación fascinante, más notable aún que las otras tres llevadas a cabo con el «Cuarteto Americano», y reforzado en percusión. Ello no tiene que ver necesariamente con una factura musical más exigente, sino más bien con la vibrante e inspiradora atmósfera del club neoyorquino. No obstante, Jarrett, que sabe reaccionar de forma extremadamente sensible a factores como el público, el ambiente, las emociones y otros estímulos subliminales, no depende, por principios, de la compleja situación que impone el directo. Existen numerosas grabaciones de estudio (en el catálogo de ECM son legión) donde ha conseguido hacer olvidar la austeridad del entorno. En *Treasure Island,* en la misma pieza inaugural, «The Rich (And The Poor)», el cuarteto entero da buen ejemplo de lo que acabamos de apuntar: comienza con el carácter hímnico de un gospel tan propio de Jarrett, que el piano acentúa al sustituir la continuidad de la línea melódica por breves motivos rítmicos y acordes concisos, respaldado activamente por el sonoro bajo de Haden, la batería de Motian, reducida a escasas formas percutivas, y el tono solemne del saxo de Redman, que marca también el resto de las piezas de la grabación.

Una excepción es el tema del título, «Treasure Island», con sus etéreos contrapuntos entre un Jarrett que aprovecha el registro agudo del piano y un Sam Brown a la guitarra, que a veces lo sigue con melodías sincrónicas. Para lo que siempre se debe estar preparado con Jarrett, también en el contexto del jazz, es para los preludios libres al estilo de aquel que aparece en el comienzo de la cara B del álbum, donde, lejos de todo virtuosismo prolijo, busca más bien un tono popular sencillo o una simplicidad como la que Robert Schmumann, por ejemplo, encontró en sus *Escenas infantiles, Op. 15.* Tampoco éstas son, pese al título, música para niños, sino que se trata más bien de meditaciones de un adulto sobre su juventud o, en palabras del propio compositor, de «reflexiones de un mayor para mayores». Y que Redman, con el cálido acento rústico de su saxofón, sepa recoger exactamente el carácter del preludio de Jarrett al «Yaqui Indian Folk Song» solo subraya la consonancia emocional de los dos músicos.

Junto al énfasis gospelero y las piezas de ritmo contagioso surcadas por ostinatos y riffs de rock, hay también en el álbum *Backhand* composiciones que se salen del marco del jazz y abren espacios de sonoridad com-

131

pletamente nuevos. La misteriosa «Kuum» arranca con melismas amorfos de la flauta de madera, evocadoras de un mundo primitivo, como si Jarrett quisiera reencontrar sonidos puros que, sin duda, debieron de existir alguna vez antes de que Pitágoras y sus eruditos sucesores los integraran en un sistema musical. En esto encajan también los permanentes ruidos de raspado producidos con instrumentos de percusión inverosímiles, el nasalizante oboe pícolo de Redman (una especie de oboe oriental) y las alturas oscilantes del bajo que anulan el sistema temperado. El clímax de esta grabación, testimonio de una música de estudio singularmente inspirada, lo constituye «Vappalia», una balada de la que ya en *Facing You* pudo escucharse una versión solista más breve. La manera de armonizar, apoyado por la respuesta hipersensible de Motian, una y otra vez de forma diferente los complejos temáticos de suave melancolía, enfilando a ratos hacia tritonos de sencilla belleza, pero alejándose a esferas armónicas remotas en cuanto atisba algo similar a una resolución *kitsch*, se habría calificado de «buen gusto» en tiempos pasados, cuando uno podía estar seguro de sus sentimientos y, sobre todo, del consenso social acerca de éstos. Habría que tener la valentía de volver a expresarlo hoy en día de la misma manera, pues es en tales momentos cuando se manifiesta la grandeza de Keith Jarrett, su infalible gusto musical.

Hasta 1976 plasmó con su «Cuarteto Americano» otras seis grabaciones: cuatro para ABC-Impulse! y dos para ECM. En el fondo, todas ellas continúan lo que se inició con los registros efectuados desde *Fort Yawuh*. Abunda el bebop pletórico, siguiendo la tradición desde Charlie Parker hasta Charles Lloyd y también ampliaciones del territorio bebop hacia el caos encauzado del free jazz. Y, una y otra vez, grabaciones que rompen el marco jazzístico y evidencian la voluntad de Jarrett de beber de todas las fuentes de energía musical imaginables. Por lo general, se trata de composiciones propias, aunque también hay piezas de colegas, como por ejemplo en *Byablue,* con composiciones de Motian y una de su mujer, Margot, que tenía formación de diseñadora y no ha dado más muestras en el campo de la música. O, en *Bop-Be,* con creaciones de Redman, Haden y Alec Wilder.

Los dos registros para ECM se distinguen en dos aspectos, y de modo fundamental, de los realizados con ABC-Impulse!: en su estructura formal y conceptual, y desde el punto de vista fonográfico. Quien quiera entender la concentración casi exclusiva del artista en ECM solo necesita escuchar sucesivamente las grabaciones de *Mysteries,* con ABC-Impulse!, y de *The Survivors' Suite,* con ECM, surgidas más o menos por las mismas fechas en 1976. Entre ambas median universos sonoros, y no sería del todo equivocado hablar de un cambio de paradigma en lo que respecta a calidad de grabación. Para describirlo con una analogía: frente al carácter plástico de *The Survivors' Suite, Mysteries* se antoja como una pintura nacida antes del redescubrimiento de la perspectiva en el Renacimiento.

La idea de la visión en perspectiva se corresponde plenamente con la de la audición espacial o, si se prefiere, transparente. Pero no se trata de la simulación de un sonido espacial como el que la música electrónica viene presentando desde los años cincuenta del siglo pasado, es decir, de sonidos que en apariencia se mueven en el espacio. El concepto se refiere más bien a fuentes fónicas separadas entre sí. En la suite, uno tiene la impresión de oír (y quizá también de ver) al pianista y a los tonos emanar del piano; a su lado, y asimismo nítidamente deslindados, los sonidos y ruidos de la batería con sus respectivas herramientas fónicas; luego, al saxofonista y los tonos plateados de su instrumento. Tampoco los sonidos del bajo constituyen un indefinido rumor de fondo. Lo que el oyente escucha no es un color indiferenciado, sino más bien los distintos colores que primero hay que recomponer en una impresión sonora. Si quisiéramos vislumbrar en ello un fenómeno particular, podríamos hablar de una escucha emancipada. Jarrett, como es obvio, era consciente de esta diferencia en las sesiones de grabación y mencionó en reiteradas ocasiones la minuciosidad de Eicher, capaz de dedicar largas horas a cambiar por milímetros la posición de un micrófono para colocarlo de tal modo que pudiera generarse un sonido óptimo, transparente.

La segunda diferencia clave con respecto a las grabaciones efectuadas por el «Cuarteto Americano» con ABC-Impulse! estriba en la concepción formal de las mismas. Sobre todo, en los casos de *Shades* y *Mysteries,* realizados con el sello estadounidense, se trata, con matices, de grabaciones que se inscriben en la tradición del bebop, con ciertas ampliaciones hacia el free jazz pero con la convencional presentación del tema, secuencia de estrbillos de rigor a cargo del solista y repetición temática al final. También las grabaciones *Byablue* y *Bop-Be,* realizadas igualmente con ABC-Impulse!, se insertan más o menos en este marco, aunque se debe tener en cuenta que aquí Jarrett presenta la música de sus colegas y puede haber relegado sus propias ideas compositoras a un segundo plano. Por el contrario, en las producciones *The Survivors' Suite* y *Eyes Of The Heart,* con ECM, se abandona este esquema y se opta por composiciones formales de mayor envergadura, lo que naturalmente repercute en la actuación en común, la cual puede desplegarse con más libertad y no solo permite reacciones espontáneas, sino que francamente las reclama.

Esta comparación nada dice todavía sobre la calidad de las improvisaciones individuales, la capacidad de los músicos para empatizar unos con otros a fin de obtener el mejor resultado musical posible. De hecho, se trata de los mismos intérpretes, solo que actúan en condiciones de producción distintas y con diferentes proyecciones formales. Composiciones como el número bebop «Shades Of Jazz», la pieza de jazz latino «Southern Smiles» o la suavemente fluida balada «Rose Petals» del álbum *Shades* pueden adscribirse a la tradición jazzística, con marco temático y secuencia de estribillos, pero la interacción de los músicos es, también aquí, de un swing vigoroso y de una gran inspiración. En «Diatribe», por ejemplo, que irrumpe cual huracán, hay partes en que parámetros como la estructura y la textura formal ya apenas importan: sea en el increíble trémolo de bajo frotado de Haden, en las cataratas de sonidos de Jarrett barriendo frenético el teclado, o en las orgías vocales de Redman que, gruñendo, mordiendo y resoplando, pulveriza con su boquilla todas las frases musicales.

También *Mysteries* culmina en idénticos momentos de desbridada espontaneidad. El intenso *walking* de Haden en «Rotation», que da paso a partes repetitivas de carácter obsesivo, recuerda lo que Jarrett aportó en la isla de Wight al potenciar sonoro de Miles Davis: energía en estado puro. No obstante, resulta muy grato para los oídos hallar entre todas aquellas hazañas improvisatorias una balada como «Everything That Lives Laments», conocida ya desde la grabación de *The Mourning Of A Star* e interpretada de maravilla y sin el menor énfasis, donde Jarrett engasta cada acorde tonal en el fondo oscuro del cuerpo sonoro como si se tratara de una taracea de marfil. Luego hay piezas del tipo «Yallah», de Motian y recogido en *Byablue,* que engarzan el espíritu del jazz con sonoridades orientales, suscitadas por el oboe pícolo de Dewey y diversos instrumentos de percusión de Motian. Hay, también, ortodoxas composiciones de bebop, como «Mushi Mushi», de Redman, con sus angulosas frases de piano al estilo de Thelonious Monk.

Nos consta que Haden es un grandioso intérprete del *walking* a lo Jimmy Blanton o Ray Brown, pero con la misma facilidad sabe detenerse en un riff hasta que las

puntas de los pies del individuo más obstinadamente reacio al movimiento acaban balanceándose. Conocidos son
los orgiásticos sobresoplidos de Redman y su incorrupti-
ble sabor a balada que ninguna alteración armónica es
capaz de empañar. Motian, como baterista, es un cincela-
dor de sonidos, pero cuando la ocasión se tercia hace tin-
tinear los bordes metálicos del tambor, del *hi-hat* y de los
timbales a la manera de un Blakey extático. De Jarrett ya
se sabe que es capaz de cualquier cosa. Pocas veces los
cuatro músicos demostraron tan claramente esta versatilidad como en la monumental *The Survivors' Suite* y en
la producción *Eyes of The Heart,* no menos épica aunque
un tanto desigual. Si el concepto no hubiera perdido ya
hace tiempo su significado (por emplearse como una etiqueta de moda), se podría adscribir *The Survivors' Suite*
a la *world music* exenta de todos los ismos y categorizaciones estilísticas. Ningún oyente imparcial deduciría del
grave *melos* de flauta introductorio la procedencia geo-
gráfica de estos tonos, ni nadie entreoiría en los sonidos y
ruidos rítmicamente libres un patrón que haga pensar en
un determinado sistema musical que los englobe. Y si,
alguna vez, un motivo emanado de una nota sostenida
tocada con arco en el contrabajo se afianza de tal forma
que pudiera detectarse como base de un intenso riff de
jazz (aunque sea en un enrevesado compás de cinco por
cuatro), Haden borra todo rastro de ello y oculta su propósito musical detrás de unas salpicaduras de pizzicato
que pueden llevar a ninguna y a todas partes. Los saxos
alto y tenor con sus arabescos menudos y oscilaciones de
altura de sabor oriental, intensificadas por los ritmos básicos monótonamente repetidos de Motian, dan la sensación de querer sumirnos en un estado hipnótico, cuando
de pronto regresan abruptamente a la realidad mediante
un salto armónico. Apenas le han encontrado gusto al
sorprendente cambio de tonalidad, hacen pasar los inva-
riables motivos melódicos por el círculo de quintas, como

si se propusieran confirmar la validez del método de Bach, *El clave bien temperado,* en el contexto de una «música de folk universal».

En cuestión de una hora escasa, los cuatro instrumentistas hojean las dos partes de *The Survivors' Suite* como si de una enciclopedia de la música se tratara, abriendo los diversos capítulos que van desde el *piano stride* hasta el free jazz pasando por el swing y el bebop, yendo a la entrada «danza de derviches» o buscando explicaciones para el contrapunto y la rapsodia, para las partes a cuatro voces y el tono popular. Pero luego Jarrett topa con el concepto de «música de las esferas» y se pone a explorarlo en la celesta: sonidos etéreos que contrastan precisamente con los tonos telúricos del bajo, y lo incitan a una reflexión sobre la capacidad del piano para lograr asimismo esa música de los cielos. Haden lo sigue, multiplicando con la resonancia profunda de su bajo la sonoridad del piano rica en sobretonos. Apenas cabe imaginar un dúo más sensual, ultramundano, que el del final de la primera parte de esta suite. Y nada se pierde en la grabación, tan transparente y equilibrada que uno olvida por completo los dispositivos registradores que median entre intérpretes y oyentes, e imagina encontrarse en el mismo escenario, al lado de los músicos.

De aquí se puede saltar sin más a *Eyes Of The Heart* y destacar sus pasajes dilatados, en los que no parece suceder nada junto a los patrones repetitivos y, sin embargo, el estado de embelesamiento meditativo se va reforzando por momentos. Cabe poner de relieve los numerosos motivos de colorido cambiante y tornasolado, o describir la interpretación de Jarrett como la de quien hace volar su fantasía sin perder nunca la sólida base musical que emerge en sus manos. Y volveremos a estar fascinados por el rico espectro de propuestas que aquí se despliega. *Eyes Of The Heart* fue grabado en mayo de 1976 en el Theater am Kornmarkt de la ciudad de Bregenz (Austria), durante una gira europea del «Cuarteto Americano» organizada por ECM, y representa el canto de cisne de la banda que, tras cinco años de existencia, se disolvería poco después, sin que la amistad de los músicos sufriera menoscabo alguno. Si se entiende el trío de Jarrett, Haden y Motian como formación precursora, fueron incluso diez años de estrecha asociación artística.

No obstante, y pese a toda creatividad individual, el ambiente de despedida no deja de ser perceptible en esta producción, basada en el material rudimentario de *The Survivors' Suite*. Así se observa, por ejemplo, en algunos pasajes largos planificados de manera distinta a como se ejecutaron y que, según insinuó el propio Jarrett, cumplen una función suplente porque uno de los solistas —Dewey Redman, verbigracia, al que apenas se le oye en la grabación— se negaba a todas luces a asumir su papel. O bien, en un pasaje especialmente curioso de la primera parte, donde la música termina de forma brusca, generando en el disco una verdadera brecha de sonido de medio minuto de duración, hasta que Jarrett, antes al saxo soprano, vuelve a entrar con acordes de piano seguidos de titubeantes pinceladas del bajo de Haden y los fragmentos de percusión un tanto inseguros de Motian. Que el doble elepé, con tres caras grabadas y una vacía, llegara a publicarse no resulta del todo plausible. Pero aparte de esas desavenencias ocurridas en la última grabación de la banda, el «Cuarteto Americano» podrá considerarse justificadamente como uno de los combos de jazz más proteicos, creativos e innovadores de los años setenta; y a la luz de tan magníficas grabaciones como *The Survivors' Suite,* hay un solo argumento para rebatir, aunque con restricciones, lo dicho: la propia existencia del «Cuarteto Europeo».

Jarrett montó el «Cuarteto Americano» partiendo del dúo embrionario con Haden y ampliándolo a trío. La historia de su «Cuarteto Europeo» es diferente, sobre todo porque causó aún mayor revuelo; comparable, por ejemplo, al asombro que su compromiso con el sello alemán ECM provocó al inicio en Estados Unidos. Que músicos americanos tocaran en ocasiones con colegas europeos no era, obviamente, una sensación, y también se hacían grabaciones conjuntas, entre otras cosas porque muchos grandes jazzistas (Kenny Clarke, Bud Powell, Don Byas, Oscar Pettiford, Don Cherry, George Russell y Lee Konitz) vivieron y trabajaron en determinados períodos en Europa. Pero que un músico americano residente en Estados Unidos dedicara parte de su actividad a un ensemble integrado por músicos europeos, diera conciertos, grabara durante un tiempo prolongado con él y compusiera música expresamente para él, era, a la sazón, más bien la excepción.

Jarrett conocía a Garbarek desde mucho antes de que el contacto entre ambos se estrechara a raíz de sus publicaciones en el sello común, ECM. Cuando, con motivo de su primera gira por Europa en 1966, el cuarteto de Charles Lloyd hizo escala en Estocolmo, a Jarrett le señalaron, en casa de un amigo jazzista sueco, una producción grabada por George Russell (entonces docente en los países escandinavos) con sus jóvenes alumnos. De aquella banda también formaba parte Jan Garbarek, cuyo tono característico enseguida despertó su atención. Más tarde, Jarrett contaría a su biógrafo Ian Carr lo prendado que quedó de Garbarek: «Era un grupo sueco, y pensé que algún día ese sonido sería importante… Garbarek todavía era casi un niño cuando lo oí. Yo también era un niño, pero él lo era de verdad». Si realmente era con un grupo sueco con el que tocaba el noruego Garbarek no tiene mayor interés; pero ninguno de los dos era ya un niño: Garbarek tenía a la sazón diecinueve años; Jarrett, veintiuno.

Por su parte, Garbarek escuchó en directo al conjunto de Lloyd en Estocolmo, con ocasión de su primera gira, y quedó fascinado por la base rítmica, ante todo por Jarrett, en cuya versión del estándar «Autumn Leaves» creyó oír la historia de la música al completo: estilos de jazz más antiguos, sonidos actuales, música clásica, impresionista, atonal o, también, experimental. A finales de los sesenta, durante una de las giras posteriores con Lloyd por Europa, fue Jarrett quien vio a Garbarek en directo junto con Jon Christensen durante una *jam session,* y dijo que nunca había escuchado un free jazz mejor. Los dos volvieron a cruzarse al término de la misma década cuando, durante un tiempo prolongado, Jarrett trabajó con la banda de Miles en Boston, y Garbarek, a lo largo de una semana, se sentó cada noche en la primera fila del club, sin hartarse por lo visto de Miles, quien, como todo el conjunto, debía de lucir una forma espléndida. Se trató, por cierto, de aquella formación que, tras la marcha de Chick Corea, integraban Gary Bartz, Michael Henderson, Jack DeJohnette y Keith Jarrett, formación de la cual este último afirmó con aplomo que Miles Davis nunca tuvo una mejor y que era lamentable que CBS no fuera capaz de grabar su música para hacerla accesible al mundo.

Cuando, en las postrimerías de 1972, Eicher propuso a Jarrett la colaboración con Garbarek, no le resultó difícil convencerle. Ya años atrás, Jarrett y Garbarek habían empezado a orientar sus antenas hacia un posible proyecto común. En cuanto a Eicher, Jarrett tampoco tuvo que salvar muchas barreras para poder grabar, además de una interpretación de cuarteto, una composición para saxofón y orquesta de cuerdas que quería escribir para Garbarek. Éste llegó, en invierno de 1973, a los Estados Unidos, donde vivió durante unos días en la casa del pianista y departió con él sobre las futuras grabaciones conjuntas. Según recuerda Garbarek, fue un encuentro amistoso y relajado, durante el cual se habló de música, pero no, como se podría imaginar, en forma de una encerrona de trabajo. Comían juntos, paseaban, fueron conociéndose mejor y no tuvieron que gastar muchas palabras acerca de las piezas en sí. Algunos meses después, las grabaciones se materializaron en Oslo en lo que fue la primera producción del «Cuarteto Europeo». A causa de la vinculación contractual con Impulse!, el ensemble aún no pudo actuar bajo el nombre del pianista, por lo que se dio a conocer también como «Belonging Quartet», nombre inspirado en el título de la grabación *Belonging*. Finalmente, a los pocos días, se llevó a cabo, en Ludwigsburgo, la grabación con la obra de orquesta para Garbarek, titulada *Luminessence*. Sobre todo, la grabación de *Belonging* debió de ser un golpe de ingenio, pues Jarrett, según contó Eicher, no quiso aceptar tomas adicionales de cara a la publicación. Al igual que Miles Davis, a menudo valoró más la espontaneidad que la perfección técnica e interpretativa. Al parecer, este condicionamiento espoleó a sus músicos, incitándolos a la máxima concentración. De hecho, Garbarek dijo que nunca había terminado una grabación en tan poco tiempo, y eso que prácticamente no hubo ensayos. Parece que también ahí el espíritu de Miles gravitaba sobre el estudio Arne Bendiksen de Oslo: «No toquéis lo que sabéis; tocad lo que no sabéis...».

El ensemble dio algunos conciertos en Alemania, y no fue hasta finales de 1977 que emprendió una extensa gira por Europa que formaba parte de un programa doble montado por ECM. Bajo el lema de «noches de música improvisada» tocó, en dos conciertos respectivamente, el «Cuarteto Europeo» de Jarrett, seguido de Egberto Gismonti con Naná Vasconcelos, el grupo Oregon y un dúo de Garbarek y Ralph Towner. El «Cuarteto Europeo» existió tanto tiempo como el «Cuarteto Americano», a saber, cinco años (de 1974 a 1978), pero tuvo menos actuaciones concertísticas y solo grabó cuatro álbumes. El quinto, *Sleeper,* apareció póstumamente, por así decir, en 2012, y se basó, como grabaciones publicadas con anterioridad, en el material sonoro de un concierto en directo ofrecido en Tokio en abril de 1979. Sin embargo, pese al menor número de actuaciones y publicaciones, el conjunto le ha disputado la prioridad al «Cuarteto Americano» en lo que a aprecio del público se refiere.

Al escuchar aquellas grabaciones se comprende por qué el «Cuarteto Europeo» sigue ejerciendo hasta hoy una influencia tan notable en los músicos y es considerado uno de los grandes cuartetos de jazz de la historia reciente. Quienquiera que hable de este conjunto alude, sobre todo, a *Belonging,* que es, en el sentido cabal de la palabra, el álbum debut de un grupo que hasta esa fecha no solo no había actuado en público, sino que ni siquiera había colaborado antes. También bajo este aspecto el álbum, nacido en el estudio sin apenas ensayos ni tomas alternas, es una rara obra de arte y un prodigio de entendimiento intuitivo entre músicos. Por su claridad y equilibrio, por la firme musicalidad con que tocan los cuatro intérpretes sin despertar la menor sospecha de virtuoso egocentrismo, por la discreción artística con que dialogan y por el respeto que tributan al compañero y a sus ideas, se trata de una grabación sin igual. Aun a riesgo de que pueda sonar melodramático, aventuraremos que bien pudo ser un flechazo lo que unió a los cuatro músicos e hizo que respondieran sin reticencia alguna unos a otros. *Belonging* merecería ser incluido en la lista oficiosa de los momentos estelares que jalonan los cien años de historia del jazz.

Para no dar pie a malentendidos, es preciso aclarar que no hay en este álbum nada revolucionario, innovador en términos de un sonido inaudito, una forma nueva o actitud estética excepcional. Pero su configuración perfecta y confección intachable —a pesar de lo singular de las circunstancias de la grabación— obligan a clasificarlo como obra de arte por excelencia que repele, también, todo cuestionamiento teórico del estado del material musical utilizado y cualquier duda acerca de si ese material estaba a la altura de los tiempos que corrían. Si, no obstante, quisiéramos extraer una joya de esta obra de arte total, ésta sería la balada «Blossom», que parece una alegoría barroca de la primavera. La libre introducción del piano desemboca en una melodía de aire popular que Garbarek, con su tono incomparablemente fervoroso, retoma y parafrasea como si se tratara de una escultura labrada en piedra, cuya belleza necesita presentarse desde todos los ángulos. Evoca instintivamente una escultura como la de la mujer de Aristide Maillol titulada *La Méditerranée,* que el artista describió como «figura para un jardín sombreado». El acompañamiento de fondo que le presta Jarrett, consistente en ramificaciones pianísticas y armónicos juegos de sombras, parece evocar ese mismo lugar. Otro tanto vale para el bajo cantante de Palle Danielsson, quien al comienzo entra con un sugerente trémolo, y, naturalmente, para la batería de Jon Christensen, quien no fuerza el ritmo en ningún momento.

Con todo, «Blossom» es solo una de las cumbres en la cadena de cumbres musicales que encarna esta grabación, en la que destacan también «Spiral Dance», con su envolevente swing; el gospel «'Long As You Know You're Living Yours», donde Garbarek desliza en el saxo su litúrgico canto de alegría y la comunidad de Jarrett, Danielsson y Christensen responde con vigoroso ritmo al evangelio; el tema del título, «Belonging», con Garbarek esbozando la melodía a modo de cantante, y Jarrett proporcionándole un expresivo acompañamiento de piano, de tal suerte que podríamos llegar a imaginarnos a ambos interpretando un ciclo de *lieder* de Schubert sin palabras pero de forma completamente adecuada en lo gestual; y por último, «Solstice», que parece la versión expresionista del romántico «Blossom», y «The Windup», una loca *square dance* en la que el solo de Jarrett francamente se desboca, y que por su manera de tocar sin acompañamiento melodías sincopadas y tonos sueltos, podría servir de ejemplo para aprender a tocar con exquisitez rítmica y a la vez mantener palpable el pulso sin marcar un solo acento del metro básico.

Similar fascinación con cita el álbum *My Song*, grabado tres años después, aunque rebosa éste un carácter más
elegíaco si prescindimos del tema «Mandala», muestra de
un bebop tardío con sabor a free jazz de gran complejidad
rítmica y estructural. Es una música amable, a veces nos-
tálgica, sin pretensiones ni tampoco exigencias para con-
versos e iniciados. Debió de reinar una atmósfera muy
relajada en el estudio para crear una música tan acendra-
da, tan maravillosamente discreta, a ratos sencilla como
el country, para retomar luego de forma juguetona una
suerte de rumba en la que se desvanece la figura rítmica
inadvertidamente y acaba diluyéndose en una coda de
vals. Tanto aquí como en *Nude Ants, Personal Mountains* y *Sleeper* uno tiene la impresión de que Jarrett se
siente particularmente bien en compañía de Garbarek,
con quien se comunica sin esfuerzo y entra en un diálogo
continuo, liberado, al parecer, de la responsabilidad de
las empresas en solitario. Al fin y al cabo, entre *Belonging*
y estas tres grabaciones median cinco años, en los que
Jarrett asombró al mundo con sus monumentales producciones de solista, como *The Köln Concert* y los *Sun
Bear Concerts,* con encargos de composición para conjuntos sinfónicos y escapadas espectaculares a la abadía
benedictina de Ottobeuren para deleitarse con el órgano
barroco de Karl Joseph Riepp [1]. Por otra parte, las tres
grabaciones de 1979 se antojan como un último y eufórico resurgimiento, antes de la despedida definitiva, del
«Cuarteto Europeo», del cual desearíamos muchos que
hubiera perdurado más en el tiempo.

Personal Mountains fue registrado en vivo en Tokio
en 1979, pero no se publicó hasta diez años después, se-

---

1. Karl Joseph Riepp (1710-1775): Constructor de órganos alemán
que recibiría la ciudadanía francesa al ser contratado como constructor de órganos en la corte francesa gracias a su extraordinaria pericia.
(*N. del E.*)

guramente porque Jarrett y Eicher habían editado primero *Nude Ants,* grabación realizada en el Village Vanguard,
cuyas piezas coinciden en un cincuenta por ciento con las
de aquél, si bien se trata, claro está, de versiones distintas. El álbum *Sleeper,* por su parte, grabado en la misma
época que *Personal Mountains,* combina básicamente el
material de los otros dos registros, aunque no se lanzaría
hasta 2012. Por tanto, en este caso podemos disfrutar del
privilegio de escuchar dos veces, o incluso tres, el mismo tema en distintas versiones tomadas el mismo año y,
como sucede rara vez, podemos hacernos una idea de la
casi ilimitada capacidad improvisadora de los cuatro músicos, en particular la de Jarrett. Si no supiéramos que se
trata del mismo tema y pudiéramos hacer abstracción del
marco formal invariable, la grabación de *Personal Mountains* en la producción homónima y su versión en *Sleeper*
nos parecerían dos obras distintas, al menos en lo que
concierne a la aproximación improvisatoria. Son didác-
ticos y portentosos ejemplos del arte de la variación, y si
transcribiéramos las ejecuciones de Garbarek y Jarrett,
tendríamos material suficiente para impartir en cualquier
escuela de jazz una maestría en técnica de la improvisación. En «Processional», el piano entona algunos melismas ensimismados que Billie Holiday habría aceptado
sin más como introducción a su legendaria balada «Don't
Explain». Con la entrada del saxo tenor, la atmósfera pasa
a ser la de un sonido místico a lo Hitchcock, pero Jarrett
muy rápidamente lo hace mudar en un movimiento de
sonata beethoviano, en el que se precipita sin reservas
hasta el punto de que parece costarle encontrar la salida.
Da la impresión de que el cerebro del pianista y sus dedos, que también tienen memoria, recuerdan todo lo que
alguna vez tocaron. De modo que hay que estar siempre
preparado para que un arpegio a lo Debussy dé paso a
una atonalidad schönberguiana, y un ritmo de boogie se
transforme en un bajo de Alberti mozartiano.

El año 1979 supuso de nuevo una cesura en la creación musical y la vida privada del artista. Sus dos cuartetos eran cosas del pasado, sus obras como solista no solo lo habían llevado a la cumbre del jazz, sino que le habían proporcionado un lugar único en la historia de la música improvisada. Y con sus composiciones para jazz y clásica había demostrado que a los treinta y cuatro años figuraba ya entre los representantes más polifacéticos del presente musical, pero también que su radio de acción no estaba ni mucho menos agotado y aún podía esperarse bastante de él; un pianista, compositor e improvisador inquieto, que presentía, cual sismógrafo, todos los terremotos artísticos.

Sin embargo, el ansia con que durante los diez años transcurridos se había apresurado a grabar de estudio en estudio y recorrido todo el circuito de auditorios, con una actividad casi ininterrumpida, le había pasado factura. Como es el caso de todos los artistas que no paran y se funden completamente con su arte, también entre él y Margot se había dado un latente proceso de distanciamiento, agravado por el hecho de que Margot tuviera que ocuparse de su hijo, Gabriel, y se viera relegada cada vez más al hogar. Bien es cierto que incluso con Gabriel acompañó a menudo a Keith en sus giras por el extranjero; pero, según relata Ian Carr, no debía de ser inmensamente placentero para ninguno de los dos, pues Jarrett intentaba concentrarse en sus conciertos y sufría dolor de espalda, mientras que su familia quería aprovechar los viajes para descansar y ver algo del país en el que se encontraran.

Después del nacimiento, a principios de 1978, del segundo hijo, Noah, ni siquiera los viajes comunes con Margot eran ya posibles. De todas formas, Jarrett nunca sería un verdadero hombre de familia, teniendo en cuenta el temprano divorcio de sus propios padres; hecho que, posiblemente, solo pudo superar replegándose por completo en su música. A ello se añadió la relación con una joven mujer, Rose Anne Colavito, a la que conoció en 1974 durante una estancia de una semana en Boston, donde estaba actuando. Los dos se perdieron de vista pero volvieron a encontrarse cuatro años después; la iniciativa partió de Rose, aunque Jarrett debía de estar dispuesto a retomar el contacto. La relación se fue intensificando, provocando finalmente, en marzo de 1979, la separación de Margot y dificultando durante mucho tiempo, como era de esperar, el trato con el mayor de los hijos, Gabriel, que entonces solo tenía ocho años. Más tarde, esta relación se normalizó, mientras que la que lo unía a Noah siempre fue buena. Margot renunció a sus derechos sobre el hogar común, de modo que Keith pudo continuar residiendo en Oxford, donde acababa de finalizar el anexo con estudio de la casa.

Poco después del divorcio, Jarrett inició con el «Cuarteto Europeo», y acompañado por Rose Anne, aquella exitosa gira por Japón en la que se llevaron a cabo las grabaciones *Personal Mountains* y *Sleeper*. Le siguió una gira no menos exitosa por clubes de Estados Unidos, de la que también forma parte la legendaria actuación en el neoyorquino Village Vanguard, donde se grabó en directo el álbum *Nude Ants*. La elección de ese lugar tenía su significado para Jarrett. En los años sesenta, el Village fue el único club que abrió sus puertas al aún poco conocido primer trío del pianista, y Jarrett, como siempre fiel y apegado a las viejas amistades, no lo olvidó. Acordó con Max Gordon, gerente del club, unos honorarios muy modestos para poder mantener los precios de las entradas por debajo de los seis dólares cincuenta. Las cinco noches, con dos sets cada una, se vendieron por completo, llegando las colas de los admiradores hasta bien entrada la Séptima Avenida. Estados Unidos había acortado distancias con respecto a Europa en lo que a su creciente veneración por Jarrett concernía.

7
SOLISTAS
SIN FRONTERAS

Sabias sentencias acerca de la interpretación de piano las hay para todos los gustos: "Es en el misterio de la pulsación donde reside el efecto de todo pianista", decía Eduard Hanslick, amigo de Brahms y enemigo acérrimo de Wagner. "El laurel lo recibe quien no solo escucha con el oído sino también con el alma", escribiría Heinrich Heine. "Basta con tocar con los dedos; los movimientos de la mano y del brazo suelen ser superfluos", proclamó nada menos que Franz Liszt, el azote de Dios para los pianos de Érard. Que a él le daba igual la idea que tuviera un pianista de su obra, si es que tenía alguna, contestó el compositor Walter Piston, por lo demás, académicamente riguroso, a la pregunta de si podía aceptar interpretaciones excéntricas. Si estaba excitado durante la propia ejecución, su música no podía tener efecto en los oyentes, confesó Anton Rubinstein a su amigo León Tolstói. Por último, Ferruccio Busoni se pronunció sobre el pedal, el arcano por excelencia del piano: "El pedal derecho es un rayo de luna, no hay que manejarlo como si el aire y el agua pudieran moldearse en figuras geométricas."

Aun citando esta retahíla de afirmaciones mistificadoras, metafóricamente esotéricas, acaso esclarecedoras en lo técnico y, en no pocos casos, contradictorias entre sí, le ronda a uno la sospecha de que el arte de Jarrett se rige por algo diferente. Pero no hay que preguntárselo a él mismo. Cuando se trata de su interpretación, y sobre todo de su improvisación como solista, él se convierte en un monje cisterciense de muy estricta observancia. Basta una breve ojeada a su obra de solista para ver cuán elocuentemente sabe callar.

Su primera grabación en solitario, *Facing You,* se registró en 1971. Reúne ocho piezas para piano, sin comentarios. Dos años después, aparecieron los *Solo Concerts Bremen/Lausanne,* extensas improvisaciones con indicación de fechas y lugares, pero sin títulos. En 1975, se editó *The Köln Concert,* cuatro caras de vinilo con música de piano improvisada (parte I, parte II a, b, c), de nuevo sin comentarios. Un año más tarde, fue producido *Staircase,* un doble elepé con cuatro temas, también sin explicaciones. Además, ese mismo año Jarrett grabó, en el órgano barroco de la abadía benedictina de Ottobeuren, dos himnos y una «música de las esferas» de nueve movimientos titulados *Hymns/Spheres.* La carátula del disco contiene una sola frase: «Algunos registros solo fueron accionados a medias». Los *Sun Bear Concerts* son el resultado de sesiones de piano solo ofrecidas en cinco ciudades japonesas aquel mismo año. Se editaron, primero, en una caja de diez elepés y luego en seis compactos. Les sirvió de lema una frase de Gertrude Stein: «Think of your ears as eyes» [Piensa en tus oídos como si fueran ojos]. Nada más. El doble elepé *Invocations/The Moth And The Flame* fue producido en 1979 y 1980. Jarrett tocó las siete invocaciones en el órgano barroco de Ottobeuren, y la segunda obra en un piano de cola para concierto del estudio de Ludwigsburgo. El poema *When Things Are Heard,* del poeta Robert Bly, era lo único que acompañaba la grabación. En marzo de 1980, grabó *Sacred Hymns of G.I. Gurdjieff,* nuevamente sin explicaciones. Los *Concerts (Bregenz/München)* son producciones del año 1981. El cuaderno de acompañamiento contiene el poema *Ein Garten für Keith Jarrett* [Un jardín para

Keith Jarrett], de Michael Krüger, el ensayo *Der Magier und die Gaukler* [El mago y los saltimbanquis], de Peter Rüedi, y una reflexión del pianista sobre la creatividad. Cuatro años después grabó, en su propio estudio, *Spirits,* veintiséis miniaturas con piano, flautas, saxo y percusión. En la carátula se encuentran un soneto de Rilke y un ensayo del propio Jarrett dedicado al espíritu humano. Otros veinte temas se hallan recopilados en el compacto *No End,* producido en su propio estudio en 1986 con instrumentos diversos. Lo mantuvo bajo llave veintisiete años. Este doble compacto, publicado en 2013, está envuelto en una peculiar aura de euforia. La carátula luce una cita de David Foster Wallace y reflexiones de Jarrett, además de una dedicatoria para todos, incluidos sus enemigos. En 1986 presentó en *Book Of Ways* el trabajo con el clavicordio; sin palabras. Al año siguiente, *Dark Intervals* presentaba la grabación en directo del Suntory Hall de Tokio. Acompañan a estas improvisaciones al piano nada más que dos líneas: «El contacto solo es posible por el margen; la luz, valiosa solo en períodos oscuros». En 1988 continuó su viaje como solista con *Paris Concert,* una vez más sin comentarios. El *Vienna Concert,* con un poema de Robert Bly y la críptica observación de que aquella música habla el lenguaje del fuego, llegó tres años después. Por su parte, *La Scala,* ribeteada de una sencilla escena italiana (véase texto de la carátula), siguió cuatro años más tarde. *The Melody At Night With You* interrumpe la topografía musical: simples monólogos pianísticos como señal de convalecencia tras una grave enfermedad. En 2002, Jarrett reanudó el periplo con *Radiance.* La producción agrupa dos noches de solista en Japón y brinda «algunas palabras sobre la música». *The Carnegie Hall Concert* apareció como doble CD en 2006; sin comentarios. *Paris/London (Testament)* llegó en 2008 en una caja de tres compactos con una retrospectiva de las noches de solista de Jarrett. *Rio* supuso lo que de momento señala el final de la serie: dos CD con quince improvisaciones al piano, grabadas en Brasil en 2011; sin mediar palabra.

Una estadística tan descarnada de los veintiún proyectos en solitario de Jarrett puede resultar inapropiada, habida cuenta de la extraordinaria sustancia que encierran: ¡casi treinta y seis horas de música predominantemente improvisada, generada a lo largo de cuarenta años! A menudo sin pauta o bosquejo formal, creada al instante por un Jarrett que escuchaba su interior, que, alerta y sonámbulo, impulsivo y cual neurocirujano, lo hacía salir todo de sí mismo, se lo sacaba a pulso o lo dejaba pasar como si él fuera un médium. Solo esta parte de su obra completa debería ser valorada en su justa medida como una parte fundamental de su legado fonográfico. Su *free playing,* ese paradójico concepto de una interpretación sin concepción previa y que, en lo posible, debería dejar fuera cualquier intención, impronta o preformación musical, esa extravagante idea de una inmaculada improvisación, fue tan radical en su día que hay que yuxtaponerla al manojo de pensamientos y acontecimientos revolucionarios que ha conocido la historia del jazz, aunque con ello se designe una práctica de actuación de la cual se puede considerar a Jarrett como representante casi exclusivo. El que quiera podrá ver aquí un paralelo con el excéntrico virtuoso del piano que fue el canadiense Glenn Gould, quien aseguraba de sí mismo que pertenecía a un sistema solar musical donde él era el único habitante.

Sin embargo, esta enumeración casi estadística de las grabaciones que integran la monumental obra de solista de Jarrett entraña también un desafío al incauto observador que se acerca a su obra, a su recalcitrante insistencia en presentar una «música sin palabras» que objeta la exégesis como el agua al aceite. Quien es tan parco en explicaciones y niega en el fondo todo lo que se pueda percibir en torno a la música, quien, en apariencia, honra a los oyentes sin tenderles puentes de comprensión —como hace Adorno con sus sabios lectores— porque les concede una sensibilidad que se corresponde con la suya propia, quien actúa con tanto cripticismo, convierte en objeto de culto a su propia obra y, por extensión, otro tanto hace consigo mismo como artista. "El enigma que acertamos a resolver lo despreciamos muy rápidamente", dijo la poeta norteamericana Emily Dickinson en una de sus deliciosas poesías. Igualmente válida es la conclusión inversa. De ella se amamantan obras de arte que van desde la *Mona Lisa* de Leonardo hasta los conciertos en solitario de Jarrett.

Existe una diferencia fundamental entre un gran pianista y un gran pianista de jazz. Quien habla de Artur Rubinstein, Wilhelm Backhaus, Rudolf Serkin, Sviatoslav Richter, Alfred Brendel o Arturo Benedetti Michelangeli como de grandes pianistas, da tácitamente por supuesto que se refiere a grandes solistas. Incluso Thomas Bernhard, en su novela *El malogrado,* que trata de Glenn Gould y su mentor ficticio Vladímir Hórowitz, además de unos personajes secundarios del mundo del piano, piensa, naturalmente, en el Gould solista. Un gran pianista de jazz, en cambio, puede pasarse la vida tocando en un trío, un quinteto o hasta una big band sin que estas formaciones siquiera lleven su nombre. Puede renunciar a actuar en solitario o hacer grabaciones sin acompañamiento y, no obstante, pertenecer a los más excelsos de su gremio. También en esto se podrá apreciar la posición singular de Jarrett. Es un gran pianista y a la vez un gran pianista de jazz. Como jazzista es doblemente grande: en tanto que miembro de un conjunto y en calidad de luchador individual. Nadie lo ha sabido ver tan claramente como el jurado del Polar Music Prize de Estocolmo. La distinción, dotada con un millón de coronas suecas (unos ciento veinte mil euros) y considerada el premio Nobel de la música, suele otorgarse a un artista clásico y a uno de la música popular en el sentido más amplio. En el año 2003, y por primera vez, el premio no fue dividido, sino que se concedió íntegramente a un artista que, según el jurado, poseía la capacidad de «trascender fronteras en el mundo de la música»: Keith Jarrett.

Referirse a Jarrett como a un solista nato no quiere decir que hubiera estado libre de las penas y fatigas de la existencia de un pianista corriente. No por nada la sabia pedagoga de piano Grete Wehmeyer se refería en su libro sobre Carl Czerny, el maestro de Franz Liszt, con tanta maldad y a la vez con tanto acierto al «régimen de aislamiento pianístico» que se impone a todo pianista en el transcurso de su vida (con los *Études* de Czerny y sin ellos). Jarrett, ciertamente, no ha quedado a salvo del estrés psíquico y físico del solista solitario. Sin embargo, no tuvo que evadirse del estado de incomunicación del solista de piano de la misma manera que algunos colegas suyos tuvieron que hacerlo del régimen cerrado de la música clásica, como fue el caso de Glenn Gould o Van Cliburn y, al final, también de Friedrich Gulda. Jarrett, durante su larga carrera, ha apreciado a veces más compartir escenario con Jack DeJohnette, Paul Motian, Charlie Haden, Gary Burton, Gary Peacock, Jan Garbarek, Dewey Redman, Kim Kashkashian y unos cuantos artistas excepcionales más, que dejarse las manos en el piano a solas. Con todo, me permito volver a afirmar con la vehemencia necesaria que es el solista por antonomasia.

El solista vive haciéndose compañía a sí mismo. Esta afirmación es cabal y completamente válida para Jarrett, más bien tímido en lo privado, tendiente a rehuir el jaleo y la atención, y a llevar una vida retirada. Hay, además, una serie de indicios que avalan la tesis de que no se convirtió en un solista, sino que siempre lo había sido. En una ocasión, Ron McClure, el bajo del cuarteto de Charles Lloyd, describió en términos simpáticos y en absoluto denunciatorios a su compañero Jarrett como a uno que va por su cuenta: «Keith no era el tipo que te ayudara a avanzar en lo musical. Nunca te enseñaría las secuencias de acordes de una canción que no conoces. No era un jugador de equipo, nunca fue uno más, sin duda no había experimentado nunca eso en su vida. Estoy seguro de que jamás jugó al béisbol. Pero es un genio. Es galácticamente superior a otras personas. Con muchachos así no es fácil entenderse. Pienso que a veces fue impaciente conmigo porque soy de temperatura ambiental. Frío, comparado con él. Mi pulso es de unos setenta y dos; el suyo, de ciento ochenta».

Existe otro ejemplo que muestra a Jarrett como a una persona que ante todo vive en su propia música o, dicho de otro modo, en su propio mundo. Si exceptuamos sus esporádicos acompañamientos a cantantes y sus tempranas grabaciones con las bandas de Art Blakey, Charles Lloyd y Miles Davis, vemos que el descomunal catálogo del pianista ofrece pocas colaboraciones con grupos en las que intreprete repertorio ajeno; en realidad, solo hay media docena de producciones de ese tipo. Cuando el trompetista y fliscornista británico-canadiense Kenny Wheeler iba a grabar un disco para ECM, Manfred Eicher montó un conjunto con exmúsicos de Miles Davis en el que estaban el bajista Dave Holland y el baterista Jack DeJohnette, y le preguntó a Jarrett si quería participar. En junio de 1975, éste dio su conformidad, y lo cierto es que la grabación, titulada *Gnu High,* logró una sonoridad insólitamente inspiradora, además de merecerle a Wheeler numerosas distinciones. Jarrett, cosa nada inusual, había visto las piezas por primera vez poco antes del registro. Sin embargo, durante la sesión le devolvió a Wheeler una de las canciones comentando lisa y llanamente: «No puedo con esto». Y es que no era su música, algo con lo que hubiera estado realmente familiarizado.

Jarrett ha confirmado que el rápido cambio de acordes que a Wheeler le encantaba no ligaba con su propio mundo armónico: «Tuve grandes dificultades para tocar acordes de ese género. Estaba entonces en una onda muy distinta. Aquel álbum no me interesó. Había estructuras tan inorgánicas que quise limar un poco las aristas. Y había esa profusión de indicaciones verticales, acordes en cada pulso o en cada segundo pulso. Éste es uno de los motivos por los que participé en muy pocas sesiones: no quería verme metido en situaciones de ese tipo». En un momento determinado de la sesión, Eicher le preguntó en la sala de control cómo se sentía. Jarrett se limitó a decir: «No sé. Esto no es lo mío».

Algo similar sucedió cuando volvió Gary Peacock, tras un largo descanso creativo durante el cual estuvo alejado de los escenarios, y Manfred Eicher lo invitó, junto con DeJohnette y Jarrett, a grabar una producción con su propio nombre. Corría el año 1977 y fue nada menos que el pistoletazo de salida para una colaboración que, después de aquel primer encuentro, no sería retomada hasta al cabo de seis años y que está considerada como una de las formaciones de trío más productivas e inspiradas de los más de cien años de la historia del jazz. También entonces Jarrett pudo ver la música antes, pero solo se la miró en vísperas de la sesión de grabación y comentó que «Vignette» le gustaba. Sobre el resto de temas de *Tales Of Another* no se pronunció en absoluto. Años después, cuando se le preguntó si había disfrutado la colaboración, su respuesta fue: «No pienso que aquello fuera algo para mí. Y no lo era porque yo venía de otros proyectos y trataba de cambiar de onda, pasar de mi posición a otra».

Es posible que ocurriera algo parecido en *Conception Vessel,* de Paul Motian, si bien Jarrett hablaba con reverencia de las facultades compositivas del baterista. Solo intervino en dos piezas, como partenaire al piano y a la flauta, respectivamente. En cuanto al rimbombante álbum *Sky Dive,* de Freddie Hubbard, en el que no actuó una auténtica big band con las habituales tres secciones de vientos conformadas por trompetas, trombones y saxos, sino un popurrí de solistas y orquesta de fondo, las escasas transiciones al piano y piano eléctrico de Jarrett no denotan ninguna euforia. Por lo demás, *Sky Dive,* a pesar de contar con la participación de renombrados solistas como Freddie Hubbard, Hubert Laws, George Benson y pese a la fabulosa base rítmica integrada por Jarrett, el bajista Ron Carter y el batería Billy Cobham, es una grabación arreglada en exceso por Don Sebesky y pertenece a aquellas grabaciones de un jazz funk de moda, hoy piadosamente olvidadas o que sobreviven, si acaso, en los ascensores de hotel y los grandes almacenes. Prescindiendo de las orquestas de Don Jacoby y Stan Kenton presentes durante su formación, Jarrett no se extravió hacia ninguna big band. En este sentido nunca ha dado el tipo de músico sociable.

Sus grabaciones como solista constituyen la médula de su obra y sería de extrañar que su actitud hacia la música, su estética y su personalidad propiamente dicha no pudieran verse en ellas con más claridad que en otros ámbitos musicales. «El arte es más que un espejo corriente —dijo George Bernard Shaw— uno también reconoce en él su alma». Esto no solo vale para la autocontemplación del artista, sino que es aplicable a la recepción del arte en general, pues éste revela al ser humano detrás de su obra. Jarrett siempre se aproximó con cautela al estilo, nuevo para él, de improvisar sin acompañamiento, pero luego lo hizo con la determinación que igualmente le caracteriza. Su primera actuación como solista no tuvo lugar en Estados Unidos, sino en las Jornadas de Jazz de Heidelberg, a saber, en el último concierto, dedicado al «piano de jazz» y celebrado el 4 de junio de 1972. Lo que vivieron los espectadores en aquel pabellón municipal, que no estaba en absoluto al completo, no fue un recital, sino, como se acostumbra en esos festivales, una noche con cuatro núcleos temáticos: el cuarteto del pianista Michael Naura con su viejo compañero de armas, el vibrafonista Wolfgang Schlüter; el encuentro del renegado de la música clásica Friedrich Gulda con los artistas de performance Paul y Limpe Fuchs; el conjunto del flautista neerlandés Chris Hinze, y por último, la actuación en solitario de Keith Jarrett.

En la edición de julio de la revista *Jazz Podium,* Ulrich Olshausen puso de vuelta y media los tanteos jazzísticos de Gulda, pero colmó de elogios a Michael Naura, llamándolo uno de los grandes improvisadores alemanes del género, y sobre todo el arte de la interpretación al piano sin acompañamiento de Jarrett, quien desarrolló «con una técnica sobresaliente y una lógica y fantasía artísticas supremas, nexos entre formas de ostinato y elementos del jazz moderno, de la música gospel, del impresionismo y del expresionismo». Jarrett había improvisado casi libremente, comenzando con una composición propia pero alejándose mucho de ella y aunando en un bloque todas las demás piezas, como haría también en sus futuros conciertos en calidad de solista. Durante su gira realizada al año siguiente, por ejemplo, en los conciertos de Bremen y Lausana, grabados en directo, dio un paso más, tocando ya no temas preestablecidos, sino improvisando al instante, sin esquemas ni ideas preconcebidas de ninguna clase, una forma de concierto de solo íntegro, que desde aquella época ha elevado a rango de principio.

Su actuación en Heidelberg puede calificarse de primer ensayo a tientas en la nueva dirección. Por su parte, la grabación debut para ECM, *Facing You,* aún se inscribía en la tradición de las improvisaciones sobre material compositivo que solían cultivar algunos pianistas de la época, desde Art Tatum hasta Chick Corea o Paul Bley y otros.

Facing You tuvo, poco después de su lanzamiento en 1972, críticas excelentes en Estados Unidos, también en *Rolling Stone,* donde Robert Palmer emitió el tantas veces citado juicio de que la grabación era tal vez el mejor disco de piano en solitario «desde que se nos fue Art Ta-

Actuación de Keith Jarrett en el festival de jazz celebrado en el pabellón municipal de Heidelberg el 4 de junio de 1972. Fue el primer
concierto ofrecido por Jarrett en solitario.

tum». Éste llevaba nada menos que dieciséis años muerto.
Otros autores, como Frank Tirro, profesor de la Universidad de Yale, destacaron, junto a las cualidades improvisatorias de Jarrett, su técnica de la variación casi barroca
que, efectivamente, podría incluirse en cualquier manual
didáctico sobre la práctica de la interpretación de música
antigua, con el fin de demostrar lo bien que algunas técnicas ancestrales siguen cumpliendo su función y, de forma similar a las estructuras armónicas, no constituyen ni
mucho menos un material musical obsoleto, como pro-
clamaron algunos vanguardistas acérrimos y sus apologé-
ticos admiradores.

En 1975, *Downbeat* publicó una interesante comparación entre *Facing You,* de Jarrett, y *Open, To Love,* de
Paul Bley, editado igualmente por ECM. Ambas grabaciones fueron reseñadas tras su aparición, pero se vieron aquí
sometidas a una crítica comparativa después de que ECM
hubiera ampliado su red de distribución en Estados Unidos por medio de Polydor y obtenido mayor eco. El autor
Jon Balleras valoró las dos grabaciones con la nota máxima y describió detenidamente cuánto ambas creaciones,
aunque idénticas en todos los detalles externos de la producción, se diferenciaban en su contenido espiritual y su
respectiva factura musical. Por un lado, estaba la obra de
un artista místico que ha dejado de «decir a sus manos lo
que tienen que tocar», que se ofrece como médium a una
fuerza superior y deja que la música simplemente suceda.
Por el otro, el intelectual y menos espontáneo Bley, consciente de cualquier detalle. El resultado presentaba las
correspondientes diferencias. Según Balleras, Jarrett era
el pianista más activo, rítmicamente más vital, técnicamente más ágil, con una apabullante mezcla de virtuosismo melódico en la mano derecha y de gran conocimiento
de la conducción armónica contrapuntística, de modo
que en realidad no podía hablarse ya de jazz: «Jarrett no
swinguea; se derrama». Por el contrario, Bley parecía más

bien atonal, casi obsesivamente reacio a melodías y tritonos tonales. Pero, sobre todo, conocía el valor del silencio, parecía meditar mucho más las consecuencias de cada paso. ¿Será que Jarrett alguna vez ha tomado nota de esa sabia crítica? Su autocrítica, muy posterior, respecto a la interpretación pianística que practicó hasta 1985, y que incluye *The Köln Concert*, apunta exactamente en esta dirección. Ha tocado demasiado, concluye, ha disfrutado de muy pocas pausas; en realidad, la mayor parte de sus piezas deberían ser depuradas de cuanto había en ellas de superfluo.

Lo que Balleras supo ver en su estimulante crítica venía a ser casi un presentimiento de la música futura de Jarrett. En efecto, el salto cuántico no se produjo hasta la grabación en vivo de *Bremen/Lausanne* en 1973, de la que Jarrett dijo en uno de sus infrecuentes comentarios que eran muchos los factores que intervenían en una música así: el sonido, el ambiente, el instrumento, el público, el espacio, es decir, tanto la propia sala como las ciudades y los países donde se celebraban los conciertos. Que el artista canalizaba todo eso a conciencia, de modo que los esfuerzos de cada persona presente en la sala se veían compensados parejamente, si bien era el propio artista quien tenía la responsabilidad de somatizarlo para tal fin y, en última instancia, del éxito de la actuación. Habría que hacer memoria de este pensamiento del pianista a la hora de juzgar sus reacciones ante un determinado comportamiento del público. En efecto, a pesar de las conjeturas de que con su carácter áspero y distante podía renunciar perfectamente al auditorio, Jarrett necesita las vibraciones de éste como el aire para respirar.

El álbum *Bremen/Lausanne* rompe con una larga tradición en el jazz, y es sumamente notable que, durante su carrera de solista, Jarrett nunca volviera —salvo en propinas dadas en conciertos y en las grabaciones *Dark Intervals* y *The Melody At Night, With You*— a la vieja forma de improvisación, consistente en el uso de esquemas mentales o bocetos previos, secuencias de acordes o también material ya compuesto. A partir de 1973 rige para él lo que varias veces describió como *free playing* y lo que, en 1981, con motivo de su actuación en solitario en la sala Herkules de Múnich, Michael Naura reseñó en *Der Spiegel*. Según Naura, Jarrett se servía de un principio ya conocido por el místico Lao-Tse: olvidad lo aprendido, desprendeos del lastre de conocimientos sobrantes, y vuestra ganancia se centuplicará. «La historia del jazz ha dado magníficos pianistas improvisadores, pero nunca ha habido un intérprete que se haya esforzado tanto por no repetir como un loro lo que alguna vez ha alcanzado y experimentado. Quizá este músico del siglo que es Jarrett sea uno de los testigos más elocuentes de que el jazz, como ya dijo Duke Ellington, no es más que una etiqueta amarillenta, una fórmula insuficiente».

Los *Solo Concerts Bremen/Lausanne* desencadenaron lo que años después James Lincoln Collier llamaría en *New York Times* «el boom Jarrett». Con este álbum de tres elepés y *The Köln Concert,* lanzado dos años más tarde, Jarrett consiguió algo que en la historia del jazz solo lograron un puñado de músicos, a saber, junto a Louis Armstrong y Duke Ellington, tal vez Dave Brubeck, Benny Goodman y Miles Davis: abandonar el círculo del jazz y penetrar, como artista, en la percepción del gran público. Y según se acostumbraba a hacer ya entonces en el caso de una persona de interés general (al menos en Estados Unidos), el prestigioso diario neoyorquino ofrecía los detalles de su situación económica, especificando que en 1978 declaró unas rentas, antes de impuestos, de medio millón de dólares, que su *The Köln Concert* había alcanzado hasta la fecha una edición de quinientos mil ejemplares en todo el mundo, cifra asombrosa en el jazz (sobrepasa ya, con mucho, los tres millones y medio) y que podía pedir entre diez y quince mil dólares por sus siempre agotados conciertos. Por último, su sello ECM había editado una caja de diez discos con los *Sun Bear Concerts*, un producto de unas dimensiones que en el gremio discográfico solo alcanzaban, si acaso, las obras de Beethoven o Mozart. Algunos críticos dejaron de clasificar a Jarrett entre los jazzistas, pues contaba con un conjunto de seguidores que, junto a los fans empedernidos del jazz, abarcaba a interesados en la música de todos los géneros: pop, rock, folk y clásica.

Downbeat distinguió los *Solo Concerts Bremen/ Lausanne* como la mejor grabación de jazz, y los críticos internacionales eligieron a Jarrett mejor pianista de jazz del año 1974. Por lo general, tales encuestas dicen menos sobre el verdadero nivel de la interpretación que acerca del atractivo del acontecimiento musical. Pero el hecho de que, en un momento marcado por las conquistas de la parafernalia electrónica y las hipertróficas fusiones de sonido, Jarrett absorbiera tanta atención por su nuevo estilo de improvisar en un piano de cola convencional, no deja de ser un indicio de cómo se unieron en él provechosamente la sustancia musical, la actuación prodigiosa y el atrayente riesgo de una interpretación ajena a las garantías que ofrece trabajar con un material preexistente y, por tanto, probado. Fue el mismo *New York Times* el que acuñó una imagen incisiva de los conciertos en solitario de Jarrett: a veces daban la impresión de estar siendo interpretados por Art Tatum y Chopin bajando a paladas por un río en canoa. Hacia una catarata, habría que añadir. En la parte de Bremen de la grabación hay, a los nueve minutos, un pasaje que podría caracterizarse así: tras los ostinatos de la mano izquierda para entrar en sintonía, los racimos de sonidos de la derecha salen del teclado cada vez más opulentos, más perlados, casi sin resistencia, haciendo pensar que Jarrett trasciende la pesada mecánica del instrumento, disolviéndolo todo en una sonoridad infinita, ya no generada por la mano.

Los grandes virtuosos del siglo XIX debían de improvisar con exuberancia semejante, manteniéndose, eso sí, dentro de las convenciones de la armonía funcional. Sin embargo, todos los indicios del floreciente arte improvisatorio que encontramos en las obras de Liszt y Chopin, todas las fantasías libres que ya no conocen metro y hacen caso omiso de las barras de compás, resultan convencionales si las comparamos con los ataques desenfrenados de Jarrett, esos momentos en que se dejar llevar a otras orillas por la acción polirrítmica de sus manos, o incluso abandona cualquier limitación, ya sea de naturaleza rítmica o armónica, haciendo presentir el caos. No menos dignos de atención son los ostinatos a los que se aferra ostentosamente. Una vez introducidos, no puede uno pensar en nada más hipnótico, extático, en el sentido cabal de la palabra. Es una música exigente y a la vez resultona, amena en lo melódico y agitadora por su ritmo. Y una y otra vez Jarrett se sumerge en un júbilo hímnico, en un énfasis gospeliano, que es tal vez el más característico de los muchos rasgos de su estilo y al mismo tiempo la expresión de su orientación espiritual. En el fondo, todas sus obras son himnos, dijo en una ocasión acerca de sus improvisaciones: «Si todo lo que he hecho lo calificara de "himnos", sería completamente adecuado. Si la música no se une con una fuerza superior y yo no me doblego ante ella, no sucede nada. Cada vez es como un regalo».

Cuando, mediante un ostinato o riff, Jarrett entra en sintonía con tales himnos, se comprende lo importante que es la duración de esos rituales de repetición para poder alcanzar un estado extático. El arrobamiento no se consigue en tres minutos. El momento del embelesamiento y la reproducción de discos son incompatibles. Además, en las improvisaciones de Jarrett, esos pasajes vienen a reconfirmar una profesión de fe que ha sido recurrente en todos los músicos de jazz, incluso en intelectuales como Dave Brubeck o Lennie Tristano: El jazz es baile. Es

la herencia africana la que lleva al estado de trance, y
Jarrett es consciente de ella. Pero en estos conciertos sin
acompañamiento de Bremen y Lausana existen también
otros sonidos notables, como los cristalinos tonos de tiple,
los preludios evocadores de gotas de lluvia, el énfasis del
rock, las cascadas del pianoforte y los ritmos de *ragtime*
que, dando vueltas sobre sí mismos, remontan los siglos
hasta convertirse en un hoquetus medieval. Y lo que es
cierto para las dos partes de Bremen, lo es también para
el solo de Lausana, en cuyo mismo comienzo se pueden
estudiar las increíbles cualidades narrativas de Jarrett.

Hay, en esta música elocuente, argumentos y pruebas, contextos, resoluciones y preguntas que se detienen
en la séptima dominante, así como falsas cadencias que
dilatan la respuesta. Y cuando corre el peligro de volverse
demasiado abstracto y atonal, Jarrett, mediante un súbito cambio de ritmo, encuentra la popular *square dance*,
evitando así que las mentes menos ilustradas se pierdan.
Logra enlazar robustos y vigorosos tonos repetitivos con
ritmos de jazz rock que se prolongan en sonidos vanguardistas conseguidos mediante pellizcos de las cuerdas en
el interior del instrumento y macillos dotados de apaga-
dor artificial, demostrando de la manera más natural que,
en él, Buddy Bolden y Pierre Boulez solo representan dos
caras de la misma moneda, y que Beethoven no hace más
que esperar para tomar el testigo. Aquí hay de todo: free
jazz de la fase agónica y aires de canción folk, arabescos líricos y crudos ritmos de rock. Y cuando, al cabo de
una hora, el último tono se desvanece, uno intuye que la
emoción no estaba en el detalle, sino que tuvo que haber
provenido del conjunto, de su desbordante plenitud, del
fervor y de la omnipresente posibilidad del éxtasis.

La más célebre de sus grabaciones de solista, *The Köln
Concert*, la preside esta frase desconcertante: «*All compo-
sed by Keith Jarrett*» [Todo compuesto por Keith Jarrett].
¿Compuesto? ¿No lo improvisó? ¿O es que no distingue

entre improvisación y composición? Al parecer, las acti-
tudes artísticas asociadas a los respectivos conceptos se
entrelazan. El caso es que lo que diga el pentagrama, o esté establecido en la cabeza, no resulta determinante para
Jarrett. La improvisación siempre está ligada al momento,
bien por la decisión *ad hoc* a favor de la modulación de determinados tonos y sonidos, bien como variación, modi-
ficación o recreación de una pauta, o como libre fantasía.
En este sentido, la improvisación es la forma más rápida
de componer.

Cuando el autor del presente libro se manifestó en
estos términos en una crítica sobre Jarrett, suscitó la pro-
testa del compositor Wolfgang Rihm, contrario a la idea
de que improvisar sea la forma más rápida de componer.
Antes bien, según él, la composición es la forma más lenta
de improvisar, a saber, «cuando se consigue conservar,
en el proceso de transcripción, el *ex improviso,* la frescura de la decisión instantánea, entonces nace un arte
irresistible. Los compositores que lograron precisamente
esto —Mozart o Debussy, por ejemplo— son, con razón,
irresistibles: en sus composiciones, la improvisación interviene en el proceso como principio activo, es decir,
concebida, configurada espiritualmente, trasladada (y
transformada) de la esfera del reflejo a la de la reflexión,
sin pérdida. ¡Si eso no es un ideal! Pero, y ése era el punto de partida, rápido, por desgracia, no es. "Rápido" solo
es lo sistémico, todo lo que está basado en reglamentos,
materiales preparados, etc.». Con todos mis respetos, pero la tesis de Rihm no parece contradecirse en absoluto
con el criterio de Jarrett. Para ambos la clave está en la
«frescura de la decisión instantánea», solo que en el arte
de Jarrett no se produce la «transcripción», posiblemente
porque en su caso no se observa ya diferencia alguna entre reflejo y reflexión. A la «frescura de la decisión instantánea» también podemos llamarla «destello de lucidez».
Lo que cuenta es siempre ese destello de lucidez, la intui-

ción, que separa al artista del no artista. Que en Jarrett los destellos se sucedan con tanta celeridad y resulten tan perfectos en su concreción sonora que no necesitan ya ninguna elaboración compositiva constituye el valor de su arte. Quizá sea también eso lo que hace al jazz tan atractivo: la creación tiene lugar muy rápidamente. Jazz y presencia de espíritu son sinónimos. En Jarrett podemos estudiarlo.

Lo que cuajó por primera vez en los *Solo Concerts Bremen/Lausanne* tuvo continuidad en *The Köln Concert* y en una topografía del piano que, por decirlo así, abarca el mundo entero. Jarrett no ha inventado el libre juego de las formas, pero nadie lo ha practicado de modo tan consecuente, riguroso y excesivo como él, ni ha sondeado sus posibilidades con la misma profundidad. Sin embargo, no se ha estancado ahí. Ha intercalado largas pausas en sus giras de solista para emprender otras expediciones: ha adoptado en su universo multiinstrumental el órgano barroco de Ottobeuren, el ultrasensible clavicordio y el clavicémbalo; ha recuperado todas las herramientas sonoras de las que dispuso ya antes; se ha puesto al servicio de compositores clásicos como intérprete y ha alumbrado nuevas obras; se ha entregado al ritual de los himnos sagrados del místico Gurdjieff y a los ejercicios de *El clave bien temperado;* se ha encerrado en su estudio para traducir en señales musicales las figuras palito de Paul Klee. Y siempre que se ha hartado de sus prácticas solipsistas, se ha encontrado con Gary Peacock y Jack DeJohnette a fin de demostrar que el *Great American Songbook* no es ni mucho menos una antigualla, que basta con romper sus conchas encostradas para sacar a la luz las perlas.

Después de *Bremen/Lausanne* hubo una temporada sin grabaciones en solitario, en la que Jarrett, junto a una vasta actividad concertística de casi setenta actuaciones al año, trabajó en proyectos con los dos cuartetos y como solista: *Belonging,* la rompedora producción con el «Cuarteto Europeo»; *Luminisscence,* la música para orquesta de cuerda y saxofón para Jan Garbarek; y las producciones *Treasure Island, Backhand* y *Death And The Flower,* realizadas con el «Cuarteto Americano». En enero de 1975, durante la gira por Europa, se celebró la espectacular actuación en la Ópera de Colonia, de la que surgió el álbum en directo *The Köln Concert,* el cual, como ningún otro, sentaría las bases de su fama de improvisador al piano. Siguieron el sumamente original álbum *Arbour Zena,* con la Orquesta Radio Sinfónica de Stuttgart, conducida por la batuta de Mladen Gutesha, y la obra maestra *The Survivors' Suite,* llevada a cabo con el «Cuarteto Americano», hasta que llegó una nueva producción en solitario titulada *Staircase.*

Esta grabación se debe a una circunstancia curiosa en la que Jarrett y Eicher se hallaron en París en mayo de 1976. El pianista había recibido la oferta de componer y producir la música para la película *Mon coeur est rouge,* de la directora Michèle Rosier y con la participación de Anne Wiazemsky, sobrina de François Mauriac y por entonces esposa de Jean-Luc Godard. La grabación iba a tener lugar en el célebre Studio Davout parisino, donde se habían rodado ya numerosas películas de cine musical y era muy apreciado por músicos de los más diversos estilos, desde Pierre Boulez hasta Miles Davis, pasando por Yves Montand, Gene Kelly, Joan Baez y los Rolling Stones. Jarrett y Eicher se dirigieron al estudio tan concentrados como siempre, pero terminaron sus grabaciones para ese filme más bien marginal tan rápidamente que decidieron aprovechar el resto del día para producir un disco propio, entre otras cosas porque el piano era exquisito y aún podían disponer libremente de un afinador y un ingeniero de sonido durante media jornada.

El resultado fue *Staircase,* que apareció medio año más tarde y se distinguía de nuevo radicalmente de todas

las grabaciones anteriores de Jarrett, tanto de *Facing You*
como de las prolijas improvisaciones posteriores, mas no
necesariamente en el material musical y sí, en cambio, en
el arte del fraseo. En realidad, es un impresionante estudio del sonido presentado después de la experiencia con
el infame piano Bösendorfer en la Ópera de Colonia un
año atrás. Una demostración de la sensualidad sonora de
Jarrett, capaz de penetrar en los ámbitos más recónditos,
siempre que el instrumento lo permita. No hay otra grabación suya que se acerque tanto al ideal del instrumento
cantante como esta pasmosa producción. Todo lo que el
pianista entona en los once temas posee corporeidad. No
existen sonidos planos, sino solo redondos, angulosos, cú-
bicos, llenos de profundidad de campo. Cuando un tono
se apaga, no solo se vuelve más silencioso, sino que desaparece como en un túnel, no solo pierde su volumen, sino
que disminuye a ojos vistas. ¡Qué habría podido ser *The
Köln Concert* con su intensidad de expresión combinada
con esta tridimensionalidad, estas posibilidades de articulación! Y los parciales que resuenan habrían dado sin
más para desarrollar la teoría de la serie de sobretonos a
partir de cada tono individual, que aquí aparece con todo
su cromatismo.

Uno se siente francamente avasallado por esa sonoridad, que, claro está, es parte integral de las improvisaciones y relega a un segundo plano el imaginativo trabajo de
los motivos, las líneas melódicas y las evoluciones formales. Por ejemplo, la segunda parte de la suite en tres movimientos titulada «Staircase», es un delirio torrencial de
sonidos en el que, no obstante, cada tono permanece reconocible. A continuación, la interpretación polifónica de
Jarrett se condensa como si las campanas de todas las
iglesias ortodoxas de la veteroeslava Kiev repicaran al
mismo tiempo. Debe de ser imposible encontrar otro
ejemplo de semejante impresión monumental producida
por un solo piano, y la verdad es que no basta con dos oí-

dos para captar cuanto sale de las entrañas del instrumento. El milagro musical prosigue en la primera parte de la suite «Hourglass», una elegía romántica donde los matices de la pulsación se aprovechan para deslindar tímbricamente las voces del entramado polifónico. «Sundial» funcionaría como banda sonora de una película destinada a retratar la labor de varios plateros en su taller, si bien ello contravendría el carácter autónomo de esta música. Obra increíble de sonido sobrecogedor, concluye con los aires populares de la suite *Sand* [arena], donde Jarrett parece tomar al pie de la letra el título, describiendo un móvil perpetuo de arabesco circular y perlado, los tonos se disgregan entre los dedos como la arena junto al mar.

Después de esta grabación que, como quien dice, les cayó del cielo, Jarrett daría, ese mismo año, el giro más sorprendente para quienes lo seguían desde sus inicios. Instigado sin duda por Eicher, puso rumbo a Ottobeuren a fin de grabar, con el órgano de la Trinidad de Karl Joseph Riepp (el mayor de los dos órganos barrocos de este monasterio benedictino de la Baja Algovia), obras en condiciones de trabajo que debían de acercarse mucho a su *modus operandi* ideal: enfrentarse a la tarea sin preconcepción alguna, abordar el instrumento sin apenas conocer sus posibilidades y dejarse embriagar por la magia del entorno, la intuición y el genio musical. Dos himnos a modo de coral incluyen once «músicas de las esferas» de resultado moderno, por cuanto parece desprenderse de su peculiar concepción estructural, hilvanados para dar lustre a los sonidos y cambios de sonidos, sin abandonar, no obstante, la base armónica tonal.

Jarrett quedaría, a buen seguro, fascinado por la sonoridad del instrumento, por un lado, y por la casi ilimitada gama de timbres de los cincuenta registros, por otro; registros que solo accionó a medias con el fin de obtener efectos especiales. Se trata de piezas que, como en las grabaciones para *Staircase*, buscan explorar la corporei-

dad del sonido, con la diferencia de que, en el caso de
este último, el resultado consiste, si se quiere, en «canciones» que se benefician de los múltiples matices sonoros
del excelente piano, mientras que en *Hymns / Spheres*
la estructura compositiva está determinada por los timbres mismos. Son, en el fondo, composiciones tímbricas
a la manera de las *Cinco piezas para orquesta Op. 16*
de Schönberg, cuya pieza tercera no fue concebida como
forma sinfónica, ni siquiera con ambición arquitectóni-
ca, sino más bien como una sucesión ininterrumpida de
timbres, ritmos y atmósferas. En su *Tratado de armonía,*
Schönberg explicaría después el principio compositivo:
«El cambio de acordes ha de ejecutarse tan suavemente
que no se note ningún énfasis en los instrumentos que
entran, de modo que solo se perciba por la aparición de
un timbre diferente». Schönberg descubrió la «melodía
de timbres» que encontró un terreno fértil en la obra
completa de Anton Webern. La música de las esferas de
Jarrett sigue principios similares de modificaciones tímbricas, donde los sonidos organizados de forma tonal a
menudo se condensan, mediante superposiciones múltiples y mixturas sonoras, en una suerte de clústeres. La
impresión resultante es, sobre todo cuando se trata de
superficies apenas ritmadas, casi estáticas, muy parecida
a la que se recibe escuchando la composición para órgano *Volumina,* de György Ligeti, pero también *Atmos-
phères,* su revolucionaria composición por superficies
sonoras. Aquí, la evolución musical clásica y romántica
ya no desempeña ningún papel, lo único que cuenta es
la sonoridad tornasolada. Tampoco se encuentran ritmos
marcados en estos flujos de sonido que no conocen ni
pausas ni interrupciones.

En este *continuum* oscilante, que nunca permite que
los tonos o el sonido se interrumpan, hay, en ocasiones,
aglomeraciones enormes y monstruosas estratificaciones
armónicas, en las que se saca provecho ampliamente del

pathos inherente al propio órgano. Jarrett se mueve por estas superficies sonoras —en realidad habría que hablar de «cordilleras sonoras»— como quien merodea y es sorprendido a veces por sus hallazgos cual aprendiz de brujo, pero encontrando siempre una salida a tanta acumulación de sonidos. Hay partes fascinantes por su rigurosa explotación de todos los registros posibles, pero también pasajes no exentos de cierta violencia, con la sobrecogedora fuerza sonora que acompaña al acto de la creación. Fenómeno que se antoja especialmente evidente en el séptimo movimiento de *Spheres,* que arranca con tonos dilatados, como si La Monte Young, padre de todos los minimalistas y del efecto de inmersión, hubiera supervisado la ejecución a sus espaldas. Las notas pedal se mantienen como tales, mientras se construyen cada vez más estratos sonoros que dan lugar a una indescriptible maraña de oscilaciones y fricciones armónicas. Tal vez estas aglomeraciones desorbitantes fueron inspiradas por una vivencia que Jarrett y Eicher compartieron cuando, en su viaje en automóvil de Lausana a Colonia, hicieron escala en Berna, donde quedaron cautivados por el tañido de las campanas de las iglesias y los campanarios anunciando el mediodía; una nube sonora de sobretonos que hizo decir a Jarrett que le gustaría grabar algún día algo con ese sonido de fondo.

En *Hymns/Spheres,* las músicas de las esferas están enmarcadas en dos introducciones corales, acaso los únicos pasajes asociables a una actitud de música antigua. Por lo demás, Jarrett se abstiene de cualquier alusión a la música barroca y su canon formal, como el preludio, la tocata o la fuga. No puede decirse que esta música resulte conmovedora en exceso; mas no por ello muchas de sus partes dejan de ser, en el sentido cabal de los calificativos que siguen, inauditas, sorprendentes y originales. Con todo, al escuchar la obra, le invade a uno la sensación de que Jarrett tocó aquí más para sí mismo que para un público anónimo. Lo que Eicher manifestó en otra ocasión, a propósito de la música de Jarrett, puede aplicarse con más razón, si cabe, a esta producción: «Más que para alcanzar a determinado público, esta música fue grabada para que sencillamente existiese».

Tres años después, Jarrett regresaría a Ottobeuren a fin de grabar siete «invocaciones», *Invocations,* con órgano y saxo soprano, que serían acopladas a la pentapartita *The Moth And The Flame,* producida un año antes en un piano de estudio, para formar un doble elepé un tanto bizarro. En este proyecto Jarrett no da curso a un nuevo viaje de exploración por el universo del sonido del órgano. Aquí es aquí utilizado como un instrumento convencional, sea para improvisar o componer; es decir, se aprovechan sus cualidades sonoras para moldear estructuras. Las invocaciones están encuadradas en solos de saxo soprano que en cierto modo asumen el papel del predicador que exhorta a la comunidad a dirigirse con sus asuntos a potencias superiores. Lo que en las invocaciones dos a seis se entona en el órgano y, a ratos y de forma solapada, en el saxo, es una música de textura bastante tenebrosa. Cariz éste que aparece ya en la segunda invocación con el ostinato del pedal, que respalda como una rueda de plegaria las frases del saxo con sus motivos de música mínima y aclamaciones libres, y prosigue en un clúster que parece haber salido de una hormigonera o alguna planta industrial, sobre el que se extiende el robusto pleno de principales. Acto seguido, sin embargo, arranca un pasaje completamente amorfo, integrado por sonidos sueltos casi desnaturalizados; pasaje que, sin duda, cumple la función de dar más cuerpo a la quinta invocación, la pieza central del ciclo: un sonido de órgano opaco que resulta como una turbina que arranca pesadamente y al que el saxo soprano le sobrepone fragmentos melódicos que parecen paráfrasis de *Summertime* de Gershwin. A continuación, se producen agresivas concentraciones sonoras que se deshilachan como si el sacro instrumento se transmutara en un profano órgano de feria. El saxo soprano, por su parte, levita sobre las aguas cual promesa hacia el más allá.

La razón por la cual esta música de órgano fue articulada en un doble elepé con los temas de piano de *The Moth And The Flame* es algo, que escapa a la comprensión del más avezado oyente. Tal vez quería resaltarse el carácter jánico del artista, pero para ello había ejemplos mejores, pues estas piezas de piano difícilmente podrán figurar entre las cumbres de la creación solista de Jarrett. Para eso hay numerosas grabaciones en vivo demasiado excelentes, mientras que estas improvisaciones pecan de heterogeneidad y de falta de relevancia. La primera parte de la suite es una improvisación estructurada sobre un motivo ornamental, sometido a una variación constante y a un enfoque siempre distinto, pero en realidad no experimenta ningún desarrollo: una rapsodia eficaz como tantas otras en Jarrett, en directo y en soportes fonográficos. Con todo, frente a la segunda parte con su sabor popular, la ostentosa impronta de jazz rock de la parte tercera y la armónicamente exigente parte cuarta, la quinta no deja de ser original: motivos arabescos que evocan una suerte de «Noches en los jardines de España», hasta que el idilio se interrumpe con acordes angulosos. Si se quisiéra sustanciar que el viril estilo pianístico de Beethoven puede hermanarse con el aire afiligranado de Manuel de Falla, esta pieza podría aducirse como ejemplo paradigmático.

Sin embargo, antes de que Jarrett regresara al órgano de Ottobeuren, apareció una obra suya que rompió todas las dimensiones editoriales hasta entonces vigentes en el género, provocó el estupor colectivo en el mundo especializado, y acabó mostrando que Jarrett y su productor pensaban en categorías bien distintas. Nos referimos a los *Sun Bear Concerts,* grabaciones de cinco conciertos en solitario completos, realizadas durante la gira por Japón en noviembre de 1976. El gremio quiso ver un suicidio económico en este proyecto, pero los oyentes y compradores de discos emitieron otro fallo. Hace tiempo que los diez vinilos o seis compactos adquirieron el estatus histórico que merece esta empresa colosal. Por cierto, quien hasta entonces no quería creer que Jarrett desarrollaba noche tras noche su arte desde la nada, podía tomar buena nota de lo registrado en estos cinco conciertos documentados. Los días cinco, ocho, doce, catorce y dieciocho de noviembre, Jarrett se sentó al piano en cinco ciudades japonesas, dejándose inspirar por la atmósfera del momento y las ideas musicales que concitaban, para verbalizar unas inspiraciones que no existían en esa forma concentrada y a la vez ilimitada que no paraba de recrearse a sí misma.

Las dimensiones inherentes a estas grabaciones se manifiestan ya en la primera parte del concierto dado en Kioto, interpretación que dura tres cuartos de hora sin interrupción. Una diminuta muletilla melódica que gira alrededor del intervalo de una tercera determina, cual *leitmotiv*, la improvisación completa; ésta adopta dimensiones francamente sinfónicas y —al menos en lo que concierne a la configuración de complejos musicales a partir de una célula germinativa indivisible— hace pensar en los primeros movimientos de la Quinta de Beethoven o de la Cuarta de Brahms, sin reminiscencias, naturalmente, de la dualista forma sonata. En cambio, el concierto de Osaka empieza como la paráfrasis de una canción americana compuesta por alguien que está familiarizado con la música de piano clásica y romántica. Después de una introducción libre, reaparece de pronto, en la mano izquierda, el motivo de tercera del concierto de Kioto, pero el carácter de la pieza es completamente distinto, como si el pianista hubiera querido demostrar de qué manera, a partir de un insignificante intervalo de acompañamiento, se puede crear lo mismo una «sinfonía» que una canción popular. Luego, sin embargo, y muy pronto, el *leitmotiv*

175

del concierto de Osaka es relevado por otros motivos y figuras de ostinato y no vuelve a aparecer hasta el final.

En Nagoya, pocos días después, Jarrett al parecer ha olvidado los inicios de los conciertos de Kioto y Osaka porque comienza con una fantasía de marcado corte lineal y melódica, parcamente acompañado por la mano izquierda. Surge aquí, comparada con las otras dos actuaciones, una sonoridad muy discreta y contemplativa, e incluso escuchando la grabación se oye todavía cómo en el momento de la interpretación Jarrett se adapta a las cualidades específicas de los distintos instrumentos. En este caso es el registro alto, particularmente brillante, cuyos tonos articula a ratos de forma aislada para seguirlos, fascinado, con el oído, o bien los agrupa en una melodía íntima en la que interviene con su canto enfático o, digamos, su zumbido incisivo. A partir del brillo del registro agudo desarrolla figuraciones atonales que se mueven cada vez con más firmeza hacia un *Allegro barbaro* a lo Bartók. Aquí, llegado a los albores del siglo xx, aparecen siluetas de las piezas pianísticas de Stockhausen, y resulta cautivador observar cómo a partir de tonos sueltos, goteantes, elabora complejos enteros. Al final, y de forma magnífica, encuentra el camino de vuelta desde las gélidas alturas vanguardistas hasta los más sutiles sonidos de la época romántica para despedirse de la misma con suma delicadeza.

Francamente íntimo y ensimismado es el comienzo del concierto de Tokio, ofrecido dos días más tarde, donde la impresión es que el pianista se ha abstraído de cuanto lo rodea y solo toca para sí mismo: nada de estallidos de virtuosismo, nada de gestos expresivos; todo parece volcado hacia dentro. No es tan espectacular como en los tres conciertos anteriores, pero quizá más auténtico, si cabe. Y el hecho de que se produzca una pequeña pifia, un tono desacertado —algo absolutamente inusual en este maestro extremo— confiere a la música un peso personal tanto mayor. Al cabo de ocho minutos, la intimidad no ha cesado, pero un pequeño melisma anima a Jarrett a detenerse en ese ostinato para abandonar su mundo interior y orientarse hacia fuera. Lo que sigue es tan multifacético, está tan lleno de peripecias sorprendentes que ponen de manifiesto el espíritu enciclopédico de Jarrett, como las demás piezas. Y, en cierto momento, no puede por más que sumergirse en un ritmo embebido en notas de blues, a medias entre el gospel y la canción de trabajo, que lo lleva de vuelta a los orígenes del jazz y de la cultura afroamericana del trance.

Por último, cita en Sapporo. Con serenidad aquilatada, como si solo se tratara de contar una historia antiquísima, empieza su interpretación. Es el introito menos pretencioso de los cuatro conciertos, aunque puede uno estar seguro de que la cosa no se quedará en los constructos de ocho compases basados en la armonía funcional. En efecto, Jarrett se enreda en un motivo, repitiéndolo con perseverancia hasta dar con un nuevo plano del flujo narrativo. De pronto se brinda una salida al movimiento pendular, y el pianista se siente libre para transitar por nuevas sendas melódicas y armónicas.

Los *Sun Bear Concerts* son el documento de una fantasía musical casi inagotable que, efectivamente, no necesita más que una tercera para encenderse y meditar sobre la misma. Cinco noches de improvisaciones en Japón, o sea, cinco programas distintos. En realidad, eso debería poner melancólico a todo el que se interese por la música improvisada. Pues estas grabaciones, alumbradas porque un productor y un artista se opusieron a los aparentemente indisolubles mecanismos de mercado, muestran lo que se pierde de forma irrecuperable cada noche en que artistas pequeños, grandes y geniales se reúnen en un lugar cualquiera para improvisar, ya que nadie puede registrar y conservar sus creaciones, ni siquiera para la posteridad inmediata.

Las grabaciones de *Sacred Hymns,* de Gurdjieff y De Hartmann, efectuadas cuatro años después, en 1980, apuntaron en una dirección completamente distinta; y no solo porque Jarrett se abstuvo en ellas en gran medida de entregarse a la improvisación, interpretando partituras de otro compositor, sino también por la propia austeridad de las piezas y la personalidad de este místico grecoarmenio no exenta de controversias. Ya en los años sesenta Jarrett se había ocupado del ideario esotérico y de las teorías omnicomprensivas de Gurdjieff, quien vivió de 1866 a 1949, estudiando tanto sus escritos como su música, parte integrante, esta última, de su filosofía. Gurdjieff no era músico de formación; sus obras, es decir, sus melodías inacabadas, fueron transcritas, luego elaboradas y finalmente armonizadas por su seguidor, el compositor y pianista ruso Thomas de Hartmann. Puede que la dedicación de Jarrett a estas obras, y su manejo de las mismas, causara extrañeza entre algunos de sus oyentes; sin embargo, cuadra con la imagen de un artista que, ya a temprana edad, se vio confrontado en su casa paterna, sobre todo por la abuela y la madre, miembros ambas de la Iglesia de la ciencia cristiana, con un ambiente permeable a lo espiritual. Y al examinar la obra de este gran erudito de la música universal, percibiremos en cada una de sus fases de creación su confortable cercanía a las tradiciones espirituales. No obstante, aunque Jarrett se haya ocupado de corrientes, ideas y prácticas religiosas, no es, definitivamente, un hombre confesional en su acepción más convencional.

Cuando se publicaron sus *Solo Concerts Bremen/ Lausanne,* ya había defendido que no era él quien actuaba creativamente, sino que solo oficiaba en calidad de médium para transmitir algo mucho más trascendente, lo que indicaba ya una profunda atención a principios religiosos en los que la personalidad propia pasa a un segundo plano. Sin duda, conocía también (aunque eran de difícil acceso) las grabaciones que Thomas de Hartmann había llevado a cabo con la música de Gurdjieff. Pero habrá que admitir que fue su interpretación discreta la que familiarizó a una opinión pública más amplia con estas crípticas obras.

Gurdjieff entró en su órbita gracias a Charles Lloyd, quien, en sintonía con la atmósfera de la época, también hizo calas en el ideario esotérico. No debía de ser solo la filosofía de Gurdjieff la que tuvo atractivo para Jarrett. El pensamiento místico, y sobre todo la sabiduría y contemplación orientales, lo inspiraron en múltiples ocasiones. No es casualidad que dos años después, en abril de 1982, durante una actuación de solista en el War Memorial Opera House de San Francisco, recitara versos del místico y poeta persa Yalal ad-Din Muhammad Rumi, del siglo XIII, al que se remonta la hermandad sufí de los derviches giróvagos. De hecho, en la obra y las declaraciones de Jarrett se encuentran, una y otra vez, referencias ocultas al pensamiento místico en general y a Gurdjieff en particular. *Fort Yawuh,* por ejemplo, el título del álbum realizado con el «Cuarteto Americano» en febrero de 1973, es un anagrama del concepto de *fourth way* acuñado por Gurdjieff, el «cuarto camino», que preconiza el trabajo deliberado sobre uno mismo mediante el desarrollo y la armonización del intelecto, la emoción y los movimientos del cuerpo.

Resulta difícil valorar estas grabaciones de Jarrett en términos estéticos. Pero esa dificultad afecta, hasta cierto punto, a cualquier música sacra o de arraigo litúrgico. Jarrett trató esta música con el debido respeto, considerándola realmente una forma de ascesis, aunque no necesariamente un ejercicio de humildad, sino más bien una suerte de «purificación» artística. El trasfondo espiritual preserva la sencillez de las conducciones melódicas y de la concepción armónica ante una deriva hacia el *kitsch* religioso, con tonos repetitivos que se suceden y se desgranan —dicho sea con todo el respeto— como las cuentas de un rosario musical. Lo mismo vale para el *pathos* de algunos bríos melódicos o los acordes en modo menor, entonados con poderosos fortes como si fuesen aldabonazos del destino.

Jarrett ha sido recatado en sus comentarios sobre su relación con sabidurías orientales. Ante Ian Carr siempre manifestó que había estudiado ampliamente la biografía de Gurdjieff, su obra y sus vínculos con otras filosofías y, por último, con el sufismo en general: «Después, al cabo de unos años, el sufismo dejó de ser un tema, pues la sabiduría de mis obras ya no necesitaba ningún impulso procedente de los escritos de ciertos filósofos». La distancia que aquí se expresa también puede tener su origen en la moda esotérica de la época o en aquella fraseología de la «Nueva Era» tan ligada a la recepción de la obra de Gurdjieff y de la que Jarrett siempre se mantuvo apartado.

Parece que los ejercicios espirituales con las austeras obras de Gurdjieff sentaron bien al músico. En efecto, poco después volvió a partir de gira como solista por Estados Unidos, Japón y Europa, fraguando una de las grabaciones más notables de su carrera, ensalzada por la crítica y llevada a cabo en dos conciertos ofrecidos en Bregenz y en la sala Herkules de Múnich. Es un álbum que, por momentos, da la sensación de que la experiencia de *Sacred Hymns* aproximó al pianista a un estado de éxtasis. En cualquier caso, estas grabaciones tienen partes que desembocan en una verdadera danza de derviches. Algunos elementos se explotan al máximo, el piano gime y jadea, y Jarrett lo forja hasta que suelta lo que en realidad no posee. Hace extenso uso de la caja de madera como herramienta de percusión, proporcionando un bizarro contrapunto con los tonos zumbantes de la voz. Llegó a ser consciente del exceso: «Sé que cuando se improvisa, cuando se es un verdadero improvisador, tiene uno que estar familiarizado con el éxtasis, de lo contrario no se alcanza la música. El compositor puede esperar esos instantes. El improvisador tiene que saber generar ese estado a las ocho de la tarde».

En Bregenz, Jarrett debió de estar programado al minuto para el éxtasis cuando inició su concierto con motivos de pronunciado carácter popular, que fue cambiando a modo de tema y variaciones hasta entrar, a través de un patrón rítmico y como ocurre a menudo en sus sesiones, en una embriagante danza giratoria acompañada de un continuo jadear que desmentía cualquiera de esas teorías según las cuales el arte puede permitirse todo menos sudar. Jarrett nunca ha disimulado que es con un acto de fuerza que arranca los tonos al negro instrumento, como el minero que extrae la hulla de las honduras del pozo. Sin embargo, aquí hay islas de meditación, intercalaciones de adagios, en las que los dedos, el corazón y el cerebro pueden descansar hasta que, abriendo un minúsculo intervalo o una muletilla melódica, se cede al ansia íntima y se prepara la siguiente danza de derviche. Son formidables masas de sonidos las que aquí se mueven; son los polluelos en sus cáscaras que, musorgskianamente, corretean estrepitosos por el teclado; resuena un trust de acero prokofievano, y, por último, un entramado contrapuntístico de golpecitos en la madera, jadeos, melismos y pataleos desarrolla una marcha anárquica que desemboca en un auténtico combate con el instrumento hasta que los dedos, antes de liarse irremediablemente, se calman en una epifanía polifónica propia del taller de Johann Sebastian Bach. Un estruendoso aplauso exige una serie de propinas, en las que Jarrett, como liberado de las obligaciones de la forma grande, celebra sus pequeños éxtasis... en cierto modo, a manera de reminiscencia para el camino a casa que el público se dispone a emprender.

Este tercio del álbum que corresponde a la grabación de Bregenz, muestra a un Jarrett sumamente motivado y emocionalmente comprometido, un músico que domina su material y gobierna de forma magistral su repertorio de atmósferas. Las dos partes de la actuación de Múnich, en cambio, revelan desde el comienzo los peligros de la caída inherentes a esos equilibrismos pianísticos en la cuerda floja, sin red ni doble fondo. Al mismo tiempo, estas grabaciones son, precisamente, algo así como el Jarrett quintaesencial: primero, el desesperado buscador del sentido musical; luego, el explotador de todas las posibilidades del instrumento; después, el jazzista como artista pop que no hace ascos a las bajezas del sonido edulcorado; por último, el energúmeno que transforma el piano en instrumento de cuerda y de percusión.

Al principio de sus conciertos, nunca sabe uno adónde conducirá el viaje. A veces, la noche comienza de forma emotivamente sencilla, con esbozos de ocho compases evocadores de una canción folclórica, para sumirnos en el caos del free jazz, no sin antes ofrecer un homenaje sonoro al movimiento polifónico del barroco o demostrar, mediante vastos paisajes de ostinato, que los músicos de jazz hacen rock mejor que los roqueros que visten y calzan. Y aquel al que las estructuras de clúster atonales no le digan nada tampoco ha de desesperarse si las primeras frases de un recital de Jarrett se extienden por esos vericuetos. En alguna ocasión asistimos también a exhumaciones que no sacan a la luz verdaderos tesoros. Pero siquiera por razones documentales, y seguramente también por motivos de probidad artística, convendría que Jarrett hiciera registrar y editar el concierto de Múnich entero. Pues las luces y sombras del *free playing* rara vez están tan juntas como aquí, y en ningún otro concierto se encuentran reunidas tantas características interpretativas del pianista.

En el discurso tardorromántico del comienzo, todo parece orientarse hacia un intenso juego de configuraciones que se supone que prepararán el terreno para un avanzado juego de formas. Pero ya muy pronto cunde la sensación de que Jarrett se encuentra en una tierra de nadie en términos de armonía y también rítmicamente, de la cual trata de salir con impaciencia creciente sin hallar verdaderamente una escapatoria. Va topando con figuraciones y expresiones armónicas tan inespecíficas que parecen dar vueltas sobre sí mismas. E incluso cuando ha reducido al mínimo las estructuras musicales y ha juntado los tonos de forma tan aislada como en una fórmula de echar a suertes, no logra más que una inofensiva rima infantil. Algo similar debió de ocurrirle en los años setenta en Lausana, cuando se acercó al borde del estrado para rogar encarecidamente que el concierto lo continuara cualquier pianista presente en la sala. Tampoco Keith Jarrett es siempre capaz de forzar la inspiración.

Sin embargo, en la segunda sección de esta primera parte del disco el panorama cambia sin que el material sonoro haya variado esencialmente. La búsqueda lleva ahora a armonías con perspectivas. Se nota, en la interpretación, un ritual de sorteamiento para no caer en el garlito de la pura abstracción, ni ceder, por otro lado, a los sonidos triviales. Y, como de milagro, Jarrett encuentra un centro tonal al que las variaciones melódicas acuden como las abejas a la miel. Vuelve una y otra vez sobre ese centro y, de nuevo, con la misma cadencia, la fantasía despliega sus alas, engarzando los más primorosos ornamentos melódicos. Al mismo tiempo se intensifican las patadas en el suelo y el jadeo con que Jarrett allana a sus ideas musicales el camino hacia la libertad. El centro tonal tórnase en movimiento pendular entre dos tonos de la mano izquierda, sobre el cual se extienden en cierto modo melismas orientales. Dicho movimiento desemboca en un ritmo de *sirtaki* que va ganando cada vez más carga extática, pero también entra en una fase contemplativa hasta conducirnos, mediante un enrevesado contrapunto, a una suerte de alocado pataleo y hormigueo. Las carreras de ambas manos sobre el teclado se hacen cada vez más furibundas, vertiginosas, las patadas y los jadeos se exacerban, y uno nota que aquí no se toca el piano sino que se lidia con el instrumento. Aplauso atronador después de esta cabalgada titánica.

Otro frenético aplauso recibe a Jarrett a la vuelta del descanso, y ahora se ha esfumado todo lo que sonaba a lucha. Un mecido ritmo caribeño trae ecos de una isla inundada de sol, parece que aflora el más puro optimismo, y el pianista se adentra en una atmósfera ligera e hímnica, con un patrón rítmico y un *melos* propio de una canción popular que no hace pensar en nada maligno hasta que, entre nubes sonoras teñidas de patética tenebrosidad, Jarrett se levanta del asiento para manipular las cuerdas, apagándolas a fin de conseguir el efecto de un piano preparado. Siguen un estrépito, un claqueo y traqueteo, un canto de grillo interrumpido reiteradas veces por la multitud de «ahes» y «ohes» que se desprenden de las cuerdas vocales del artista. Se diría que su éxtasis puede casi palparse por la plasticidad que va tomando, por ese peso que adquieren los gorjeos y furiosos aporreos, esa metamorfosis del piano en instrumento de percusión. La actuación, entre los aplausos del público, declina en el agotamiento total.

¿Quién, ante tales descargas, pensaría aún en el comienzo del concierto sin comprender que lo sucedido al principio solo fue el diseño de un ensayo con el que Jarrett, como el químico en el laboratorio, quiso explorar todas las posibilidades de las sustancias que tenía a disposición y saber cuáles provocarían indefectiblemente determinadas reacciones? El recital de Múnich fue un fenómeno natural creado literalmente por la mano del hombre, una explosión del inventario material de la música. Quienes lo vivieron se harían la pregunta de qué más podría esperarse de ese artista. Los fans incombustibles de Jarrett, que formaban una comunidad creciente, no tenían la menor duda: esto no era todo.

8
ENTRE EL ESPLENDOR
Y LA CRISIS

Desde el punto de visto musical, los primeros años ochenta fueron para Jarrett una época llena de acontecimientos.
Con sus grandes éxitos como solista en los setenta había
despuntado ya como pianista sobresaliente. Además, había empezado a ocuparse de la música clásica, asimilando
un repertorio que abarcaba desde la época barroca hasta la
modernidad europea, pero también norteamericana, pasando por el clasicismo vienés. En 1979 había actuado por
primera vez, en Minnesota, con la Orquesta de Cámara de
Saint Paul dirigida por Dennis Russell Davis, interpretando obras de compositores estadounidenses y canadienses
como Colin McPhee o Lou Harrison, y de la australiana
Peggy Glanville-Hicks. En mayo y junio de 1981 llegó a
París para tocar en el Théâtre de la Ville piezas de estos
compositores junto con el Ensemble Intercontemporain.
En marzo de 1982 tocó estas obras en Stuttgart. En agosto
del mismo año participó en el Festival Cabrillo de Música
Contemporánea de California con el concierto para piano
de Stravinski, el *Dance / 4 Orchestras* de John Cage y el
Etruscan Concert de Peggy Glanville-Hicks.

A principios de 1982 decidió hacer realidad el sueño,
largamente codiciado, de impartir una extensa serie de
seminarios, aunque costaba imaginar a este crítico de la
pedagogía (por no decir negador de la misma) como docente. Al igual que en todas sus empresas, Jarrett tenía

en mente una concepción integral. Ante el periodista y músico de jazz Mike Zwerin dijo que en sus seminarios no solo se aprendería música: «Han de ser una posibilidad para que las personas desarrollen su conciencia sensitiva en general».

No solo en lo que se refiere al aspecto artístico se hallaba en un nuevo escalón de su carrera. A raíz de la separación de su primera esposa y de la familia, su vida había cambiado drásticamente. Rose Anne Colavito suponía para él una nueva fuente de inspiración por el mero hecho de estar siempre a su lado, acompañándolo en todas las giras y ensanchando como pintora su radio artístico. También a otros niveles parece que la nueva relación trajo toda suerte de cambios. Cuando Jarrett no estaba de gira, se mantenía activo en lo privado, practicando mucho deporte, jugando al tenis, haciendo footing o esquiando, actividad esta última que a comienzos de 1981 le ocasionó una lesión del pulgar, un accidente que lo obligó a cancelar varios conciertos. Asimismo, reformó su casa y contrató a un arquitecto que diseñó una serie de anexos, entre otros un estudio, y se hizo cargo de la finca cada vez más grande. Ya a mediados de los setenta se había separado de su mánager George Avakian para trabajar durante una temporada sin apoyo comercial. Finalmente, encontró en Brian Carr a un nuevo mánager.

Sin embargo, no todo fue viento en popa en aquella época turbulenta. A primeros de los ochenta lo invadió una gran desazón cuando, sin duda, por causa de unas operaciones financieras en las que alguien le había implicado, se encontró en fuertes apuros económicos, constatando que tan solo en los cuatro años anteriores había perdido cuatrocientos mil dólares. A éstos se sumaban atrasos considerables con la agencia tributaria que lo obligaron a volver a aceptar por primera vez un mayor número de compromisos concertísticos. De ahí que, en 1983, estuviera ocho meses y medio deambulando sin rumbo aparente junto a Rose Anne. Ella le confió a Ian Carr lo duro que fue ese período: «A decir verdad, Keith trabajaba como para sufrir más de un colapso nervioso. Tenía la espalda fatal, estaba hecho una auténtica piltrafa. Jamás debería haber trabajado tanto, pero no tenía más remedio debido al estado de sus finanzas». Naturalmente, dejó el proyecto de los seminarios y abandonó la casa que había alquilado con ese fin cerca de su domicilio. Esa precariedad económica se prolongó hasta 1987, cuando empezó a encontrarse medianamente recuperado en lo financiero. La situación se agravaba por el hecho de que por aquella época comenzó a disminuir el interés del público por sus actuaciones de solista. Muchos ya lo habían escuchado en directo, además ahora tocaba con un estilo más exigente que desbordaba el gusto popular del *The Köln Concert*. Fue también por este motivo, principalmente, por lo que abandonó los conciertos en solitario durante tres años, centrándose cada vez más en la música clásica y el trabajo con Gary Peacock y Jack DeJohnette en su segundo trío, que volvió a actuar por primera vez desde 1977 con seis conciertos en el Village Vanguard de Nueva York en septiembre de 1983 y, desde entonces, funciona como trío permanente.

No obstante, en los años 1985 y 1986 había hecho otras tres grabaciones importantes de solista en su propio estudio, grabaciones que apuntan, de nuevo, a un enésimo giro y una notable novedad experimental a nivel musical. Sin duda, huden sus raíces también en una crisis creativa sobrevenida alrededor de su cuarenta cumpleaños. La crisis empezó en la primera mitad de 1985, cuando Jarrett multiplicaba sus experiencias con la música clásica, o tal vez sería mejor decir con intérpretes de la misma, sacando la conclusión de que todos ellos no estaban satisfechos con su papel. Pero también en sus propias carnes comprobó cuán diferente sonaba cuando en sus interpretaciones de música clásica echaba en falta la creatividad de la improvisación. Incluso cuando ofreció su recital en solitario de Shostakóvich, Beethoven, Scarlatti y Bach en el Avery Fisher Hall de Nueva York recibiendo críticas entusiastas en el *New York Times,* se sintió vacío, sin estímulo interior. De alguna manera, la sensación de no pertenecer realmente a la escena de la música clásica fue apoderándose de él. Además, tenía problemas con su exmujer por los dos hijos y aún no había superado el desastre financiero.

En ese estado depresivo que, según relató Rose Anne, lo hacía sentarse en el umbral de su casa durante días y mirar al vacío sin hacer nada, debió de tener una súbita inspiración: no quería volver a dedicarse a la música clásica, sino más bien regresar adonde comenzó todo, a la improvisación no premeditada. Describió ese momento a Ian Carr: «Pasé al estudio, cogí una flauta y simplemente comencé a tocar en aquel ambiente sobrio. Es uno de esos estudios sin eco. Ya mientras tocaba esa flauta sentía cómo mi circulación sanguínea se alteraba, cómo en el fondo todo en mi cuerpo cambiaba, se llenaba. Y eso que solo tocaba la flauta. Algo me decía: "Enciende el magnetófono". Ahí hay algo que no se manifiesta todos los días. Ese estado se prolongó seguramente durante un mes, en el que no hacía otra cosa que levantarme, desayunar, correr al estudio con algún ritmo o dos notas o una frase minúscula en la cabeza y poner en marcha la grabadora. Solo había dos pletinas, pero tenía la esperanza de dejar en la cinta algo que sonara».

Spirits salió en 1985 y muestra a un Jarrett cambiado, a un músico que se había desprendido de cualquier virtuosismo, había vuelto a las fuentes de la música, lo había absorbido todo con ingenuidad pero al mismo tiempo con sensibilidad y fuerza creadora, y que en cuanto a técnica de registro no quería conseguir nada más que un sonido puro con los medios más sencillos. Es, con seguridad, la manifestación artística más personal de Jarrett de toda su carrera. Debió de sentirla como una liberación.

En un primer momento, la música de *Spirits* da la impresión de que Jarrett se estaba abriendo a una música prehistórica o a un mundo sonoro que no conoce fronteras ni estilos nacionales, ni referencia de oriente y occidente, sino únicamente sonidos, ritmos, atmósferas, gestos y emociones. No es casualidad que sean las flautas las que protagonizan esta música. Flautas e instrumentos de percusión, es decir, instrumentos próximos al ser humano, a la respiración y al latido cardíaco. Muchas partes de *Spirits* suenan también como si no hubiera diferencia entre el arte y la naturaleza, como si Jarrett se hubiera dejado guiar por los pájaros y los ruidos que genera el viento. A la vez, esta música tiene un fuerte carácter ritual, como si una tribu indígena se hubiera acordado de su música para rendir homenaje a la salida del sol o al comienzo de la primavera. Los sonidos graves de la flauta aparecen a veces como un enjambre de abejas, y los ruidos opacos del tambor representan conjuras chamánicas.

Estamos ante una serie de apoteósicos brotes de extrañezas, ante sonidos arcaicos invocados por un etnomusicólogo ansioso por reconstruir los vertigios musicales de épocas remotas. Las melodías pentatónicas nos hacen pensar en culturas del lejano Oriente. Hay pasajes que parecen evocar la música de marcado carácter litúrgico que acompaña las procesiones, como una suerte de marcha fúnebre a paso de cortejo. Después uno cree estar bajo una bóveda cenobial donde los monjes se congregan para unir sus asilábicos cantos en un sonido sobre el cual el saxo soprano alterna melismas celestialmente libres. No es sinó en las últimas partes del ciclo cuando entra en juego el piano, sin resaltar dominante, sino más bien sosteniendo al saxo y a las flautas y, en una ocasión, como trémolo que atraviesa el tema entero.

Spirits causó revuelo en el momento de su salida porque se distinguía claramente de cuanto Jarrett había publicado hasta entonces. El desconcierto habría sido infinitamente mayor si el pianista no hubiera mantenido bajo llave durante casi tres décadas las veinte piezas que produjo con un instrumental distinto al año siguiente en su estudio particular. *No End,* grabado en 1986 y publicado en 2003, presenta una faceta completamente desconocida del artista: la del roquero que con la guitarra y el bajo Fender podría competir perfectamente con los ases del género. Tal vez esta grabación, si bien ocultada en un principio a la opinión pública, tenga una importancia similar a la de *Spirits,* en lo que concierne al proceso de curación del pianista, en la crisis surgida en torno a su cuatrigésimo aniversario: por un lado, el trabajo con esferas espirituales; por otro, el intento de no perder el vínculo con la realidad. En muchos aspectos *No End* no solo muestra la asombrosa multitud de talentos que asiste a Jarrett, sinó también su capacidad para identificarse con la actitud de otro género, y de ahí lo bien que domina el *groove* de la música rock. Quien toca la guitarra eléctrica de esa manera tiene que haber estudiado a fondo a Mark Knopfler de Dire Straits, realizado *jam sessions* con Eric Clapton y recorrido a marchas forzadas los clubes y pabellones que conforman el circuito circense del rock.

Se trata de ritmos pegadizos y de música absolutamente relajada, con buen tino para el *southern rock,* donde Jarrett lo toca todo: guitarra, contrabajo, batería. Maneja el bajo Fender como un veterano que lleva años de lucha callejera a la espalda. No importa que a ratos el sonido global sea desequilibrado, que haya momentos bombásticos y el potente bajo lo tape todo. ¡Qué hubieran podido dar de sí los encuentros previstos con Jimi Hendrix y Janis Joplin! Es lo que uno no puede dejar de pensar al escuchar estos ritmos evocadores de la Full Tilt Boogie Band o de la nunca más alcanzada Experience de Hendrix. Aunque la aparición de *No End* en 2013 fuera motivo de gran sorpresa, se lo puede valorar como continuación consecuente del registro multipista que Jarrett publicó en los años sesenta y en el que forjó su propia banda de folk rock unipersonal: el álbum *Restoration Ruin,* muy denostado, pero en absoluto carente de nivel si lo comparamos, por ejemplo, con las grabaciones de Bob Dylan.

No End arroja una luz significativa sobre las coordenadas musicales que Jarrett ocupaba en el momento de la grabación. Es más que notable que en cuestión de dos años sacara tres discos de carácter completamente distinto. Tras el roquero *No End,* efectuó otro viraje pasmoso explorando el frágil mundo de la música renacentista e instrumentos tan sensibles como el clavicordio. *Book of Ways* constituye una excepción inimaginable en otro artista. El hecho de que un músico toque la guitarra eléctrica haciendo temblar a curtidos intérpretes de rock, se siente a renglón seguido ante un instrumento tan delicado como el clavicordio y se saque de la manga ornamentos propios de la práctica musical del Barroco y del Renacimiento, es una gracia nada corriente en la historia de la música contemporánea.

Parece que eligió el clavicordio por su sonoridad específica. Sin embargo, su excelente dominio de la técnica de aquella época, desde el trino hasta el mordente, su exacto conocimiento de la armonía de John Dowland y su manera de integrar la ornamentación en el movimiento polifónico, son algo fuera de lo común. Su sutileza recuerda el minué de una suite barroca. Por otra parte, maneja con toque moderno y armonización adecuada el instrumento de tal forma que éste puede pasar por una fuente de sonidos de hoy que tampoco un sintetizador sería capaz de imitar con facilidad. En algunos temas, y con las peculiares preparaciones del instrumento (en realidad eran dos clavicordios que Jarrett a veces tocaba simultáneamente), ni siquiera vanguardistas como Mauricio Kagel o John Cage habrían podido detectar que aquellos sonidos desnaturalizados y cambios de altura provenían de un clavicordio. Son bailes renacentistas con pelucas y trenzas

que de improviso se levantan o se cortan. Es un rompeca-
bezas que exige no poca sabiduría, tanto en lo que se refiere a la música de los siglos XVI y XVII, como a la de una
vanguardia consciente de sus antecedentes culturales. Lo
más fascinante, sin embargo, es que todo eso nació del
cerebro de un solo músico que, al parecer, tiene la facultad de meterse como un gran actor en cualquier papel,
revelando al mismo tiempo una nueva vertiente de su
idiosincrasia musical.

La grabación de *Book of Ways* en 1986 fue el último
proyecto de solista de decidido carácter experimental.
Después no existen de Jarrett sino producciones de piano solo registradas en directo durante conciertos, con la
salvedad de *The Melody At Night, With You,* producido
en el estudio de su casa durante su incipiente convalecencia. No obstante, estas producciones, que abarcan un
período de casi veinticinco años, no pueden cortarse por
el mismo patrón. Las *Dark Intervals,* grabadas en 1987
en su recital de solista en el Suntory Hall de Tokio, están
más próximas, por tratarse de obras cerradas, a *Spirits* y
en parte, como exploraciones de sonido, a *Hymns/Sphe-*
res que las posteriores improvisaciones al piano de París,
Londres o Río. Es, en particular, en «Opening» donde,
al principio, Jarrett parece seguir con el oído absorto en
pos de los pasajes románticos cuya multitud de sobretonos entremezcla pisando el pedal. Luego, sin embargo, y
con pulsación acentuada, introduce en este sonido difuso
tonos individuales que brillan diáfanamente hasta que
sus bordes se difuminan como los colores de una acuare-
la. Se palpa literalmente cómo Jarrett se complace cada
vez más con este sonido mixto, cómo agrupa los tonos
en racimos y luego añade acordes quebrados y pasajes
lineales que, siempre con el pedal presionado, hacen au-
mentar todavía más la resonancia y la van empañando
como si todos los colores del arcoíris se transformaran en
un negro impenetrable. Podríamos describir el proceso

también como una ola gigantesca que, en continuo creci-
miento, avanza hacia el oyente.

Por lo demás, el recital entero deja la sensación de
que, a diferencia de las producciones anteriores, la improvisación aquí no es completamente libre y ajena a
una idea precisa. Todo parece dirigido a un foco y estar
determinado menos por el instante y sus insospechadas
posibilidades de desarrollo y ampliación. Cada tema del
álbum se dedica a estruturas formales y concepciones sonoras muy concretas. En «Hymn» son las alusiones al tañido de campanas materializadas con acordes extremos
de los registros grave y agudo del piano; «Americana»
despierta reminiscencias de una pletórica e incombusti-
ble melodía folk; «Parallels» hace pensar que Jarrett quiere desprender a Prokófiev de todos los juegos formales
neoclasicistas y evocar la capacidad del compositor ruso
para dibujar con el instrumento una verdadera fábrica de
acero; «Ritual Prayer», con sus pulsaciones dobles, tiene
carácter de sermón, como si cada acorde fuera ratificado
por el amén del siguiente: así sea. Solo en «Fire Dance»,
con sus enrevesados ritmos de la mano izquierda, refulge
por un momento el énfasis del gospel propio del pianista,
desde una actitud que solo puede significar: «No puedo
hacer otra cosa; ésta es mi postura».[1]

Hacia finales de los ochenta, Jarrett volvió a tener bajo control sus finanzas, sin duda también porque había
dado muchísimos conciertos en solitario —sobre todo
entre 1980 y 1984, al igual que había hecho entre 1973
y 1978—. Además, su segundo trío, fundado en 1983 y
con el que desde 1985 realizaba la mayoría de sus actuaciones, suponía un nuevo pilar musical. Tocar con Gary
Peacock y Jack DeJohnette era, en todos los aspectos, un
buen complemento a sus recitales de solista y sus interpretaciones clásicas. Al fin y al cabo, el trío se centraba en

1. Frase atribuida a Martín Lutero. (*N. del T.*)

el jazz genuino, el jazz tradicional, aunque dándole nueva vida de una manera inopinada. Seguramente, el nacimiento de la formación se debía también a que durante largo tiempo Jarrett había echado de menos la compañía de músicos afines y la creatividad del género. Por otra parte, no tenía que temer que el trío lo encorsetara. No estaba activo de forma continua, sino que se reunía con los otros dos solo cuando un concierto o una gira eran inminentes. Es probable que ésta sea una de las razones que explican la longevidad del grupo, que ha perdurado hasta hoy.

Sin embargo, a Jarrett se le seguía asociando con sus conciertos en solitario. Éstos habían sentado las bases de su reputación y estaban rodeados de la aureola de lo excepcional y lo aventurero. El número menguante de actuaciones no hizo disminuir el interés, sino todo lo contrario. En los cuatro años de 1985 a 1988, lapso en que dio muy pocos recitales de solista, siempre podía contar con salas bien ocupadas. En años posteriores, sus actuaciones de solista se hicieron tan escasas que algunos fans las anhelaban francamente como el Sagrado Advenimiento. En Alemania ofreció un concierto en solitario en 1992, y luego dejó de acudir al país durante mucho tiempo. Cuando a principios de marzo de 2007, tras quince años de ausencia, la Vieja Ópera de Fráncfort del Meno anunció un recital para el 21 de octubre, las 2.400 localidades de la Gran Sala se agotaron en tres días. Paseando la mirada por la asistencia, uno descubría a personalidades como al crítico literario Marcel Reich-Ranicki, quien no iba nunca a conciertos de jazz pero juzgaba el fenómeno Jarrett tan desconcertante que, a la edad de ochenta y siete años, quería descubrir sus entresijos por medio de su propia observación.

Después de numerosas grabaciones de corte experimental, o al menos insólitas, Jarrett continuó su intrínseca topografía pianística con el *Paris Concert* de 1988, al que, hasta 2011, seguirían otras seis producciones. En su sabio ensayo *The Pianist as Mystic*, David Ake considera que la gama estilística de Jarrett es una mezcla, sin solución de continuidad, entre rapsodias cuasirrománticas, pasajes diatónico-folcloristas, contrapunto libre, angulosa atonalidad, técnicas ampliadas (por ejemplo, pellizcar las cuerdas del piano y percutir la caja de resonancia) y sostenidos ostinatos. Pero su cualidad no consiste en eso, sino más bien en el hecho de extraer siempre nuevos materiales sonoros de tal mezcolanza. Quien escucha las grabaciones desde *Paris Concert* hasta *Rio,* la última producción de este género, podrá adherirse a lo expuesto anteriormente. Sin embargo, esto no basta para comprender la fascinación que emana de su música y, menos aún, para caracterizarla. Apuntemos tres elementos más al respecto: la intensidad con que Jarrett ejecuta su interpretación; la audacia, palpable para cualquiera, con que afronta el proceso creativo; por último, el encanto que tiene para sus oyentes y espectadores el ser observadores y, al mismo tiempo, partícipes de ese proceso. Los conciertos de Jarrett son visitas al taller o a la sala de partos, intervenciones a corazón abierto en la música supervisadas por la opinión pública. Y ésta queda cautivada por lo que se va gestando si, además, puede percatarse de que el manejo de las herramientas es, a ratos, poco ágil o que incluso se necesitarían herramientas distintas. Pero lo que más fascina a quienes lo escuchan, observan y vivencian es ver cuántas obras maestras salen una y otra vez del taller del artista.

El *Paris Concert,* con su parte principal de cuarenta minutos de duración que lleva como título nada más que la fecha del acontecimiento («October 17, 1988»), es un buen objeto para demostrarlo. Empieza de modo parsimonioso, con frases indefinidas que al poco se desarrollan como una invención de Bach, con entrecruzamientos contrapuntísticos y adornos barrocos, para luego disolver la polifonía en figuraciones rapsódicas. De forma más bien titubeante se hace notar un tono de bajo, que reaparece poco después y se va repitiendo una, dos y tres veces, convirtiéndose en el patrón rítmico cuyo ostinato marca casi la pieza entera. Es para Jarrett el ancla, el fundamento o, para expresarlo de manera patética, el motivo del destino: da da da daaa..., aunque sin el salto de tercera de la Quinta de Beethoven, sinó persistiendo más bien en la primera. Bién mirado, es un motivo absolutamente sencillo, que permite a Jarrett extender sobre el mismo cuanto se le ocurra: el virtuoso fraseo del jazz y la cadencia libre de la balada, la homofonía propia de la canción popular y los monstruosos excesos de trino, las melodías banales y las no menos engorrosas alteraciones armónicas.

La primera, sin embargo, es más que un simple intervalo entre dos tonos idénticos. En la liturgia temprana, el unísono es el recurso estilístico determinante de la salmodia y la respuesta, empleándose como tono recitativo en las partes llamadas *redeunte* (por ejemplo, en el libro de órgano de Buxheim, del año 1460). Desempeña también un papel especial en la teoría de los afectos del barroco, siendo el motivo de la muerte o indicio de recoleto silencio. Existe peligro de sobreinterpretación si este significado y esta historia del unísono se vinculan con el uso monomaníaco que Jarrett hace de tales tonos repetitivos en su modo de improvisar. Ahora bien, este artista es demasiado culto y sensible, y está demasiado familiarizado con lo espiritual y la música litúrgica, para desconocer estas implicaciones y no sacar de ellas las conclusiones oportunas, aunque sea en el proceso más bien inconsciente o semiconsciente de la improvisación.

Tres años después, en julio de 1991, dio un recital en solitario en la Ópera Estatal de Viena, publicado bajo el título de *Vienna Concert*. En su primera parte, que dura igualmente unos cuarenta minutos y arranca a modo de canción popular con cadencias sencillas seguidas de varios cambios en la atmósfera del esbozo, surge, en la mano izquierda y como un eco del concierto de París, ese mismo tono repetitivo grave y palpitante. Puede ser casualidad pero, a partir de ahí, Jarrett parece querer huir de la copia: cambia de súbito el tempo básico y recorre con ambas manos el teclado a velocidad de vértigo como si con el frenesí sonoro quisiera barrer cualquier alusión a la grabación anterior. Muy al final del concierto, no obstante, en la parte con sabor a balada, vuelve sobre esos tonos repetitivos, que se antojan como señales de morse, enviadas al mundo por una conciencia sepultada a fin de no caer completamente en el olvido.

Las improvisaciones de piano solo forman un continuum en la obra de Jarrett, en el que, según lo ha descrito David Ake, los rasgos estilísticos se asemejan, una y otra vez, mientras las ideas y las técnicas se mezclan virtuosamente. Pero és indiscutible que, a lo largo del tiempo, Jarrett ha evolucionado como músico y pianista. Frente a las producciones tempranas, digamos que bravas y denodadas, las de los años ochenta y noventa resultan más nítidas en lo estructural, si bien con su habilísima digitación va apilando masas sonoras y el derroche de tonos es enorme, como lo demuestra, en 1995, la segunda parte de *La Scala,* con sus intrincamientos rítmicos, sus súbitas acometidas y las vertiginosas carreras con ambas manos. Ahora improvisar deviene, en todo caso, un modo de componer *ad hoc.* Esto significa que, mientras antes un tema a veces se deshilvanaba o producía el efecto de quedar cortado abruptamente o de hacer chocar estratos sonoros del todo irreconciliables, aquí, pese a la velocidad de la ejecución, se hace palpable un orden superior, la voluntad de conjuntar lo que tiene que ir junto. Después de *La Scala,* sin embargo, aconteció algo que, para el entorno de Jarrett, venía perfilándose desde mucho antes y supuso una cesura realmente seria en la vida del artista.

En la primavera de 1996 aún ofreció diez conciertos de trío en Japón, luego intervino en el festival de jazz de Montreal y en algunas citas de verano europeas, sobre todo en «Jazz à Juan», de Antibes, al que llevaba años concurriendo con su trío. Siguieron cuatro actuaciones como solista en Italia. Después, y durante casi tres años, el mundo no supo nada de él. Había enmudecido, y solo en 1999, tras algunas actuaciones de trío en los Estados Unidos y, poco a poco, también en Europa, fue trascendiendo la noticia de que no solamente había tenido que superar una pequeña crisis creadora o sórdidos problemas económicos, sino que se le había diagnosticado un síndrome de agotamiento crónico (encefalomielitis miálgica) que, además de obligarlo a abandonar por completo su actividad concertística, lo sumió en la apatía total. Según contó su segunda mujer, Rose Anne, venía sufriendo reiterados estados de agotamiento. Ya en 1983, cuando debido a su catastrófica situación económica había tenido que dar muchísimos conciertos y estar ocho meses y medio de gira, se encontraba al borde del colapso nervioso. Su dolor de espalda era permanente, estaba completamente extenuado, también porque, como es obvio, no podía reservarse y se entregaba siempre a fondo. Dos años más tarde sobrevino la crisis nerviosa. Jarrett se quedaba sentado durante días a la puerta de su casa, sin hacer otra cosa que mirar al vacío. Su salvación se produjo en cierto modo, a través de la autocuración musical, que consistió en encerrarse un mes entero en su estudio, donde se limitó a lo más elemental, como el comer y el dormir, y a realizar su espectacular grabación titulada *Spirits*.

A finales de 1996, sin embargo, solo los iniciados sabían que Jarrett se había recluido en el aislamiento de su casa de Oxford (Nueva Jersey) por padecer el síndrome de fatiga crónica, una enfermedad infecciosa aún rodeada de misterio que consume todas las fuerzas del individuo y casi imposibilita las operaciones más sencillas del día a día, y no digamos la práctica del piano. Se le llama también *hummingbird disease* [emfermedad del colibrí] por el hecho de que al afectado, que no muere, solo le quedan fuerzas para permanecer sentado en el sillón y observar a los pájaros en su jaula. Jarrett aún trató de sacar provecho de ese impedimento. Lo consiguió, sobre todo, porque, desacomplejadamente, como si fuera su propio psicoanalista, se autorrecetó una terapia precedida por la perogrullada de que conocerse a uno mismo es el primer paso para mejorar. En efecto, comprendió rápidamente que el síndrome de fatiga crónica es también una reacción física y mental a la hiperactividad.

Quien se entrega a la música en cuerpo y alma, tocando a veces como si se jugara el pellejo; quien después de más de cuarenta años al piano sigue sin rehuir ningún peligro y evita los clichés como el ladrón a la policía, verá cómo, el día menos pensado, el exhausto organismo, le desobedece. Desde Robert Schumann hasta Leon Fleisher, la historia de la interpretación está llena de artistas que la naturaleza sometió a reposo. Jarrett, por su parte, comprendió la enfermedad como una oportunidad para saber lo que queda en el extremo opuesto de la escala de la expresión artística, allí donde el virtuosismo y el contrapunto artificial, los agolpamientos de sonidos y la elaboración motívica, ya no importan o tienen, en todo caso, su punto de partida. Se sumergió, forzosamente, en la melodía y el tono inspirado. La grabación, editada con esfuerzo y paciencia infinitos en 1999, unos tres años después de declararse la enfermedad, bajo el título de *The Melody At Night, With You* es su «testamento de Heiligenstat[2]»: sencillas baladas del *Great American Songbook,* estudios de sonido sin florituras ni galas retóricas, justo aquello que, a tenor de las circunstancias, todavía le era posible asumir a nivel técnico e interpretativo. Se diría que uno asiste a una velada privada en casa de Jarrett,

---

2. Carta escrita por el compositor alemán Ludwig van Beethoven a sus hermanos, compartiéndoles su creciente pesar por las dolencias que padece y su deseo por completar su obra. (*N. del E.*)

al otro lado de las colinas de Nueva Jersey. Con todo, su propia forma de describir esta música alimentó la esperanza de que, tras aquella parca y pálida fachada sonora, estuviera aún el soberbio prestidigitador del sonido que, quizá, algún día volvería a ser capaz de crear, a partir de la experiencia de los extremos musicales, una música, una síntesis de hermoso tono y técnica virtuosa, y de presentarla al respetable: «Quien tiene mucha energía, hace muchas cosas. Yo solo tenía fuerzas para hacer una, que por eso mismo adquirió una especie de carácter zen: esbelta, graciosa, discreta. Son grabaciones que muestran cómo se pueden tocar melodías sin ser a la vez sofisticado. En cierto modo, me desintoxiqué de armonías de jazz nacidas de la cabeza y no del corazón».

Aquella esperanza se cumplió al poco tiempo. Tras vacilantes pinitos en Newark y otros lugares, Jarrett volvió a la sala de conciertos, si bien al principio no con la misión suicida de sus excesivas improvisaciones de solista, sino en la formación de trío, con sus viejos compañeros de andanzas Gary Peacock y Jack DeJohnette, y, en el otoño de 1999, con alguna actuación en solitario. En junio de 2001 celebró algo así como una vuelta oficial a los escenarios con su trío en la neoyorquina Carnegie Hall. El que Jarrett pudiera oírse de nuevo en los estrados del mundo escénico raya en lo milagroso: «Prácticamente tuve que volver a empezar de cero. Mi anterior yo de pianista había desaparecido, por así decirlo. Tuve que practicar de verdad, cosa que antes no hacía nunca o, en todo caso, solo para pulir. Y antes de dar un concierto de música improvisada a veces ni siquiera miraba el piano en dos semanas para estar completamente libre de clichés. Cuando poco a poco volví a poder tocar, me di cuenta de que en realidad no tenía que hacer mucho; me centraba en lo que había. Mis dedos tuvieron que construir una nueva memoria. Cuando escucho grabaciones mías de antes, a menudo pienso que no me gusta lo que estaba tocando, por ejemplo, con la mano izquierda. Ahora ya no tengo que decirle a mi mano izquierda: "No hagas eso, no me gusta". Ahora ella toca lo que yo quiero. Estuve tres años sin tocar nada. Fue como un redescubrimiento, y tal vez ahora toco más libre, porque los viejos patrones interpretativos han desaparecido».

Hay otra cosa que cambió tras su convalecencia. Y es que Jarrett prácticamente no regresó al estudio de grabación. Salvo el registro de un dúo con Charlie Haden y una producción de sonatas para violín y piano de Bach, todas las grabaciones posteriores son actuaciones en directo. Jarrett tomó el camino opuesto a Glenn Gould, quien en 1964, a la edad de treinta y dos años, abandonó la escena los escenarios para trabajar exclusivamente en el estudio hasta su muerte en 1982. Jarrett, después de su retorno, ha sacado cuatro grabaciones de conciertos en solitario, realizadas en Osaka y Tokio, Nueva York, París, Londres y Río. En estos recitales ya no efectúa ejercicios que duran tres cuartos de hora, sino que se conforma con improvisaciones de cinco a diez minutos de duración, incluso menos, y rara vez más. Siguen siendo, eso sí, improvisaciones libres que conservan, aunque él diga otra cosa, las prácticas interpretativas de antes, si bien quizá más depuradas y más concentradas en una estructura de sonido específica en cada parte.

Radiance, la primera de las cuatro grabaciones aparecidas a intervalos de tres años respectivamente, comienza por desarrollar un lenguaje desconcertantemente abstracto, con avances armónicos libres sin apenas un desarrollo motívico fijo ni secuencias de crescendo dramáticas. Al cabo de unos minutos el juego de abalorios termina, y se abren los ingentes espacios sonoros que conocemos de Jarrett. Con su densidad, su rigurosa ejecución pianística y su polimorfismo, esta grabación va aún más allá que la mayoría de las grabaciones anteriores, ofreciendo un compendio de la interpretación de piano contemporánea. Quien quiera escuchar obras de Debussy y Skriabin nunca compuestas por Debussy y Skriabin; quien en las cascadas de staccato de Cecil Taylor haya echado de menos el núcleo melodioso; quien lamente que Bill Evans ya esté muerto y Lennie Tristano no haya compuesto sinó un mambo y un réquiem para Charlie Parker; quienes deseen saber cómo se declina un tritono en todas las tonalidades; quienes crean que el poderoso tono de piano de Prokófiev aún es susceptible de intensificación; los que quieran conocer el potencial expresivo que aún le queda al piano; el que aprecie la lírica cadencia del jazz tanto como el *drive* del swing; quien busque caer en trance con los rituales repetitivos de un riff de la mano izquierda sobre el que se derrama la incesante marea de cambios minimalistas…, quien busque todo esto y, quizá, aún mucho más, lo encontrará en *Radiance,* que es al mismo tiempo un compendio del cosmos jarrettiano.

Naturalmente, ese cosmos no habría producido actuaciones y grabaciones de tan alto nivel y tan extenso volumen a lo largo de los años si entre sus bastidores no se hubiera fraguado ese ritual que desarrollan, en mayor o menor grado, todos los artistas que siempre desean rendir al máximo y evitar que las adversidades diarias frustren sus propósitos. A los profanos, esas ceremonias —si es que tienen conocimiento de ellas— les parecerán manías de artistas excéntricos, necesitados de cultivar su estatus sobresaliente ostentando toda clase de caprichos. Sin embargo, en la mayoría de los casos se trata de precauciones indispensables para poder soportar el casi indescriptible estrés psíquico y físico de la concentración. En este sentido, Jarrett ha impuesto a todos los organizadores de conciertos que, el día en que actúe, pueda disponer de tres pianos para elegir, después del ensayo, uno para la actuación. También forma parte de sus hábitos cenar, tras la prueba de sonido y hacia las dieciocho horas, con todos los implicados —el técnico de sonido, el productor, sus acompañantes y su esposa— en el trascenio y beber una o dos copas de vino antes de entrar en acción. Hace muchos años que viaja con un fisioterapeuta y se lleva su propia cama, sobre la cual éste le hace masajes y estiramientos antes y después del concierto, así como durante la pausa. Cuando está de gira por Europa, suele residir en Niza y establece el horario de las actuaciones y grabaciones de tal manera que después pueda subir al avión privado que ha fletado para dormir siempre en la misma cama de su hotel. Quienes se extrañarían de que al final del concierto ofrecido por el trío en el muniqués Gasteig en verano de 2013 (que fue también el concierto de cumpleaños para Manfred Eicher) Jarrett se pusiera al micrófono para decir solamente tres palabras («Thank You, Manfred») y luego desaparecer sin dejarse ver tampoco en la fiesta posterior, habrían encontrado la explicación en el ineludible ritual del pianista: volaba ya rumbo a Niza.

A la pregunta de cuál es su pieza preferida, los grandes artistas a menudo responden: la que está en el atril. También con Jarrett se tiene invariablemente la sensación de estar escuchando su mejor concierto o de tener en manos su mejor grabación. ¿*Radiance* o *Carnegie Hall Concert?* El favorito se encuentra en el giradiscos. En su maravilloso libro de jazz *Pero hermoso,* el escritor Geoff Dyer habla de que en los últimos años el jazz más impresionante a veces se halla en los márgenes del género y en lo que, en rigor, difícilmente podía calificarse todavía de jazz. Esto vale también para *Carnegie Hall Concert.* En la interpretación de Jarrett siempre está presente la línea genealógica del jazz, y donde más, tal vez, en la segunda pieza, sin título, de este doble compacto. Al igual que sucede con la bamboula de los esclavos en el Congo Square de Nueva Orleans a principios del siglo xx, tan sugerentemente descrita por George Washington Cable, o los martillazos de una cadena de presidiarios, los pesados ritmos de bajo de la mano izquierda de Jarrett se le meten a uno literalmente en los huesos, mientras que la derecha superpone un expresivo *melos* de arquetípicas *blue notes* a modo de gospel liberador. Si alguna vez Arvo Pärt hubiera compuesto un nocturno para piano, sería parecido al tercer tema, que no lleva nombre, de este CD, con su actitud tardorromántica enfatizando los extremos. Lo más fascinante es cómo Jarrett consigue entonar los tonos graves de tal manera que parece que no son generados por las cuerdas de acero de un piano, sino, efectivamente, por las resonancias de un contrabajo. Y quienes entreoyen en los ritmos fragmentados una afinidad con la técnica medieval del hoquetus, tienen tanta razón como aquellos que los asocian a los dedos poco ortodoxamente separados de Thelonious Monk. Lo que se escucha son los ritmos embravecidos, los trémolos rapsódicos, el embeleso de vals y las serenatas de trino de *Paris/London – Testament* o las cascadas perladas de la Villa d'Este, las frases de bebop y los delirantes arpegios de *Rio.* Y se oye todavía mucho más: a un genio del piano que somete cada sonido a una metamorfosis para generar un tono que lleve irrevocablemente el nombre de Keith Jarrett.

La grabación en directo de *Rio,* realizada en el Teatro Municipal de Río de Janeiro en 2011, fue su última producción en solitario. Sin embargo, el canto de cisne de una época y, nuevamente, una cesura en su vida, se había producido tres años atrás, y a ello alude el subtítulo, *Testament,* de las grabaciones de París y Londres. En efecto, poco antes Rose Anne se había separado de él después de treinta años de matrimonio, y quien lea el cuadernillo de este álbum de tres compactos podrá calibrar lo que esto debió de significar para Jarrett en aquel momento. Es una grabación con crespón de luto, en la que el pianista no oculta su estado de ánimo y donde cada tono —desde el mambo-bebop hasta la exuberante rapsodia, desde el último vals de jazz hasta la canción pop— parece un nostálgico homenaje a Rose Anne Colavito. Y, a la vez, una reminiscencia de los gloriosos tiempos del mayor improvisador de piano de nuestros días.

9
LA HISTORIA DE
UN DISCO DE CULTO

Es sabido que la mayoría de los milagros no suceden por sí solos. Se hacen. A veces con renuencia y a sabiendas del error. Cuando en 1977 el compositor polaco Henryk Górecki estrenó en el Festival Internacional de Arte Contemporáaneo nueva de Royan (Francia) su tercera sinfonía, creada por encargo de la germana Radiodifusión del Sudoeste, los hacedores de milagros aún no asomaban por ninguna parte. La obra, pródiga en quintas, del que había sido serialista y alumno de Olivier Messiaen, dejaba francamente indiferente al santo grial de la vanguardia reunida en torno a Pierre Boulez. La opinión pública ni siquiera tomó nota. Esto cambió cuando, en 1985, el cineasta francés Maurice Pialat utilizó algunas partes de la obra para la banda sonora de su película *Police,* protagonizada por Gérard Depardieu, y, a principios de los años noventa, una radio privada inglesa de música clásica tuvo la idea de anteponer a determinados espacios publicitarios (o insertar en los mismos) temas escogidos a modo de sintonía de grandes obras musicales, recurriendo para ello a la composición de Górecki. El que la elección para el primero de estos hitos sonoros recayera en el segundo movimiento de la tercera sinfonía del compositor polaco no es casualidad. Ni siquiera raya en el milagro. En realidad, los locutores solo dieron prueba de buen instinto. Porque aquella pieza habría podido componerse también según la eficaz estrategia de marketing MAYA: M(ost) A(dvanced) Y(et) A(cceptable), «más avanzado pero aceptable». En otras palabras: los productos —y los objetos de arte puestos en el mercado también lo son— pueden tener un éxito previsible si son novedosos y a la vez parecen familiares. Lo que le faltaba a la obra de Górecki en Royan en 1977 lo obtuvo en 1992 a fuerza de repetición radiofónica: un foro. En cuestión de un año se vendieron trescientos mil compactos de la obra; hasta hoy, van más de un millón de ejemplares.

Dos años antes del estreno mundial de la obra de Górecki, el 24 de enero de 1975 y muy pasadas las once de la noche, Keith Jarrett, en la Ópera de Colonia, se había sentado, con no poca renuencia y aun a sabiendas del error que se aprestaba a cometer, frente a un piano impresentable para dar un concierto que, en un principio, había querido cancelar por el estado del instrumento y otras contrariedades. Su sentido del deber, el auditorio lleno y el equipo de producción ya listo para operar, le llevaron a reconsiderar su decisión. El concierto fue grabado y después, como si se tratara de un antiguo cuadro sobrepintado, liberado de todas las impurezas y deficiencias por Manfred Eicher y el ingeniero de sonido Martin Wieland, para finalmente ver la luz bajo el lacónico título *The Köln Concert*, [*The Köln Concert*]. Hasta hoy, esta producción, que primero salió como elepé doble, luego también en formato en disco compacto, ha vendido casi cuatro millones de copias. Ninguna otra grabación de piano en solitario de la historia del jazz ha alcanzado esta cifra. Pero, a diferencia de la obra de Górecki, *The Köln Concert* no encontró el camino de la popularidad gracias al apoyo de una institución que lo usara con fines publicitarios, ni tampoco obedeciendo a unas leyes de mercado certeramente calculadas. En el fondo, el increíble éxito de esta producción sigue siendo, hasta cierto punto, un enigma para muchos, incluso para el propio Jarrett.

Eso sí, las circunstancias del concierto, ventiladas una y otra vez, han contribuido no poco al mito que muy rápidamente envolvió esta grabación, convirtiéndola en una de las producciones más famosas y debatidas de la historia reciente del jazz. La actuación en la Ópera de Colonia fue el quinto compromiso de una gira europea que Jarrett inició el 17 de enero de 1975 en la localidad altofrancona de Kronach y terminó el 5 de febrero del mismo año en el parisino Théâtre des Champs-Élysées, después de haber recorrido un total de once localidades. Acompañado por Manfred Eicher, quien a bordo de su Renault R4 de la época lo conducía de evento en evento, Jarrett llegó a Colonia, procedente de Lausana, el 24 de enero agotado y completamente trasnochado. Ya en destino, tuvo que constatar que se había producido una confusión: en vez del acordado piano de concierto «Bösendorfer 290 Imperial», que se hallaba dispuesto en el sótano, los operarios del teatro habían subido al escenario un piano de un cuarto de cola de la misma marca, que se encontraba en uno de los camerinos; era un instrumento sufrido que solo se utilizaba para ensayos de coro, mal afinado, con agudos inservibles, un pedal derecho inutilizable y varias teclas de dudoso funcionamiento. A día de hoy, será ya imposible determinar si los operarios de veras cometieron un error o si los responsables del coliseo tendían a considerar que un piano de un cuarto de cola bastaba para un recital de jazz. De todas formas, esto último no estaría en contradicción con las tristes experiencias que numerosos jazzistas han tenido a lo largo de su carrera con organizadores de eventos y responsables de salas de conciertos. Sea como fuere, Jarrett, en un principio, no se veía capaz de actuar en aquel infame instrumento. Solo accedió a ello tras un debate largo y después de sopesar todas las circunstancias. El hecho de que, además de exhausto y aquejado de su notorio dolor de espalda, tuviera que comer a toda prisa en un pésimo restaurante italiano, según confirmaron él y Eicher, encajaba en aquel ambiente que no presagiaba nada bueno para el desenlace del concierto.

No ocurrió así. Haciendo de la necesidad virtud, Jarrett, en la interpretación, se limitó a determinadas alturas del piano, estuvo sumamente concentrado e improvisó con inusitada intensidad —por no decir fervor—, como si en el auditorio hubiera una musa que tomara posesión de él, marcándole la estrecha senda que separa las cumbres de la belleza melódica de las simas del trivial sentimentalismo. Lo que hace la grandiosidad de esta grabación y explica, en buena parte, su popularidad es la limitación armónica unida a una riqueza de ocurrencias melódicas y ornamentales que supuestamente no se habían escuchado nunca antes. Arnold Schönberg comentó una vez con ironía que, sin duda, se seguiría componiendo mucha música en Do mayor, afirmación con la que pretendió fustigar a todos aquellos que aún no habían entendido que los tiempos de la armonía tritónica se habían acabado. Si hoy en día aún hiciera falta, *The Köln Concert* fue la prueba de que los principios armónicos de épocas pasadas son susceptibles de variación y pueden subsistir junto a conceptos más avanzados de nuestro tiempo.

Según parece, la seguridad estética con que Jarrett dio rienda suelta a sus ostinatos rítmicos y sus obsesiones por el tritono, conmovió a muchos miembros de su generación, quienes en los años sesenta se habían emancipado política, social e individualmente, pero que, una vez acomodados en su parcela de libertad conquistada, no querían que se les recordara que la verdadera libertad solo existía si uno se enfrentaba a cualquier forma de tradición y convención. Adorno, en su polémica contra la fetichización de los «bellos pasajes» en la música, enseñaba que no procedía arrancar melodías a grandes movimientos de compleja arquitectura y «en vez de seguir y transmitir su impulso, exigir infantilmente su repetición rígida». Esto es difícil de rebatir, y no obstante uno siente la tentación de recurrir a otras autoridades cuando se trata de sondear la fascinación que emana de obras como *The Köln Concert*. Hay en esta grabación, sonidos tan hechizantes, que podríamos ponerlos al lado de los del *Winterreise* de Schubert. Arabescos tan gráciles como las florituras métricamente libres de los nocturnos, preludios y polonesas de Chopin. Y hay pasajes tan frescos y lozanos, tan cándidos y también tan *kitsch*, que se puede comprender que personas jóvenes de entonces desarrollaran una afinidad con estos sonidos. Concretamente, uno —un «bello pasaje», si se quiere— en la primera parte, después de aproximadamente siete minutos, donde aparece un motivo melódico que recuerda vagamente la melodía de la banda sonora de Francis Lai en la película *Love Story,* de 1970 (protagonizada por Ali MacGraw y Ryan O'Neal, la pareja de ensueño de aquel entonces): aquellas sextas ineluctablemente descendentes que hicieron llorar a toda una generación. No es hacer injusticia a Adorno preferir la humana sabiduría de Franz Werfel a su rigor intelectual. Lo que es válido para *The Köln Concert* y su repercusión lo formuló Werfel en estos términos: «¿Qué es la Novena frente a una copla callejera tocada por un organillo y un recuerdo?».

Pero *The Köln Concert* ofrece más que unos cuantos «hermosos pasajes». Es un conjunto improvisatorio cuya coherencia y perfección formal solo pueden suscitar asombro. El trabajo temático, los *leitmotivs*, los desarrollos, las recapitulaciones, variaciones y formas de rondó se manejan con tanta naturalidad y de modo tan certero en lo que a sus proporciones se refiere que, diríase, es como si Jarrett hubiese dispuesto de un esbozo arquitectónico para estas cuatro partes del concierto. La armonía diatónica sin alteraciones de bebop, y sobre todo la renuncia a cadenciaciones con centros tonales, le permiten moverse con libertad melódica sin necesidad de volver cíclicamente al tono base. Las improvisaciones de Jarrett no son estróficas, sino que en cierta manera están abiertas hacia arriba, como la escala de Richter de los sismógrafos. Las deficiencias del instrumento, por su parte, confirman una vez más la vieja sabiduría según la cual las limitaciones pueden dar alas a la fantasía, más todavía que la libertad sin fronteras.

El comienzo de *Part I* es, en realidad, un ejemplo didáctico de cómo a partir de un inofensivo germen rítmico —en este caso una corchea seguida de dos semicorcheas— se estructuran, mediante el desarrollo de las variaciones, las tres primeras partes del concierto, transformándose ese germen cada vez más en aquella fórmula sincopada de dos semicorcheas enmarcando una corchea, que caracterizaba por igual al *ragtime* y al *cakewalk* de impronta afroamericana. La cuarta parte, *Part IIc,* constituye un caso especial por ser la propina del concierto, lo que ya no está documentado en la grabación. Jarrett improvisó en ella sobre una obra propia ya existente, en vez de hacerlo a la manera absolutamente desligada del *free playing.*

Magistrales son también las partes contemplativas de la primera sección, en las que Jarrett simplemente se mueve entre acordes sostenidos de La menor y Sol mayor de la mano izquierda, al tiempo que la derecha produce impresionantes arabescos que resultan tan libres como el canto de los pájaros. Ningún fonógrafo, por sensible que sea, sería capaz de registrarlos apropiadamente y traducirlos en notación musical. También los japoneses Yukiko Kishinami y Kunihiko Yamashita, quienes transcribieron el concierto completo, se enfrentaron a grandes problemas que apenas supieron resolver. Y hay, en la interpretación de Jarrett, una gran cualidad que no puede representarse ni siquiera de forma aproximada: su tino dramático que, incluso en aquel piano, se pone de manifiesto en su matizada pulsación, su dinámica sutil, su fraseo retórico, el rubato bien dosificado, los crescendos y decrescendos, que hacen de cada pieza suya una escultura sonora. Que conserve la libertad del *melos* tal y como éste puede darse en la naturaleza y, no obstante, le encuentre una expresión cohesiva (por ejemplo, en los prolijos pasajes de rubato del concierto en cuestión) es lo verdaderamente asombroso de su arte. En este sentido, y como ha demostrado Gernot Blume en su tesis doctoral dedicada a prácticas musicales de Jarrett basándose en ejemplos tomados de *The Köln Concert* y de *Sun Bear Concerts,* existen paralelos entre las improvisaciones del pianista y las actuaciones de raga del norte de la India, por ejemplo, de Ravi Shankar. Toda proporción guardada, pese a las numerosas diferencias (la música de Jarrett no es raga de piano), amplias partes de sus escapadas muestran afinidades con la estructura modal de la música india: la uniformidad de los pasajes motívicos, la ausencia de desarrollo armónico o la presencia de notas pedal. Según Blume, todo indica que, en el instante fugaz de la improvisación, los músicos de diferentes sistemas han de superar problemas similares para crear un orden musical.

En lo que afecta a la propina del concierto, que en la publicación aparece como *Part IIc,* Peter Elsdon, en su diferenciado análisis del mismo, señala las coincidencias con algunas grabaciones piratas y una composición de Jarrett recogida en *The Real Book* bajo el título «Memories Of Tomorrow». *The Real Book* es una compilación originariamente no autorizada (podría decirse que, por tanto, «pirata») de composiciones de jazz editada, sin ánimo de lucro, por estudiantes de bachillerato de Boston y que, en un principio, se compartía en las escuelas para el estudio de esos estándares. Tanto las grabaciones piratas como la primera edición de *The Real Book* son de aparición anterior a *The Köln Concert.* El que en las propinas de sus actuaciones en solitario Jarrett improvisara sobre composiciones propias o ajenas (por lo general, estándares),

211

abandonando por tanto el principio del *free playing* al final de los recitales, no constituía la excepción sino la regla.

Cuando se editó en otoño de 1975, el concierto tuvo reseñas aún más entusiastas que *Facing You* y *Solo Concerts Bremen/Lausanne,* las dos anteriores grabaciones en solitario. La más efusiva fue la de Robert Palmer en *Rolling Stone,* quien afirmaba que, por primera vez, una música grabada en disco había penetrado profundamente en la esfera del trance de la que Terry Riley y La Monte Young habían sido los exploradores pioneros: «Casi cualquiera tendría que sentirse atraído de inmediato por esta música. He aquí lo asombroso de Jarrett: da igual lo que escriba, lo hace con claridad y respeto a la tradición. Con el vocabulario melódico y armónico más elemental, logra crear combinaciones novedosas e inesperadas. No suena nunca vanguardista o extraño, sino siempre como algo nuevo, y parece estar en el mejor camino para dejar atrás categorías y convertirse a la vez en un artista popular en el sentido más estricto y extenso de la palabra». El crítico de *Downbeat* sostenía que la fortaleza de la grabación consistía en su engañosa sencillez y transparencia, así como en su insistente congruencia. «El arte de Jarrett es una manifestación singular en la música y *The Köln Concert,* su documento más emocionante y elocuente».

En estas recensiones se perfila ya la tendencia a considerar la grabación no solo como obra de arte musical sino, más bien, como un fenómeno que trasciende la manifestación artística, elevando este concierto al rango de icono de la época. De hecho, en los años setenta, la funda blanca del vinilo engalanaba las estanterías de discos de los pisos estudiantiles del mismo modo en que, una década atrás, los pósteres de Che Guevara y Angela Davis habían adornado las paredes de las viviendas compartidas y sus respectivas comunas. La música de Jarrett fue recibida como la expresión directa de aquellos tiempos y aparecíase, a un tiempo, como el reflejo inadvertido de su arte ante su propio creador. En los ascéticos años del free jazz, que iban acompañados de una revisión general del concepto del arte y de una declaración de lucha al conformismo de la cultura afirmativa, los músicos aún tocaban en contra de todo: las armonías, los ritmos continuos, las formas, las jerarquías. Ahora Keith Jarrett se sustraía al ritual negacionista colectivo. En cierto modo, se tomó la libertad de ser conservador y, ante todo, hedonista.

En su libro *The Blue Moment,* que se ocupa de la grabación más célebre de Miles Davis, *Kind of Blue,* Richard Williams cita a la actriz de cine Kristin Scott Thomas, quien se refirió al atractivo de esta grabación y al vínculo emocional que la unía a ella. Sería del todo apropiado asociar escenas similares a *The Köln Concert,* pues ambos discos —por distintos que sean desde el punto de vista de su factura— entran, según parece, en la categoría de la música sugestiva de los recuerdos a la que aludía Werfel: «Yo acababa de conocer a mi futuro marido. Es francés, y nos dirigíamos a la casa de campo de su abuela, en Normandía, a bordo de un Peugeot 404 cuyo techo goteaba y con esta música en el radiocasete. Cuando la oigo, me recuerda el cuero viejo, el amor loco y aquel viaje al mar». De modo parecido, *The Köln Concert* fue incorporado a la narrativa posterior —por ejemplo, *Pictures of You,* de Jane Elmor (2009), o *Redemption Song,* de Bertice Berry (2001)— como un accesorio escenográfico de los años setenta, convirtiéndose, por así decirlo, en objeto de identificación sonora de una época; una función idéntica a la que las síncopas de *ragtime* de Scott Joplin cumplieran para la incipiente era del jazz, o a la que la sección de vientos, integrada por cuatro saxos y un clarinete líder, de la orquesta de Glenn Miller desempeñara para los últimos años de la Segunda Guerra Mundial y los primeros años que la siguieron.

Pero *The Köln Concert* es, ciertamente, algo más que un perfume especial que sigue despertando, aún hoy, de-

terminados recuerdos y asociaciones de ideas. Ya a mediados de los años setenta, numerosos artistas de otros
géneros lo comprendieron como una peculiar forma de
autoafirmación cultural, señal de un espíritu libre contra
el cinismo del mercado del arte y la arbitrariedad de un
arte decorativo, además de contrapeso a la falta de comunicación de la época moderna, y lo agregaron a su propio
acervo de manifestaciones artísticas. La divisa, entre iró-
nica y afirmativa, de Hans Werner Henze según la cual
una música no tenía por qué ser horrenda para pasar por
moderna, podría haber servido también de máxima irrenunciable a Jarrett. Para la libre improvisación, esta sonámbula predisposición a la recepción de todo lo que
ofrece el momento, el psicoanálisis ha acuñado el concepto de «atención flotante», una actitud aprovechada
con fines poéticos por escritores como Marguerite Duras:
«Cuando escribo, tengo la sensación de hallarme en un
estado de extrema desconcentración, no me poseo en absoluto, soy un colador, tengo la cabeza agujereada». Duras
era consciente de la relación que existía entre el *free playing* de Jarrett, una especie de «improvisación autocum-
plida» o «improvisación automática» y su propio método
de *écriture automatique,* una «forma de escribir fluida»
llena de repeticiones, vaguedades y oscilaciones. En su
obra *El verano del 80* rinde homenaje a su alma gemela
insertando el piano de Jarrett como objeto encontrado a
sus notas de Cabourg escritas a modo de diario: «Veladas
escritas, embalsamadas en lo escrito, en adelante lecturas
sin fin, sin fondo. (...) Brutal es ahora la venida de la noche. Quedan los casinos difuntos, el vacío monumental de
sus salones de baile. Quedan los dispendios. Las salas de
juego están repletas; detrás de pesadas cortinas, el piano
de Keith Jarrett, el resplandor de las arañas».

Otros artistas han hecho un uso más intenso de la
forma de interpretación asociativa de Jarrett, su memoria musical sin recuerdo. Cuatro años después del golpe

de ingenio de éste, Robert Wilson dirigió, en el teatro berlinés Schaubühne, una historia de amor musical de dieciséis escenas que llevaba el críptico título *Death, Destruction & Detroit*. *The Köln Concert* parecía como hecho a propósito para servir de base musical a la sonámbula coreografía para diecinueve bailarines de la escena novena de esta obra de casi seis horas de duración. La pieza de Wilson no contaba una historia, no se apoyaba en ninguna teoría ni estaba sometida a cronología alguna. Los sonidos insistentemente circulares de Jarrett resultaban como transposiciones musicales del abstracto acontecer escénico: melodías sin letra para el teatro sin argumento.

La música de jazz es, de acuerdo con la concepción de sus intérpretes, no solo una manifestación absolutamente personal, sino, sobre todo, íntima. Jarrett siempre ha tocado así: con el corazón, el alma y el intelecto. No es casualidad que Robert Bly, poeta estadounidense y traductor de Rilke, se sintiera inspirado por la estética radical de Jarrett, y que a su vez el pianista añadiera los poemas de Bly como comentarios a sus discos, editados con un esmero propio de bibliófilos. En *When Things Are Heard*, Bly describe como Jarrett toca: «Hay energías que solo vienen si uno arde, / quien añora la fe debe sentarse en el fuego».

Las confesiones íntimas se confían a los diarios. El actor y director de sí mismo, Nanni Moretti, hizo pública la tesitura de su alma: para su película *Caro Diario* eligió, en 1993, una estructura episódica de tres partes, dando lugar a un estrambótico cuaderno de imágenes libremente asociativas de un viaje por Italia, en el cual habla sin pausa y sin preocuparse de que al espectador le interese o no. En la primera parte del film, Moretti lee un artículo sobre Pasolini, luego se desplaza en una Vespa al lugar donde éste fue asesinado. Playas desoladas, una cerca de malla rota al borde de la carretera, edificios venidos abajo... *The Köln Concert* forma el decorado sonoro de aquellos planos, al igual que antaño en las películas de Michelangelo Antonioni, la música de Pink Floyd enmarcaba los paisajes industrializados del norte de Italia.

La relación de Jarrett con *The Köln Concert* es de una extraordinaria ambivalencia. El pianista mantiene una actitud distante hacia todo lo que la opinión pública denomina éxito artístico cuando éste no es sinónimo de logro estético. Como les compartía ya en otro lugar, trasluce también ahí la eterna desconfianza del jazzista a cuanto se asocia al concepto de «comercial». Obviamente, los músicos de jazz quieren que su arte tenga reconocimiento; a veces, quizá, hasta lo anhelan. Pero cuando llega uno a lo más alto, lo rechazan preventivamente como un virus del sistema capitalista con elevado riesgo de infección.

Resulta instructivo en este contexto lo que Jarrett dijo en entrevistas recientes sobre el tema. Interrogado por *Times online* si todavía escuchaba el recital colonés, dijo lo siguiente: «No. Hay demasiados tonos que están fuera de lugar... Tal como suena no me gusta. Si volviera a grabarlo, la gente se extrañaría de cuántas notas eliminaría». Aún más reveladora es la respuesta que le dio a Stuart Nicholson en una entrevista de octubre de 2009, en la que éste le preguntó qué grabaciones propias recomendaría a alumnos para el estudio: «Tengo una relación compleja con *The Köln Concert*. Primero he de constatar que en él no toco el piano ni de lejos tan bien como lo hago hoy. Si lo escucho como pianista, no oigo la pulsación que tengo hoy. No oigo ninguna dinámica. En realidad, no lo oigo como si lo hubiesen tocado mis manos. Pero ahí están esos acoplamientos que se dan como por sí solos, eso no se encuentra en ninguna discografía. Fue una instantánea y yo tenía el piano equivocado. Pero esas ideas daban vueltas en mi cabeza... y era joven... Esos timbres y conducciones nadie los usaba entonces de esa manera. O sea, lo que ocurre en el momento en que aparece un álbum se debe, en parte, a cómo es acogido... Por eso, quizá elegiría *Paris/London* y *The Köln Concert*. Y quizá algo abstracto, como *Radiance*. Tal vez eso sería una buena combinación».

No existe un análisis representativo capaz de mostrar el efecto que *The Köln Concert* obra en personas que ahora tienen la misma edad que el público de Jarrett en aquel entonces. A algunos de quienes fueron testigos del evento y escuchan hoy la grabación, el *pathos* de aquellos sonidos, los himnos de jazz, gospel y tradicional canción norteamericana, la romántica prolijidad y los insistentes patrones rítmicos, toda aquella obra compacta y polícroma, les parecerá una buena historia de siempre que conocen desde hace tiempo y, no obstante, quieren que se la repitan una y otra vez. Hay algo de cuento de hadas en aquel sonido.

10
EL CANCIONERO
DE ESTADOS UNIDOS

Una gélida mañana de enero de 1983, Keith Jarrett, Gary Peacock, Jack DeJohnette y Manfred Eicher cenaban en un restaurante indio de Nueva York y hablaban de lo que grabarían durante los próximos tres días en el Power Station de la calle 53 oeste, un estudio cercano al río Hudson donde la zona empieza a adquirir tintes de sordidez. Obviamente, no se habían reunido para esbozar sobre un posavasos, y en el último minuto, entre el curry de verduras y el pollo Tandoori, el programa de una producción. El proyecto, que se debía a la iniciativa de Jarrett y Eicher, era conocido por todos, y cada uno se había preparado para el mismo como corresponde a un profesional. No obstante, la reunión tenía que servir también para perfilar últimos detalles.

Jarrett y DeJohnette se conocían de su período común con Charles Lloyd y Miles Davis, hasta el punto de que los ritmos y sonidos que se servían el uno al otro en conciertos y en el estudio, funcionaban ya como vocablos de un lenguaje familiar a los que cada uno podía reaccionar adecuadamente. La relación entre Jarrett y Peacock, en cambio, había sido más de naturaleza efímera. Seis años atrás, habían producido *Tales Of Another* en trío con DeJohnette. Jarrett entonces no concedía demasiada importancia a aquella grabación de estudio dirigida por el bajista, y después los caminos musicales de ambos no volvieron a cruzarse. Pero ése no era el problema. La dificultad consistía más bien en el material musical objeto de la grabación. Los tres músicos lo conocían; sin embargo, discrepaban sobre su valor.

Jarrett había tenido la idea de grabar en exclusiva estándares, a saber, el repertorio del llamado *Great American Songbook,* el gran cancionero americano, una miscelánea no claramente acotable de temas de éxito salidos de espectáculos de revista, películas de Hollywood y musicales de Broadway de los años veinte, treinta y cuarenta principalmente. Aquellos temas venían constituyendo una nutrida parte del repertorio de los músicos de jazz. Con todo, la vanguardia de la década de los sesenta, con su proclividad revolucionaria a hacer tabla rasa, los hubiera mandado a la luna o al menos confinado en el índice de lo prohibido. Incluso entre numerosos jazzistas estilísticamente más moderados, aquellas canciones, a menudo sentimentales, tenían fama de servir solamente para el bar de la esquina, a horas tardías y con la consabida clientela en avanzado estado de predisposición. Ese repertorio, con el que a la fuerza se había criado todo estadounidense del siglo XX, Jarrett tuvo que asimilarlo en sus años de galera por los bares de copas de Boston, donde acompañaba a cantantes de ambos sexos con su trío formado por alumnos que habían abandonado el Berklee College. Sobre algunas de aquellas canciones improvisaría más tarde en sus conciertos solos, por lo general en las propinas, con maestría y gran finura.

Gary Peacock, diez años mayor, contaba, en palabras de Jarrett, con un pulcrísimo pasado de vanguardia. En los primeros sesenta y después tocó con Albert Ayler, Don Cherry, Roswell Rudd, también con Paul Bley y Miles Davis... vanguardistas de tomo y lomo. Posteriormente, se retiró por completo de la escena musical para vivir una temporada en Japón, donde aprendió el idioma y estudió medicina y filosofía oriental. Tras su regreso obtuvo también una titulación en microbiología. Fue con gran demora que volvió a la música. ¿Pero grabar estándares? Eso habría sido lo último que se le hubiera pasado por la cabeza. Presumiblemente, fueron la autoridad e integridad musical de Jarrett y DeJohnette, y la seriedad de Eicher, las que terminaron por convencerle de enfrentarse a un material que, en su opinión, no dejaba de estar ya muy manido.

Al principio, se programó una sola grabación y no se pensó en giras ni tampoco en una dedicación prolongada a los estándares. Además, convinieron tocar solo en clubes y establecimientos afines al carácter de las canciones. Sin embargo, ya en la primera sesión de registro se perfilaba que el proyecto tomaría dimensiones más amplias. En vez de la única producción prevista se realizaron, en un período brevísimo, nada menos que tres, de las cuales dos eran grabaciones casi puras de estándares (con la composición propia «So Tender» infiltrada por Jarrett) y la tercera fue intercalada, en cierto modo, como ejercicio de relajación musical. Los conciertos que siguieron en septiembre del mismo año en el Village Vanguard, y tuvieron continuidad a partir de finales de 1984, resultaron tener tanto éxito que se dio carpetazo a la idea de actuar solo en el reducido círculo de clubes, y se añadieron muy rápidamente salas de conciertos y festivales de cierto tamaño. Por inverosímil que pueda antojarse, la actividad se ha prolongado —¡quién lo hubiera pensado aquella noche de enero de 1983!— durante un período de más de treinta años, en los cuales el conjunto ha inscrito su nombre oficioso de «trío de estándares» en los anales del jazz.

La dilatada y próspera existencia de la banda sorprende por varios motivos. El trío es de los formatos más corrientes, podríamos decir también conservadores, y a la vez más exigentes del jazz desde el punto de vista musical. Quien decide adoptarlo provoca la comparación con los astros del gremio, pues en casi todas las fases estilísticas del jazz ha habido excelentes formaciones de este tipo. Todo pianista que se precie ha tenido en determinados momentos un conjunto de esta índole. Tocar en trío no permite esconderse: en ningún ámbito cada sonido, cada reacción y cada desacierto se ponen tan de manifiesto como en esta tradicional disciplina reina, que separa al genio del charlatán como la trilladora aparta el grano de la paja. A menudo, los pianistas que lideraron un trío también fueron los que hicieron progresar el jazz estilísticamente y marcaron su cambiante fisonomía.

Dejando de lado ciertas grabaciones de los años 20 realizadas mediante instrumentaciones temerarias con Bix Beiderbecke (no como corneta, sino como pianista asistido por un saxo y una guitarra) o Jelly Roll Morton (con los hermanos Johnny y Baby Dodds al clarinete y al bajo), los más tempranos tríos de jazz de entidad propia fueron, sin duda, los de Clarence Profit y Nat King Cole de finales de los años 30 y principios de los 40, aunque su instrumentación aún era la de piano, guitarra y bajo, sin batería; una instrumentación que, al comienzo, fue retomada por Art Tatum, hasta que en los años 50 colaboró con el baterista Jo Jones. También el líder de big band Benny Goodman tocó, en ocasiones, en trío con Gene Krupa a la batería y Teddy Wilson al piano, cuya mano izquierda sustituía al bajo. Asimismo, hay notables grabaciones llevadas a cabo en esta agrupación por Duke Ellington con el bajista Charles Mingus y el batería Max Roach. Por otra parte, es básicamente a este formato al que el pianista canadiense Oscar Peterson debe su reputación de improvisador elocuente y virtuoso; al principio empleaba, como antaño Nat King Cole y Art Tatum, una guitarra en vez de la batería. Grandes intérpretes de trío fueron también Erroll Garner, Hank Jones, Phineas Newborn jr., Bud Powell, McCoy Tyner, Hampton Hawes, Ahmad Jamal, Paul Bley y, sobre todo, Bill Evans, quien, desde la década de los 50, ha ejercido una notable influencia en casi todos los pianistas de jazz.

El Bill Evans Trío, con tres voces de igual rango, sirvió de modelo al primer trío de Jarrett, con Haden y Motian, y también y en particular al segundo, compuesto por Pea-cock y DeJohnette. Desde el principio y hasta la más reciente grabación en directo, *Somewhere,* del año 2009, las portadas de los discos rezaban a machamartillo: Keith Jarrett, Gary Peacock, Jack DeJohnette, igualados en cuerpo de letra, en rango y en prominencia. No se trataba ni de coquetería ni de engaño a los oyentes. Simplemente, ya no se querían jerarquías; como tampoco las quisieron Evans ni relevantes compositores de tríos para piano de la música clásica y romántica, desde Mozart hasta Chaikovski pasando por Brahms. También ellos ennoblecieron, en realidad, el trío de piano llevándolo al absurdo. La dominación del instrumento de teclado frente a los dos instrumentos de cuerdas, que se expresa ya en el propio nombre del género, «trío de piano», siempre fue molesta a su oído. Querían un coloquio a tres, en el que los timbres contrastantes de tan dispares instrumentos lucieran de un modo aproximadamente parejo.

Nadie sabe si Jarrett, Peacock y DeJohnette hubieran permanecido juntos en esta constelación estrechamente limitada si su quehacer a lo largo de los años se hubiese reducido a ella. No fue el caso. El trío era para los tres, en especial para Jarrett, una tarea musical entre otras muchas. Se reunían para dar conciertos o irse de gira; por lo demás, cada uno seguía sus propios e intrincados caminos hacia el Parnaso de la música. Aún más sorprendente es que fuera justamente en los estándares donde los tres desarrollaran tan largo aliento. Durante su continuada actividad concertística han aparecido hasta hoy dieciséis grabaciones en vinilo y en compacto, además de la producción en estudio de un homenaje a Miles Davis tras la muerte de éste en 1991, grabada igualmente en el Power Station de Manhattan, y tres registros integrados básicamente por composiciones de Jarrett.

Los estándares, en su doble significado de melodías de éxito de popularidad perenne y canciones estereotipadas, que responden por lo general a la forma AB o AA-BA de treinta y dos compases y con base armónica de tónica, subdominante paralela, dominante y tónica, son productos de la industria del entretenimiento norteamericana de la primera mitad del siglo XX, aunque sus raíces se hunden en la música popular y ligera de la centuria anterior. Cubren un espectro tan amplio y, al mismo tiempo, un desnivel de tanta envergadura, que los juicios positivos acerca de su sofisticada sencillez, sus atmósferas sutiles y sus originales giros melódicos parecen igual de comprensibles que los comentarios mordaces sobre los clichés sentimentales, los temas banales y los sonidos trillados que pueden encontrarse en ellos. Sea cual sea la valoración de las heterogéneas creaciones surgidas en esta pulida tarima que es el entretenimiento musical, los máximos criterios para ser acogido en el panteón del *Great American Songbook* fueron siempre la concisa figura melódica y la fácil «cantabilidad», al alcance de cualquiera, aunque precisamente esta última constituye una categoría interpretable, según tuvo que comprobar a veces el propio Jerome Kern, uno de los compositores más importantes de estándares: cuando en 1933 publicó su musical *Roberta,* con temas del rango de «Smoke Gets In Your Eyes» y «Yesterday», un crítico dictó la sentencia demoledora para todo fabricante de temas de éxito, de que no había oído una sola canción que pudiera silbarse al salir del teatro.

Visto desde esta perspectiva, podemos entender el terremoto que los revolucionarios del bebop provocaron en los años cuarenta, cuando muchos de ellos empezaron a utilizar estándares para sus improvisaciones prescindiendo por completo de los rasgos más esenciales de éstos, a saber, sus melodías, y empleando para sus adaptaciones solo las progresiones armónicas, los *changes.* Así, por ejemplo, «Indiana» se convirtió en el «Donna Lee» de Miles Davis, «Cherokee» en el «Ko-Ko» de Charlie Parker o

«I Got Rhythm» en el «Anthropology» de Dizzy Gillespie o el «Lester Leaps In» de Lester Young. El fraseo temático y motívico del bebop no permitía identificar su derivación de la música ligera.

Jarrett, melódico por excelencia, nunca ha desdeñado el material temático de los estándares. Repetidas veces ha lamentado que esa capacidad para escribir melodías que los grandes compositores de estándares como Jerome Kern, Richard Rodgers, Harold Arlen, Cole Porter, George Gershwin, Vernon Duke, Victor Herbert, Vincent Youmans, Hoagy Carmichael, Harry Warren, Irving Berlin o también Kurt Weill poseían en abundancia, esté en peligro de extinción: «Los estándares se subestiman, creo que la gente no comprende lo difícil que es escribir melodías». Los grandes compositores siempre fueron conscientes de ello y apreciaban a los colegas con ocurrencias melódicas geniales, incluso a quienes, legítimamente o no, se les encasillaba en el mundo del entretenimiento. George Gershwin era para Arnold Schönberg uno de los compositores norteamericanos más importantes de la primera mitad del siglo xx, y Johannes Brahms sabía muy bien por qué anotó bajo el comienzo del vals «El Danubio azul», de Johann Strauss (hijo), estas muy citadas palabras: «Por desgracia no es mío».

Sus originales melodías constituían sin duda una razón de peso para que Jarrett recurriera una y otra vez a los estándares. Por lo demás, su opinión acerca de las pautas objeto de improvisación coincidía con la de muchos jazzistas: no importa el material, sino lo que se hace con él. Por su riqueza de ideas, sus sorprendentes métodos de elaboración y su manejo de la carga emocional de los temas, las interpretaciones de Jarrett trascienden con creces lo que se suele escuchar en este campo. Es posible que, entre otras cosas, ello se deba a que, a diferencia de muchos jazzistas, Jarrett se centra también en las letras de las canciones e integra el contenido sentimental de la poesía, llegando con frecuencia a grandiosas sobreinterpretaciones. No son pocas las cancioncillas sin mérito y que han sido pasto del olvido que ha elevado al rango nobiliario de arte.

Esa facultad de sublimación es, tal vez, el mayor elogio que puede tributarse a un intérprete de estándares. Eso vale también para Chet Baker, por ejemplo, cuando con abismal melancolía sopla al micrófono «My Funny Valentine», o para Bessie Smith con su interpretación insuperablemente emotiva de «After You've Gone», un estándar que todos los representantes de la primera generación de *jazzmen* llevaban en su equipaje de mano. Como sucede tantas veces, Jarrett tiene lista una explicación original para su afinidad a los estándares, tesis que, por otra parte, no le impide seguir tratando de crear sus estándares propios e improvisar libremente sobre ellos usando toda clase de artimañas musicales: «Hoy en día cada uno escribe su propia música, y ésta es una de las razones por las que hay tanta música mala».

Cabe esgrimir todavía otra tesis para explicar por qué los músicos de jazz retoman una y otra vez los estándares del gran cancionero estadounidense. Parece que en esa querencia se manifiesta también su secreto amor al entretenimiento, a los temas populares, al éxito, en definitiva, del que pueden participar interpretando estándares; éxito que, con menor frecuencia, logran con canciones posiblemente más exigentes desde el punto de vista artístico. Pero quizá no es más que el rincón del *kitsch* que los propios músicos de jazz eligen, de vez en cuando, como cobijo donde descansar de las fatigas de la creatividad permanente y del rigor estético que se les exige sin cesar, y que a menudo ellos mismos se autoimponen.

Por otra parte, el *Great American Songbook* es un canon del que debe ocuparse todo *jazzman* que se precie. Es el acervo de citas del jazz. Quien no domina los *changes* de «All Of Me» o «I'll Remember April» reduce al mínimo sus opciones de intervenir en una *jam session*. El batería y periodista Uwe Schmitt ha calificado acertadamente los estándares reunidos en el cancionero como información genética, como parte del ADN del jazz. Quizá los estándares forman parte también del inconsciente colectivo de la nación estadounidense. Sin embargo, el *Great American Songbook,* lejos de ser un libro cerrado es uno abierto, un *work in progress* susceptible de completarse no solo con canciones de actualidad, sino también con lo que se entiende por estándares del jazz. Jarrett, como cualquier jazzista, los ha interpretado una y otra vez, y con sus composiciones propias ha realizado su marcada aportación a los mismos.

En 1996, Herbie Hancock sacó un álbum llamado *New Standards,* que incluía las canciones de la joven generación pop vestidas de jazz. Ello despertó el espíritu de la contradicción de Jarrett, un músico históricamente alerta: «Herbie estaba totalmente equivocado. El concepto "estándar" se limita a un período determinado en el que trabajaban los grandes cantantes y letristas. Esa era permanecerá inalcanzable para todos los tiempos». Jarrett solo contemplaba aquella época de principios del siglo XX en la que los sellos de música norteamericanos, residentes casi todos en la llamada Tin Pan Alley, la calle 28 de Nueva York, tenían contratados a un sinnúmero de compositores con el fin de que compusieran temas de éxito para espectáculos, musicales y películas. Entre aquellos compositores, denominados *song pluggers*[1]*,* figuraban también, por temporadas, George Gershwin y Lil Armstrong. Los tiempos de la Tin Pan Alley, con su lucrativa *sheet music*, ediciones para uso doméstico, se acabaron con la emergencia del rock'n'roll en los años cincuenta y el papel de jóvenes intérpretes que actuaban para un público ex-

---

1. Vocalista o pianista empleado por grandes almacenes, tiendas de música y editores de canciones a principios del siglo XX para promover y ayudar a vender nuevas partituras. (*N. del E.*)

clusivamente joven. Aquellos adolescentes ya no asistían a espectáculos de variedades ni coleccionaban partituras, sino que escuchaban a sus ídolos en directo y les compraban los discos.

Contrariamente a Jarrett, Herbie Hancock utiliza el concepto «estándar» como sinónimo de *everggreen* [perenne] o «hit», no ligado a una era y tan a prueba de la intemperie como un estándar de manufactura Tin Pan Alley. Si las canciones de la música popular —digamos, de forma generalizada,de la era de los Beatles, Bob Dylan o Joni Mitchell— tienen realmente menos calidad que destacados ejemplos de la producción a destajo de un *song plugger* de los años veinte o treinta, que entró a formar parte del *Great American Songbook,* probablemente solo lo demostrará el futuro. La durabilidad de una canción de éxito nunca ha tenido garantía.

Tozudamente preocupado por el deslinde terminológico en lo concerniente a la teoría, Jarrett no usa ni mucho menos tanto rigor discriminatorio en su práctica musical. En el fondo, su actividad con el trío se ha basado desde el comienzo en tres fuentes copiosas: además de los estándares del cancionero en sentido estricto, composiciones de relevantes jazzistas que con el tiempo se han convertido en los llamados estándares de jazz, así como una selección de composiciones propias que interpreta una y otra vez, siendo posiblemente él el único que las prefiera a fin de atribuirles calidad suficiente para alcanzar algún día dicha categoría y ser incorporadas al cancionero.

Desde sus primeras grabaciones en 1983 puede observarse la versatilidad con que el trío de Jarrett, Peacock y DeJohnette procede en materia de estándares. El hecho de que Peacock y DeJohnette no vean agotados sus papeles en apoyar las armonías y afirmar el ritmo también tiene que ver seguramente con que ellos mismos son versados pianistas; no sería del todo erróneo decir que en las actuaciones del trío se escucha esporádicamente a tres intérpretes de piano. En cualquier caso, resulta comprensible lo que DeJohnette apuntó a finales de los años ochenta para caracterizar esta música: «Cada vez que toco con el trío recibo clases de piano». Lo que entonces aprende repercute, al parecer, en su forma de tocar la batería, cuando trata los timbales y la caja como teniendo que diferenciar entre teclas blancas y negras y como si en sus tambores hubiese semitonos. Al mismo tiempo, Jarrett toca como si el piano tuviese una boquilla, al igual que el saxo, con la que se pudiera producir, en el piano, un legato de viento, los característicos sonidos sucios del blues y las cantilenas propias de las grandes recitadoras de jazz, desde Ma Rainey hasta Dee Dee Bridgewater.

No es casualidad que la primera grabación del trío comience con «Meaning Of The Blues», de Bobby Troup, que solo con la versión de Miles Davis en *Miles Ahead* se convirtió en estándar de jazz. Esta tarjeta de visita de la formación ya indica que aquí no solamente se abre un nuevo capítulo en la interminable historia del trío de jazz, sinó que aparece un libro entero que a lo largo de los años crecerá hasta adquirir dimensiones de enciclopedia. La libre introducción a «Meaning Of The Blues» se guía en igual medida por la escritura pianística romántica de Robert Schumann y por introducciones de jazz tradicionales, caracterizadas por anticipaciones motívicas del tema y la posterior presentación del mismo en un diálogo contrapuntístico entre piano y bajo. Pero ya la segunda pieza de *Standards, Vol. 1* abandona los acostumbrados cauces sonoros. «All The Things You Are», una de las canciones más populares pese a complejidad y su modulación, por confusión enarmónica, hacia toda una serie de tonalidades lejanas, Jarrett la presenta inequívocamente desde el primer compás con la conducción melódica que le caracteriza. Sin embargo, los motivos melódicos de la mano derecha se ven interrumpidos rítmicamente por contrapuntos extrañamente ralentizadores de la izquierda, como si ésta quisiera dificultar la identificación de la pieza o dar mayor atractivo a la conducción melódica, demasiado simple en comparación con la armonía. El resultado podría calificarse de música cubista, de correlato acústico de los cuadros figurativos del Picasso tardío, en los cuales se ven caras de perfil que, no obstante, muestran ambos ojos.

Son modificaciones de este tipo las que distinguen y hacen tan nueva y atrayente la interpretación de Jarrett, aunque muchos elementos de su estilo improvisatorio son derivables de la tradición del jazz. En realidad, esto puede decirse también de DeJohnette y Peacock, quienes a menudo renuncian con toda naturalidad a acentuar el pulso porque el latido de los tres músicos sigue presente y perceptible. Cuando el piano, el bajo y la batería dan fe de su autonomía rítmica y sonora, como por ejemplo en «The Masquerade Is Over», su sonido resulta de una homogeneidad similar a la del líquido de unos vasos comunicantes. La fuerza de la gravedad se encarga siempre de establecer la armonía entre las señales musicales y la unidad dentro de la diversidad de las ideas. Incluso aquellos estándares que se asocian a un intérprete muy determinado y, por consiguiente, son declarados sacrosantos por otros cantantes e intérpretes, Jarrett, Peacock y DeJohnette los abordan con aquella mezcla de maestría y respeto que otorga una nueva mirada a un viejo conocido. Es el caso, por ejemplo, de la interpretación de «God Bless The Child», de Billie Holiday: pocas veces se ha escuchado de esta canción una versión instrumental tan hímnica y potente, tan cercana a la cadencia de gospel de la cantante. Parece como si Jarrett hubiera transferido a este arcaico tema la técnica del ostinato propia de sus actuaciones libres en solitario, y hubiera querido reducir el circuito de las cadencias de blues a un acorde único, repetido casi obsesivamente, para compensar con medios sonoros —y apoyado por el tambor mayor Jack DeJohnette y sus vetustos redobles— el fervor vocal que el instrumento le niega.

Similar es el comportamiento del trío en *Standards, Vol. 2,* de la misma sesión de grabación, donde Jarrett presenta, en primer lugar, «So Tender», una de sus propias piezas, que, de no conocerse su origen, haría a más de uno dudar un buen rato acerca de lo que este tema evoca. Por lo visto, Jarrett compuso aquí un prototipo de estándar que de alguna manera parece familiar. Prueba suficiente de su capacidad para sacarse de la manga también canciones de ese tipo. El hecho de que aquel paso por el estudio diera también *Changes,* una grabación con extensas improvisaciones al estilo de su *free playing,* evidencia lo rápidamente que los músicos lograban acoplarse unos a otros. También muestra la necesidad de intercalar algo distinto entre los estándares que, en el fondo, presentan una estructura muy esquemática, fortaleciendo así una y otra vez el sentido de la creatividad.

Dos años después, durante un concierto en Cerdeña, ocurrió algo que en el auditorio prácticamente nadie debió de notar pero que hizo ver a los músicos del trío cuán rápidamente se corre el peligro de acartonarse en moldes preestablecidos. Estaban tocando la balada «My Ship», de Kurt Weill, cuando los tres cayeron en un modo de interpretación autómata como si un piloto automático hubiese tomado el mando. Jarrett describió detenidamente aquel momento a su biógrafo Ian Carr: «Juro que fueron tres minutos de mi vida en que no viví. Levanté la vista y en una fracción de segundo Gary y Jack me devolvieron la mirada con la misma expresión vidriosa en la cara. Minutos después hicimos una pausa y abandonamos el escenario. Les dije: "Muchachos, si esto nos vuelve a pasar sin que nos demos cuenta en tres minutos, será el final de la interpretación". Fue como un apagón, como si cortaran la corriente y tú siguieras sentado ahí». Es de suponer que solo les sucedió una vez. De lo contrario, difícilmente seguirían saliendo juntos a los escenarios después de tres décadas.

Dignas de atención son también las grabaciones *Standards Live* y *Still Alive,* de 1985 y 1986, materializadas en conciertos ofrecidos en Europa. Sobre todo la segunda es un homenaje latente al legendario Bill Evans Trío con Scott La Faro y Paul Motian y al que es quizá su álbum más significativo, *Portrait In Jazz,* del año 1959. Cuatro estándares importantes de *Still Alive* se encuentran también en la producción de Evans: «Autumn Leaves», «Come Rain Or Come Shine», «When I Fall In Love» y «Some Day My Prince Will Come». Pero ahí ya acaba la relación, pues las interpretaciones no se parecen ni por el carácter de los temas ni por la estructura de la improvisación o el manejo individual de cada instrumento. En todo caso, los dos tríos tienen en común la intervención de todos sus integrantes en pie de igualdad y el desarrollo sumamente musical de algunos sonidos ocultos en las canciones. Por otra parte, si Peacock aún mantenía su escepticismo frente a los estándares, lo expurgó magistralmente con su interpretación desde esta inspiradora grabación. Además, los tres demuestran aquí que son excelentes intérpretes de baladas.

Con *Changeless,* grabado en otoño de 1987, Jarrett fundió definitivamente su *free playing* en solitario con la actuación en trío. Cuando en «Dancing», Peacock ratifica con riffs ronroneantes los ostinatos de la mano derecha de Jarrett o dobla al unísono los motivos melódicos del piano y, en «Lifetime», DeJohnette interviene con ritmos machacones en la canción de trabajo, parece confirmarse la tesis de Alfred Einstein según la cual la esencia de la música no es la fugacidad sino la durabilidad. Una cadencia es, según Einstein, un edificio tan estable y redondo como la torre de Sant'Apollinare in Classe en Ravena, invulnerable a los terremotos. Y esto vale aún más para un único acorde básico cimentado con un ostinato de Jarrett y apoyado por el bajo y la batería.

Otro ejemplo de la versatilidad del trío se nos ofrece en *The Cure,* grabación realizada en 1990 en el Town Hall de Nueva York, en la que Jarrett, que a causa de su persistente predilección por la música clásica había dejado de contar para algunos como músico de jazz, demuestra, de impresionante forma, su sentido del swing y su dominio de cualquier sofisticación imaginable del bebop. A veces da la sensación de haber bebido de la copa de *Misterioso*, del druida Thelonious Monk, y de ser por tanto capaz de dinamitar cualquier teclado de piano para sacar a la luz los sonidos de un sistema de cuarto de tono oculto en el mismo. Luego, en «Old Folks», se enfunda el papel de la criatura cándida que recoge los aires de la música popular como la niña del cuento de la lluvia de estrellas.

Es esta capacidad proteica la que sorprende una y otra vez, haciendo de cada concierto y grabación un acontecimiento de altura: por ejemplo, cuando Jarrett devuelve, con impresionistas sonidos hollywoodienses, «Stella By Starlight», incluida en *Standards Live,* a la esfera de la que procedía; o cuando hace terminar «The Song Is You», de *Still Live,* con muletillas de música minimalista, como si el motivo circular se hubiera separado de la canción para seguir girando hasta la eternidad; o cómo en *Standards In Norway*, se desprende, en *up tempo* y apoyado por el bajo rotundamente seco de Peacock, de todas las capas adiposas que había acumulado «Love Is A Many-Splendored Thing», canción pop interpretada por The Four Aces; o incluso cómo, por último, en «Sun Prayer», del álbum *Tribute,* evoca con su funk jazz la atmósfera de los gloriosos días con Charles Lloyd en el Fillmore.

Para todos los jazzistas que colaboraron con Miles Davis la noticia de su fallecimiento, ocurrida en 1991, a la edad de sesenta y cuatro años, debió de caer como una bomba. Jarrett y DeJohnette habían compartido escenario con él en el momento acaso más efervescente de su carrera, a finales de los sesenta y principios de los setenta; Peacock, como sustituto de Ron Carter, incluso varios años antes. Con *Bye Bye Blackbird,* el trío publicó entonces su sonoro homenaje a este gran inspirador de generaciones enteras del jazz. Además, y con frases escuetas, redactaron para el texto del álbum lo que habría podido servir de epitafio; a saber: que Miles Davis fue un médium, un transformador, un banco de pruebas, un campo magnético; que era el verdadero padre del minimalismo, parco en sus notas pero cargándolas de un contenido inmenso.

El respeto a este gran artista fue también principio y guía de la grabación, cuya canción homónima, «Bye Bye Blackbird», recuerda las grandiosas improvisaciones de John Coltrane en el cuarteto de Miles Davis y cuyo «You Won't Forget Me» recoge con sensibilidad aquella balada que Davis tocó en su última actuación, en 1990, como acompañante de Shirley Horne. La pieza de mayor relieve del álbum, junto a «Straight, No Chaser», un disimulado blues de Monk con desconcertante motivo ternario en un compás de cuatro por cuatro, es la composición colectiva «For Miles», un complejo arsenal de sonidos, ruidos de percusión, impulsos, cantilenas libres e inserciones contemplativas. Recuerda todo lo que podía asociarse a Miles Davis, incluyendo también los fraseos de arpegio de Jarrett, que resultan como un traslado al piano del rasgueado de los guitarristas del flamenco, añadiéndole ese colorido español que se encuentra en numerosas grabaciones de Davis, tales como *Miles Ahead, Kind of Blue* o *Quiet Nights,* pero, sobre todo, en *Sketches of Spain,* realizada con arreglos de Gil Evans para banda y orquesta. Fue precisamente en esta pieza donde Jarrett se acercó a aquello que señalaba como su propósito: no interpretar solamente la música de Miles Davis, sino tocar como si fuese él mismo.

Tras aquel homenaje de peso, las grabaciones del Blue Note reunidas en una caja de seis compactos, fueron, en cierto modo, el balance provisional de diez años de interpretación en trío. Un legado para el panteón del jazz, seis conciertos con tan solo tres piezas repetidas. También en esto se muestra el espíritu del grupo, dispuesto a todo menos a los caminos trillados de la rutina. Las tres noches con seis actuaciones en el tradicional club neoyorquino debieron de ser inspiradoras, con un poderoso repertorio bebop, baladas sensuales e incluso piezas como «Now's The Time», tema con el que Miles Davis había grabado su primer solo en disco y al que Jarrett dedicaba ahora improvisaciones llenas de graves acordes en bloque, más propios de Dave Brubeck que del estilo de Jarrett; con un trepidante *up tempo* en «Oleo», el tema emblemático de Sonny Rollins, donde Jarrett y DeJohnette se alternaban en solitario cada ocho compases, sirviéndose mutuamente ideas a raudales; con un constante cambio de tempos entre el adagio de balada, la intensificación a doble velocidad o la superposición de distintas concepciones rítmicas, por ejemplo de la batería, que permanece estoicamente en el tempo básico de cuatro negras, mientras el piano esparce por encima virtuosas cadenas de corcheas o incluso semicorcheas. Pero, como decíamos, no se trataba más que de un balance provisional al que seguirían todavía unos cuantos tomos de portentoso material sonoro para completar la enciclopedia del trío de jazz.

El estudio de toda clase de materiales siempre ha sido una marca de la fisonomía musical de Jarrett. Sin arredrarse, retoma en *Tokyo '96* canciones como la sentimentaloide «Mona Lisa», popularizada por Nat King Cole y destrozada por un ejército de mediocres bardos de moda, para dotarla de un nuevo corsé armónico y una cadencia de balada seria, depurándola de todas las trivialidades sonoras. Cada una de las grabaciones siguientes ofrece interpretaciones originales que uno no hubiera sospechado en aquellos temas. En *Tokyo '96,* por ejemplo, se puede mencionar también «John's Abbey», de Bud Powell, cuya velocidad alocada bien podría ser digna de figurar en el Guinness y cuyo compás de ocho tiempos sobre ocho entre DeJohnette y Jarrett se abate sobre los oyentes como el *Estudio trascendental n° 8* de Liszt, apodado «Caza salvaje». En el álbum *Whisper Not,* de 1999, grabado en directo en París, una mezcla de piezas del *Great American Songbook* y estándares de jazz, aparece, con «Wrap Your Troubles In Dreams», el *ragtime* que ayudó a mucha gente a sobrellevar la Gran Depresión de finales de los años veinte y comienzos de los treinta, y que Jarrett recoge no sin segundas intenciones.

Inside Out, con el que el trío inicia el nuevo milenio y que reúne casi íntegramente composiciones propias de Jarrett, constituye una enormidad de primer orden. A decir verdad, no se trata de composiciones, sino de convenciones para el libre juego de formas que revelan, una y otra vez, un eminente instinto para el blues, el espiritual y la coral religiosa, todo aquello que siempre ha sido la esencia del jazz desde Nueva Orleans hasta Chicago y desde Harlem hasta Downtown Manhattan. Ocurre entonces que en «From The Body» los fragmentos de melodía saltan por los aires durante veinte minutos como si se tratara de un torbellino de piezas de puzzle, hasta confluir en un motivo repetitivo a la Jarrett, sin que se haya resuelto el enigma de los distintos elementos formales. También la composición del título, «Inside Out», está marcada por un continuo ir y venir de motivos aparentemente autónomos, atmósferas de blues, cadencias hímnicas, triples contrapuntos y, a veces, tres tempos diferentes en los que cada uno va improvisando a su antojo, hasta que el fundido de salida acaba, al menos de forma simultánea, con estas tres declaraciones de independencia musical. En «341 Free Fade», sin embargo, los titubeantes asomos de rudimentos de la historia del jazz se ven casi asfixiados por abstractos sonidos de vanguardia que pujan por salir, se sobreponen y se derraman para luego volver a escurrirse como solitarios hilillos sonoros hasta que acaba instalándose una avasalladora sensación de vacío. Sensación engañosa, pues esta banda de roqueros disfrazada de trío ya está esperando para demostrar, en «Riot», con acordes y ritmos agresivos, la superioridad de la materia sobre el espíritu. Hay que reconocerle al trío un tino certero para la dramaturgia cuando, acto seguido, cierran la grabación con «When I Fall In Love», de Victor Young. No deben de ser frecuentes las ocasiones en que, al escuchar una convencional canción de amor en formato estándar, uno respire con alivio estético después de que el previo apelmazamiento de sonidos le haya dejado sin aliento.

"A veces hay que proyectar hacia el exterior lo más íntimo de las cosas a fin de descubrir en qué consisten", apunta Jarrett en el texto de *Inside Out,* sentencia que podría anteponerse como lema a todas las grabaciones que siguieron a esta producción, abriendo nuevos caminos. Es, sobre todo, la siguiente grabación en directo, realizada en Tokio y que lleva por título *Always Let Me Go,* la que está inspirada completamente en esta actitud fragmentarista y en el afán de revisión musical. Pero también los álbumes *Yesterdays* y *My Foolish Heart,* donde se mezclan estándares, estándares de jazz y composiciones propias de Jarrett, obedecen al lema de la introspección musical: por ejemplo, cuando en «Ain't Misbehavin'» y «Honeysuckle Rose», de Fats Waller, o también en «You Took Advantage Of Me», de Richard Rodgers, las síncopas del *ragtime* y las figuras de acompañamiento de la mano izquierda, con tono de bajo y acorde sucesivo como en el *piano stride,* se examinan a la luz de su presunta idoneidad para un contexto de jazz moderno; o cuando, en «Shaw'nuff» de Gillespie, se intenta romper el récord de velocidad al piano. En la pieza que da título al álbum *The Out-Of-Towners,* el principio de la revisión vuelve a estar en sintonía con el principio originario de toda improvisación en el jazz: la variación de un solo motivo se prolonga durante veinte minutos... una prueba abrumadora de las alas que le nacen a la fantasía desde la limitación.

Después de *The Out-Of-Towners* y *Up For It,* grabadas en 2001 y 2002 en la Ópera de Múnich y el festival
al aire libre «Jazz à Juan» de Juan-les-Pins, pasaron siete
años sin que aparecieran grabaciones del trío; solo salieron tres álbumes. Jarrett, eso sí, produjo —una rareza en
su discografía— dos grabaciones a dúo con su viejo compañero Charlie Haden en su Cavelight Studio de Nueva
Jersey en 2007, publicadas en los años 2010 y 2014 bajo
el título *Jasmine* y *Last Waltz,* respectivamente: baladas
íntimas, diálogos desenfadados entre dos almas sintoni-
zadas, a ratos con textura melódica sencilla pero de una
potencia sonora y una expresividad absolutamente cautivadora que hace pensar en las grabaciones tempranas
del primer trío de Jarrett, a las que vino a juntarse, tras
un período de incubación de cuarenta años, la grandiosa producción de trío *Hamburg '72,* realizada en las sesiones de taller de la Radiotelevisión Alemana del Norte
(NDR) en 1972. La relación entre Jarrett y Haden, aunque estuvieron mucho tiempo sin tocar juntos y sin haber
coincidido tampoco en otros ámbitos, siempre ha estado
marcada por un aprecio y una amistad incólumes. ¿Será
casualidad que Jarrett, el 11 de julio de 2014 y durante su
concierto en solitario en el auditorio Parco della Musica
de Roma, tocara, a modo de propina, un tema del disco
a dúo *Jasmine?* Fue la misma noche que Charlie Haden
murió en Los Ángeles.

La que, por lo pronto, es la última grabación del segundo trío, *Somewhere,* data de 2009, pero no se publicó
hasta 2013. En cualquier caso, se trata de una de aquellas
producciones con estándares, estándares de jazz y composiciones propias de Jarrett donde vuelven a confluir
todas las cualidades de este excelente trío. En ciertas partes de «Deep Space», la pieza inaugural, que forma una
amalgama con «Solar», de Miles Davis, Jarrett parece generar redobles de tambor, mientras que DeJohnette efectúa combinaciones de trinos con las baquetas en el *hi-hat.*

Peacock, por su parte, a menudo toca su bajo acústico como si los tonos se produjeran pellizcando las cuerdas del piano en el interior de la caja. Jarrett abre la composición con fría claridad. Frente a la apertura armónica de esta introducción, que va hasta estratificaciones atonales, bizarras esquirlas motívicas y nubes sonoras disonantes, las complejas estructuras con acordes de cuarta de seis tonos de un Aleksandr Scriabin remiten, francamente, a un arrebato tardorromántico. Pero en cuanto entran el bajo y la batería, el gélido frío de una vieja Música Nueva se transforma en una increíble sesión de jazz.

¡Qué intensa interacción concertada! Los *fills*[1] de la batería son prolongaciones melódicas en los respiros del pianista; las líneas del bajo, patrones rítmicos en el tejido percutor del baterista. Los tres tocan precipitándose literalmente en una suerte de trance extático, y en ninguna parte se observa quién ha dado el impulso a esta perpetua transmigración de las almas de los tres «pianistas» en tres instrumentos diferentes. Esto continúa así y al mismo tiempo cambia una y otra vez. El lienzo abstracto del inicio se disuelve en estándares como «Stars Fell On Alabama» o «Between The Devil And The Deep Blue Sea», temas que cobran nueva vida no solo porque se vean enriquecidos y se vuelvan más complejos gracias a las ampliaciones armónicas; Jarrett se atiene siempre al canon tradicional de la variación y del desarrollo motívico de la pauta melódica. Pero el vigor de la interpretación, la congruencia de las ideas musicales compartidas, hacen pensar que todos aquellos viejos temas se oyen ahora de manera distinta. Lo que, además, seduce y puede admi-

---

1. *Fill* (*break* o, también, cambio) de batería: Pasaje musical de corta duración que ayuda a mantener la atención del oyente durante el tránsito de una sección a otra, para deleite y lucimiento del baterista. Son importantes porque esos pequeños elementos musicales sirven principalmente para unir dos secciones diferentes como, por ejemplo, un verso y un estribillo. (*N. del E.*)

rarse en cada concierto, y en cada grabación, es la inagotable riqueza de matices que trae causa de su proverbial seguridad para moldear el sonido a su antojo, elementos estos que propician la eclosión de los mejores momentos del jazz camarístico.

Y, una vez más, Jarrett no sería Jarrett si su improvisación en «Somewhere», de Leonard Bernstein, que combina con su propia composición, «Everywhere», no desembocara en una orgía de ostinatos que recuerda a los increíbles crescendos de sus grabaciones en solitario, como, por ejemplo, *The Köln Concert*. Tal obstinación en un motivo, que raya en la monomanía artística, no se encuentra en ningún otro pianista de la historia del jazz. Puede que, precisamente, esa insistencia obsesiva en las sucesiones de ostinatos sin remedio aparente entrañe el elemento atávico que hace que los orígenes de esta música, preservados en repetitivos rituales de danza y en los cantos circulares mágicos del continente africano, se mantengan vivos.

11
EL JAZZISTA
COMO CLÁSICO

La grabación de la primera parte de *El clave bien tempe-rado* de Bach, llevada a cabo por Jarrett en 1988, fue cau-sa de gran revuelo. No por la obra elegida, puesto que la historia del jazz conoce a virtuosos que se dedicaron también a la música artística europea desde el barroco hasta la modernidad. Por ejemplo, en 1940, Benny Good-man estrenó en Nueva York el trío *Contrastes* de Béla Bartók, acompañado por el violinista Joseph Szigeti y por el propio compositor al piano. En 1956, Goodman oficia-ría como solista de la grabación del concierto para clari-nete de Mozart, realizada con la Orquesta Sinfónica de Boston bajo la batuta de Charles Münch. En 1983, Wyn-ton Marsalis se dio a conocer entre los aficionados a esta música con pasmosas producciones de los conciertos pa-ra trompeta de Haydn, Hummel y Leopold Mozart. Aparte de los mencionados, desde los albores del *ragtime* hasta el presente inmediato pueden encontrarse suficientes ejemplos de jazzistas con ambiciones clásicas, aunque su dedicación al género sea considerada —y no solo por los críticos, sino por los propios artistas— como divertimen-tos o meros ejercicios de relajación estéticos; bieninten-cionadas incursiones en terreno ajeno, emprendidas con un guiño de complicidad.

Pero entonces, en 1988, aparecía Jarrett, el paladín del libre albedrío de las fuerzas musicales, con la obra monumental de Bach, canonizada por Hans von Bülow para todos los tiempos como el Antiguo Testamento de la música artística europea. Justamente Jarrett, el pianista riguroso, el abanderado del éxtasis de la improvisación, se consagraba a una música que precedía a la era del sentimiento y de la expresión. Un artista que veía, con creciente inquietud, en los residuos de su formación musical una suerte de cortapisas a su fantasía, se ponía humildemente al servicio de una obra informada por las estrictas reglas del contrapunto, donde la última palabra correspondía a la composición y no a la ejecución. La opinión pública musical quedó desconcertada, cuando debería haber estado sobre aviso. Lo que inadvertidamente sorprendiera a no pocos de sus seguidores no fue casualidad, ni producto de un inopinado capricho o acaso una transitoria extravagancia ni, mucho menos, un sorprendente giro de ciento ochenta grados del músico. Fue el resultado de una larga ocupación, y de su compromiso insoslayable, y en ningún momento secretista, con ese arte.

Jarrett inició su andadura como niño prodigio de la «música clásica», forjando a muy temprana edad su devoción por Bach y Prokófiev, y nunca la perdió de vista durante su consagración como pianista de jazz aplaudida por propios y extraños. Ya en 1973 presentó sus credenciales con las primeras composiciones de su puño y letra en este campo y, al año, colaboró en Nueva York como invitado de *3/4* para piano y orquesta de Carla Bley, dirigida por Dennis Russell Davies; obra que trasciende ostensiblemente el lenguaje del jazz y que aquel mismo año fue interpretada varias veces con Jarrett al piano. Además, en 1979 interpretó, con Russell Davies y la Orquesta de Cámara de Saint Paul, obras de los individualistas Colin McPhee y Lou Harrison, hasta entonces poco presentes en los programas de conciertos, incluso en el continente americano. En 1982, intervino en el festival de música contemporánea del Cabrillo College de Aptos (California), donde residía Harrison, entre otros en el *Concierto para piano* de Stravinski y *Dance / 4 Orchestras* de John Cage; y cuatro años después, en el *Concierto para piano* de Harrison. Acontecimientos todos estos de los que la crítica estadounidense tomó atenta nota.

A principios de la década de los ochenta, Jarrett apareció también en Europa para interpretar obras de la llamada música serial, por ejemplo, con el renombrado Ensemble Intercontemporain de Pierre Boulez en el parisino Théâtre de la Ville. En Alemania, el Jarrett «clásico» hizo su debut en la primavera de 1982 en dos eventos celebrados en Stuttgart: en el festival «Encuentro con EEUU» del Staatstheater de Wurtemberg con el *Concierto etrusco* para piano y orquesta de cámara de Peggy Glanville-Hicks; y, dos años después, en el festival Música del siglo xx, de Saarbrücken, con el *Concierto para piano Op. 38* de Samuel Barber, además de aquellas composiciones de Harrison y McPhee que había presentado en algunas ocasiones en Estados Unidos y París. La participación del jazzista en los conciertos de música nueva de Saarbrücken, el uno y tres de junio de 1984, atrajo a tantos oyentes que el aforo de la casa de la radiodifusión de Halberg resultó insuficiente y gran parte del público tuvo que seguir las actuaciones desde el pasillo.

En 1984 y a primeros de 1985, Jarrett manifestó también en otras partes un compromiso extraordinariamente diverso con la música clásica y contemporánea. Algún que otro observador de los conciertos ofrecidos en EEUU, Europa y Japón debió de pensar que, de repente, el jaleado pianista de jazz había abierto una compuerta a la música clásica que llevaba mucho tiempo remansándose en su interior. Interpretaba sonatas de Scarlatti, Carl Philipp Emanuel Bach y Händel, las *Suites francesas* de Johann Sebastian Bach, conciertos para piano de Mozart, la *Pa-*

thétique de Beethoven, preludios y fugas de Shostakóvich, el segundo y el tercer concierto para piano de
Bartók, pero también composiciones «clásicas» propias
como la sonata para violín y piano, el adagio para oboe y
orquesta de cuerdas o *Elegy,* obra para violín y orquesta
de cuerdas. El mencionado concierto para piano de Harrison figuraba en el programa cuando, en enero de 1986
y en Tokio, Jarrett ofreció una actuación espectacular
salpicada por un incidente típico en él.

Tras el concierto de Harrison, ovacionado con frenéticos aplausos, el pianista volvió al escenario para dar una
propina. Comenzó, a su manera habitual, con un estándar
del *Great American Songbook,* pero el sonido un tanto
raro del primer acorde le haría recordar de inmediato que
el piano había sido afinado para el concierto de Harrison:
no tenía la usual afinación temperada, sino más bien una
afinación pura e íntegra únicamente en las teclas blancas,
mientras que en las negras no eran sino unos intervalos
los que presentaban relaciones de frecuencia vibratoria
matemáticamente exactas. Se produjo una sonoridad desconcertante, como si el instrumento estuviera levemente
desafinado, al menos para aquella parte del público que
estaba acostumbrada a los sistemas tonales de Occidente.
Jarrett se adaptó al instante y terminó la propina sin dificultades. La manera de ingeniárselas seguirá siendo su
secreto, pero, según el relato de unos testigos presencia-
les, eligió espontáneamente los tonos como si el piano hubiera sido afinado de forma «normal».

Aparte de estos conciertos, intervino por primera vez,
en octubre de 1983 en Basilea, en la grabación de una
obra contemporánea. Se trataba de la composición «Fratres», aparecida al año siguiente en *Tabula Rasa,* el espectacular debut discográfico del compositor estonio
Arvo Pärt, editado tras su abandono de la Unión Soviética. La obra, presentada por Pärt en varias versiones diferentes, fue tocada por Jarrett a dúo con el violinista Gidon

El músico de jazz como intérprete clásico: Keith Jarrett en Stuttgart en 1982.

Kremer, quien después de la producción de estudio intentó convencer a Jarrett para una realizar una serie de conciertos. Jarrett declinó la invitación. Por lealtad con el productor Manfred Eicher, quien tuvo la idea de la colaboración con Kremer, y seguramente también por su propio interés en aquella obra de aparente sencillez arcaica, con su nota de pedal en la quinta vacía A/E, había accedido a participar en la grabación. Por lo demás, nunca se interesó demasiado por la música de Pärt, catalogada más bien injustamente como minimalista.

Con todo, tras su extensa dedicación concertante a composiciones que abarcaban desde repertorio barroco a obra de vanguardia, la grabación de *El clave bien temperado* interpretada por él fue un acontecimiento de primer orden, incluso para aquellos que no ignoraban esta segunda naturaleza musical del pianista. Pues ni siquiera un virtuoso de su categoría, comprometido sobre todo con la música improvisada, se enfrenta a tamaño compendio del contrapunto sin varios años de preparación.

Jarrett subrayó, una y otra vez, que no ensayaba para sus sesiones de improvisación, mas no por ello dejaba de ejercitarse en el estudio práctico y teórico del patrimonio clásico, estudio cuyos resultados serpentean por sus prolijas rapsodias —pese a la intención reiterada de interpretar libremente y sin ningún tipo de premisa—, como, sin duda, bien puede apreciarse. Fue al crítico de *The Guardian* a quien Jarrett dio una explicación plausible de su forma de trabajar: «Creo que el arte de improvisar no puede practicarse, y tampoco creo que sea bueno desarrollar costumbres para hacerlo. Cuanto más tiempo guardo abstinencia en los lapsos en que no doy conciertos, tanto mejor resulta la música que después vuelvo a improvisar». En cuanto a su reto con Bach, en todo momento tuvo claro lo que debía hacer y lo que no, si quería obtener un resultado sonoro que fuera satisfactorio, sobre todo para su propio disfrute: «Nuestro tiempo de vida es limitado. Por tanto, decidí examinar con lupa lo que me parecía valioso y aquello a lo que podría aportar algo que aún no existía. Si toco Bach, no voy a producir una imitación de Glenn Gould. Pero los pocos intérpretes que realmente sacan algo de las obras me hicieron pensar que podría haber para mí cierto margen de maniobra. Eso sí, tenía que comprometerme al cien por cien para lograrlo de verdad, no quería conformarme con un "vale, para un músico de jazz no está mal"».

Jarrett, analítico y perspicaz, también era consciente de cómo interpretar música clásica se distinguía de interpretar jazz hasta en los movimientos del aparato muscular de los brazos, las manos y el cuerpo entero, sobre todo si partía de su personalísimo estilo interpretativo. Tampoco se hacía ilusiones acerca de cómo su actuación con Bach sería recibida por la opinión pública. Sabía por qué tenía que prepararse para un concierto clásico de forma más intensiva que otros intérpretes: tenía más que perder. No fue, precisamente, un arrebato de modestia y sí, sin embargo, una apreciación absolutamente realista cuando, en su entrevista con Art Lange para *Downbeat,* afirmaba con laconismo que se tomaba nota de todo cuanto él hacía. A un joven intérprete clásico que debutara en Nueva York se le trataba con cierta indulgencia aun cuando lo hiciera mal. Él no podía contar con eso. Si llegaba a dar un mal concierto de música clásica lo sabría el mundo entero. En esto razón no le faltaría, como se vio con la reacción de la crítica internacional a sus interpretaciones de Bach y Mozart.

El clave bien temperado convoca, por su naturaleza misma, a los expertos. La interpretación de Jarrett les mereció básicamente dos preguntas. La primera, si un jazzista seria capaz de sortear los escollos de ese ciclo; la segunda, si no se manifestaba en ello cierta excentricidad típica en el jazz. Pero, además, estaban los fans del pianista, que se escindían en dos bandos: los que no podían ver con buenos ojos al intérprete de Bach porque estaban habituados a pensar solamente en categorías de jazz; y los que esperaban de la interpretación de *El clave bien temperado* una prueba más de la grandeza de su dios del piano.

Estos últimos, precisamente, debieron de quedar sobremanera decepcionados por la «normalidad» de la interpretación. El tenor común a muchas recensiones de la primera parte de la obra, tocada con un piano moderno, fue que Jarrett se había negado excesivamente a sí mismo y no había ni insinuado un enfoque propio de Bach. Hubo también voces disonantes, como por ejemplo la de *Time Magazine,* que incluía en la reseña la segunda parte del ciclo, reproducida en un clavicémbalo de doble teclado con afinación adecuadamente grave de 415 hertzios, y que pronunciaba una sentencia absolutamente contraria: que desde la legendaria producción de Glenn Gould no se había dado una grabación tan cautivadora.

Parece que ambos extremos coincidían en su malentendido, ya previsto por Jarrett: «Tengo la sensación de haber interpretado a Bach en el momento oportuno —dijo en una larga conversación que mantuvo con el autor de esta biografía a finales de 1987 en su casa de Oxford. Y continuó—: Naturalmente, sé que la grabación de *El Clave bien temperado* completo es vista como una publicación sorprendente. Pero, para ser sincero, cuanto más airada pueda resultar la reacción, tanto mayor es el desafío de no responder a esa actitud, de no hacer más de lo necesario, es decir, estar únicamente al servicio de las obras. En realidad, he negado más de lo que he dado».

Por tanto, no se podrá comparar a Jarrett con Gould, el pianista rastreador de huellas que, según parece, no se fiaba de sus propios análisis agudos y buscaba el otro lado de los tonos; que sometía a Bach a una prueba de rotura al retorcer los sonidos, aflojar las ligazones, acentuar las figuras secundarias, lanzarse a velocidades de locura. Las fugas y los preludios de Bach resistieron con robustez extraordinaria sus intentos. Jarrett, en cambio, se mantuvo dentro del marco, no solo porque literalmente se le reclamaba algo excéntrico por su condición de jazzista extático y desbordante, sinó también porque, en virtud de su trayectoria, se sentía más libre para reaccionar ante Bach de manera «normal». Pues por mucho que apreciara ciertos pasajes de la exégesis de Gould, era un behaviorista musical que rechazaba toda forma de condicionamiento y por ello, juzgaba que la conducta de Gould era resultado de la frustración artística: «Gould fue un intérprete puro. Y las posibilidades de expresión de los intérpretes están limitadas por el material que tocan. Yo, sin embargo, vengo de la improvisación. No estoy frustrado porque tengo otros canales de expresión. De las frustraciones nacen esas interpretaciones que viven del fraseo y de lo que los músicos añaden. Pero no hay que añadir nada a las obras. Esta música no necesita ayuda».

No debería esto malinterpretarse como una adhesión a un concepto mecanicista de Bach, desligado de toda matización del sonido. Jarrett considera que su principal tarea es respetar las leyes inmanentes a la composición, que son lo suficientemente fuertes como para no tener que ser recalcadas con énfasis. No deja de ser un ejercicio sobre el cable, al filo del abismo, que cada intérprete debe sortear por su cuenta y riesgo. Conocedor de la tradición interpretativa, Jarrett maneja con parquedad los moldeamientos dinámicos, los matices agógicos o las coloraciones provocadas por una pulsación demasiado variable o el uso del pedal derecho. Además, como intérprete con bagaje histórico, prefiere el clavicémbalo cuando toca la segunda parte de *El clave bien temperado,* las *Sonatas para viola da gamba* con la sensibilísima Kim Kashkashian, las *Suites francesas* y las *Variaciones Goldberg.* Para Jarrett, que nunca se siente comprometido con un modelo o método, las miradas a la partitura y el conocimiento de las tradiciones de la representación son las guías de sus interpretaciones que, en su forma objetivante, casi querríamos denominar «reproducciones». Su toque tiene algo de imperturbable, sosegado, acrisolado. Y esto se hace palpable en todas las grabaciones de Bach y Händel: en las seis *Sonatas para violín y piano,* BWV 1014-1019, con la diáfana presentación de la textura polifónica y la interpretación casi sin vibrato de Michelle Makarski, en las *Variaciones Goldberg,* que parecen un contraproyecto a Gould por su renuncia a todo efectismo y su manejo ahorrativo de la ornamentación, en la segunda parte del *Clave,* con su articulación maravillosamente rigurosa en el clavicémbalo, en las *Suites francesas,* que avanzan pausadas y siempre con fraseo coherente, en las suites de Händel, acariciadas con suma delicadeza en un piano moderno. Y, por último, en las tres *Sonatas para viola da gamba y clavicémbalo,* BWV 1027-1029, donde el pianista se contiene discretamente para que la fenomenal Kim Kashkashian, con su viola provista de cuerdas de tripa y su toque natural, vigoroso y sensual, luzca con mayor brillo. La misma discreción oportuna caracteriza a la grabación de las sonatas de Händel, en las que acompaña a la flautista dulce Michala Petri, que entona con belleza sonora.

En la interpretación de Jarrett se torna en cualidad lo que Johann Adolf Scheibe, coetáneo de Bach, censuraba en éste: que lo expresaba «todo con notas puras» y carecía de «amenidad». Jarrett no hace florituras, no agrega nada, no romantiza, no embellece ni priva a la contrapuntística de sus forzosas aristas: surgen así «notas intrínsecas». Posiblemente, de esa forma haga más justicia a la música normativa de Bach que aquellos intérpretes que, con su efectista interpretación, anticipan ya la estética individualizada posterior al compositor alemán.

Que después de grabar el *Clave* completo Jarrett enseguida se dedicara a los *24 preludios y fugas Op. 87* de Shostakóvich, que constituyen poco menos que un enfrentamiento directo con la obra bachiana, apenas sorprendería en los círculos musicales más internos. Y que se ocupara primero del *Clave* parece consecuente y cuadra con el método de un artista conocedor de la dimensión histórica de la música, aunque a veces la sienta como un lastre. No sería extraño que acariciara la idea de dedicarse algún día a *Ludus tonalis* de Hindemith o *The Well-Tuned Piano* de La Monte Young, dos obras relacionadas igualmente con el *Clave*. Por lo demás, también los preludios y fugas de Shostakóvich son un compendio de complejas estructuras formales y sonoras que precisan de un intérprete corredor de obstáculos con ganas de desentrañar las artificiales condensaciones vocales de la polifonía moderna. El compositor ruso se revela aquí como el otro gran escritor de fugas junto a Bach. Y Jarrett hace justicia a los dos: tanto al original como a su original recreación.

Los músicos de jazz son, sobre todo, rítmicos. Eso explica hasta cierto punto la gran afinidad que desarrollan con compositores como Bach, Bartók o Shostakóvich. Tal vez fue ésta la razón por la que el director de teatro Peter Zadek, que a mediados de los años ochenta había escuchado un concierto de Bartók interpretado por Jarrett, manifestó ante Manfred Eicher que todo músico de jazz amaba a Bartók: «Pero me gustaría escuchar cómo Jarrett toca a Mozart». Mozart como piedra de toque. Muchos intérpretes clásicos firmarán esto al instante si piensan, por ejemplo, en las sonatas para piano. Es estar sentado ante solitarias cabezas de nota y preguntarse desesperado cómo insuflarles vida, según lo expresó una vez en términos drásticos Alfred Brendel. En el caso de los conciertos para piano, la desesperación puede ser menor, pues lo apoyan a uno la orquesta y, con suerte, un director inspirado. Jarrett dudó mucho hasta decidirse a grabar, con la Orquesta de Cámara de Stuttgart dirigida por Dennis Russell Davies, algunos conciertos mozartianos para ese instrumento; en público los ha tocado más bien pocas veces, si los compa-

ramos con las obras de Bach o las de compositores contemporáneos. A la mayoría de los intérpretes de Mozart la
duda les es, por decirlo así, consustancial. También para
Rudolf Serkin, el gran virtuoso del genio de Salzburgo, la
relación con éste tuvo durante toda su vida un carácter
de aproximación: «Cuando sea diez años mayor, la música
de Mozart acabará siéndome todavía más incomprensible,
aun cuando hoy entiendo sus formas e ideas mejor que
nunca. Mozart es como una visión. Todo esfuerzo que uno
le dedique es, a fin de cuentas, inútil».

Suena a rendición, pero no lo era en absoluto. Más bien
ocultaba un «no obstante», que puede aducirse también
para profundizar en el tratamiento dispensado por las
grabaciones de Jarrett. Lo que distingue palpablemente
las dos cajas de CD con conciertos para piano de Mozart
es su portentosa sobriedad. Nada de cavilaciones, nada de
profundidades inoportunas que conviertan cada frase de
adagio en un melodrama, sino una música fresca, deno-
dada, con un tono firme pero sin soberbia. Incluso el an-
dantino del *Concierto jeune homme,* KV271, en tonalidad
menor, que a menudo pasa como una exhalación cargada
de dolor, se presenta, respaldado por la orquesta, con actitud naturalmente melómana exenta de cualquier *pathos*.
Tampoco las partes líricas de algunos conciertos conocen
expansiones sentimentalistas. Resultan estas interpretaciones, en cierto modo, como los trabajos de un escultor,
no los de un Maillol ni, mucho menos, los de Giacometti,
sino más bien los de Rodin: algo más bastos y, por ello,
de apariencia tanto más natural. Esto encajaría también
con el incontrovertible hecho de que Jarrett a menudo se
incorpora, en cierto modo, a la orquesta, convirtiendo el
piano en instrumento obligado. Muchos críticos no valo-
raron positivamente las interpretaciones mozartianas del
pianista. Pero todo lo que se ha alegado en su contra ha
desembocado en la sentencia de su planitud. Nadie ha podido reprocharle una interpretación equivocada.

En cambio, en la representación de obras del siglo XX, Jarrett prácticamente no topó con resistencias. Al contrario. Aquí, el prejuicio de los clásicos al jazzista, se invirtió no pocas veces tornándose en elogio para el gran improvisador que proporcionaba un poco de empuje rítmico a las ásperas creaciones de la modernidad. Esto se debió también a que muchas obras de compositores americanos del siglo XX solo pueden ser interpretadas adecuadamente por alguien que disponga de la experiencia del jazz, que domine las sutiles leyes del swing y las estructuras polirrítmicas de la música afroamericana y los sonidos rotatorios de la música minimalista que de ellas se derivan. En el *Concierto etrusco* para piano y orquesta de cámara de Peggy Glanville-Hicks ofrecido en Stuttgart en 1982, Jarrett seguramente pudo aprovechar las analogías con sus propias creaciones como compositor, los estallidos orgiásticos y la paz meditativa de melodías de cariz popular. En *Paseos etruscos* de D. H. Lawrence, fuente inspiradora de aquella composición, descubriría la sintonía con su propia concepción musical: «Y antes de que hablaran Buda o Jesús, cantó el ruiseñor». Podría tratarse de una frase suya, del Jarrett de *Spirits,* quien busca atormentado un lenguaje musical prelógico porque desconfía de la sintaxis musical adquirida.

Enormidades musicales como el primer concierto para piano de Alan Hovhaness, una auténtica pirotecnia de trinos y repeticiones, no causaron problemas a este improvisador de jazz con su destreza técnica y manual absoluta, como tampoco lo hicieron los rabiosos acordes en bloque, las aglomeraciones de clústers y los arranques en presto del segundo concierto para piano de Bartók, al que aportó, además, una matizada cultura de la pulsación. El compositor húngaro ya formaba parte de la socialización musical del pianista, que se había criado con el *Mikrokosmos.* Su tercer concierto para piano, que tenía en su repertorio desde hacía tiempo, fue grabado en su día en

Saarbrücken y, junto con el *Concierto para piano Op. 38* de Samuel Barber, apareció el 8 de mayo de 2015 como regalo de Manfred Eicher con motivo del setenta cumpleaños de Jarrett.

Dada su expresividad rítmica de resabio jazzístico y su polifacética cultura de la improvisación, también se le hizo rápidamente accesible el concierto para piano de Lou Harrison, escrito expresamente para él; sus diferenciadas atmósferas, los clústers de antebrazo, la alucinante velocidad —parece una estampida sin límite máximo—, su sistema abierto a todos los universos musicales posibles, en definitiva, su carácter «transétnico», es totalmente compatible con la estética de Jarrett. De la congruencia de las concepciones de éste con las del compositor estadounidense puede dar cuenta una pequeña anécdota de los años ochenta. Jarrett estaba entonces en un conjunto que tocó en París la suite para violín, piano y orquesta pequeña de Harrison, que él, en 1984, había llevado a Saarbrücken como estreno en Alemania. Después de la actuación, Harrison le dijo que había tocado como si él hubiera escrito el concierto para Jarrett. A lo que éste contestó lacónicamente: «Es que así fue».

12
UN ARTISTA
COMPLETO

No son los compositores y sus obras los que ocupan la cumbre del sistema jerárquico del jazz. He aquí una herencia de los orígenes oscuros del género, situados en las tradiciones de la música popular. Las *songs* aparecen en ésta de forma tan súbita y anónima como las canciones populares en la cultura europea. Las canciones populares crecían en los árboles, caían del cielo, volaban sobre el país y se cantaban en mil sitios al mismo tiempo. Así, al menos, sucede en el imaginario poético de Theodor Storm, tal y como refleja su idílica breve novela *El lago de Immen.* Los afroamericanos tenían visiones menos fantásticas acerca del origen de las canciones que ellos cantaban y tocaban. En el prólogo a la recopilación *Slave Songs of the United States,* aparecida a mediados del siglo XIX, los editores citan a un paisano de los Estados del Norte que interroga a un esclavo sobre la procedencia de aquellas poderosas canciones. La respuesta que recibe es la siguiente: «Pues mire, funciona así: mi amo me llama, me reduce la ración de grano y me arrea veinte latigazos. Mis amigos se enteran y me compadecen. Cuando por la noche van al servicio religioso, cantan sobre lo ocurrido. Algunos son buenos cantantes y saben cómo se hace. Y lo van trabajando y trabajando hasta que les sale de verdad. Así es cómo se hacen».

No se tiene constancia de si el curioso norteño se aclaró con la respuesta brindada. Pero si unas décadas después alguien hubiera preguntado a un músico de jazz de la primera generación por la procedencia de las *songs* que se tocaban en los *honky tonks, barrelhouses* y determinados salones de Nueva Orleans, probablemente hubiese recibido una respuesta similar. O una que siempre ha figurado entre los *topoi* del jazz y que el propio Jarrett ha dado a preguntas de este tipo: «Lo importante no son las *songs;* lo que cuenta es lo que se hace con ellas». En todas las fases de la historia del jazz la improvisación, y también el arreglo, han tenido mucho más prestigio que la propia composición. Excepciones a esto son, en todo caso, el *third stream* o el *symphonic jazz* con sus mixturas de jazz y música electrónica transcrita.

El jazz siempre ha sido un arte para intérpretes y no para compositores. Con todo, han existido grandes jazzistas cuyas obras se asocian a determinados estilos e intérpretes y se han convertido en el repertorio de numerosos músicos: Jelly Roll Morton, Duke Ellington, Charlie Parker, Miles Davis, Thelonious Monk, Horace Silver, Benny Golson, Sonny Rollins o Gerry Mulligan, por solo citar algunos, forman parte de quienes se han inscrito en los anales del jazz no solo como grandes estilistas de sus instrumentos, sino también como creadores de *songs* inolvidables, desde «King Porter Stomp» hasta «So What», pasando por «Creole Love Call», «Donna Lee», «I Remember Clifford» y «Doodlin'». Naturalmente, no es casualidad que tengamos más composiciones de aquella época temprana en que aún regían las reglas de la armonía funcional, la naturaleza de la obra era inviolable y las caras de los discos tenían una capacidad de grabación limitada. El número de composiciones aptas para el repertorio fue disminuyendo correlativamente después de que los Revolucionarios de Octubre del free jazz declararan la forma abierta, la atonalidad y la ritmización de metro libre como la medida de todas las cosas y dejara de importarles la duración de las interpretaciones. Sin embargo, esto no significa que después de 1960 se compusiera menos. Al contrario. Con el free jazz se emanciparon también los compositores. Hasta los años cuarenta y cincuenta, un músico de jazz podía asentarse sin mala conciencia en repertorios ajenos o melodías de siempre. En adelante, sin embargo, a quien quisiera tener cartel no le bastaba con improvisar sobre *Round About Midnight,* por emotiva que fuera su manera de hacerlo, pues esto no le permitía salir de la segunda fila. Lo que contaba era interpretar material sonoro de cosecha propia.

En el caso de Jarrett, como tan a menudo ocurre, las cosas son un poco distintas. En los tiempos en que se apreciaba sobre todo lo escrito por uno mismo, él inició el repliegue a las obras del cancionero estadounidense, por un lado, y propugnó, por otro, su *free playing* sin material compositivo, arreglado o preparado de algún modo en su mente. El hecho de que dos japoneses obsesivos transcribieran la totalidad de su libremente improvisado *The Köln Concert,* publicaran las notas y, en cierta manera, lo convirtieran en una composición debió de parecerle tan absurdo como si alguien hubiese intentado disolver una sonata completa de Beethoven en una improvisación libre. Por eso, en el prólogo a la edición de los japoneses señaló que aquello no era más que la copia de una improvisación, comparable a la lámina de un cuadro. En ella solo se veía la superficie, mientras que la profundidad permanecía oculta. Pero, naturalmente, junto al Jarrett que improvisa sobre temas del *Great American Songbook,* se pone al servicio de las obras clásicas y divaga a sus anchas en el piano, existe también el triple compositor: el que escribe piezas de jazz, el que pone sobre el papel música clásica, y el que idea partituras llenas de fantasía que aúnan el fraseo del jazz y la factura clásica.

Ahora bien, el Jarrett compositor clásico no hubiera pasado de ser —también según su propio dictamen— un

257

compositor para el cajón si a principios de los años setenta, cuando escribió la mayoría de esas obras, no hubieran
concurrido dos felices circunstancias: por una parte, la
amistad con Manfred Eicher, dispuesto a publicar todo lo
que viniera de él sin reparar en consideraciones comerciales; por otra, la miopía de sus empresas discográficas de
entonces. Éstas no supieron ver que a aquel verso suelto
del jazz no se le podía atar de forma duradera a un solo
sello si no se daba difusión también a su vertiente clásica. Con Eicher, Jarrett había encontrado a su editor ideal,
añadiendo así a su arte, de manera visible y audible para la
opinión pública musical, la última faceta que faltaba para
acreditarlo como lo que quería ser: un músico completo.

Su carrera como compositor «clásico», por decirlo así,
se inició con las grabaciones para *In The Light*, en 1973,
un doble elepé que reúne obras de los seis años anteriores.
Sus primeros esbozos deben de remontarse, por tanto, a
los tiempos en que tocaba en la banda de Charles Lloyd. Es
una gama asombrosamente rica en timbres la que Jarrett
presenta en esta edición, con un «Metamorphosis» para
flauta y conjunto de cuerdas como pieza inaugural que
fluye como si el estilo de improvisación libre que estaba
desarrollando en el piano se hubiera plasmado en una partitura. Aunque renunciara a todo fraseo de jazz, la obra
puede identificarse sin dificultad como producto de su puño y letra, dada su densidad estructural, la temática lineal
y los motivos tonales que se suceden de forma asociativa,
sin cadenciaciones y progresando continuamente. Adoptó
para su estilo el concepto de «escritura automática», tomado de la literatura surrealista, que se circunscribe aquí
a una especie de musicar sonámbulo que se sustrae al
control del sujeto pensante; un ideal que caracteriza también a gran parte de su estilo improvisatorio, aunque en
éste puede realizarse con bastante más facilidad que en
las composiciones para ensembles de cierto tamaño. Por
ello, es tanto más notable que ese ademán de componer

en estado soñoliento y de escribir escribiéndose se haga de veras palpable en la realización de la pieza llevada a cabo por el flautista Willi Freivogel y las cuerdas de la Orquesta Sinfónica de la Radiodifusión del Sur de Alemania dirigida por Mladen Gutesha.

También «A Pagan Hymn», interpretada por el propio Jarrett, suscita más bien el efecto de una improvisación en solitario y encajaría sin fisura en una de las grabaciones de *free playing,* razón por la cual se la puede considerar un ejemplo de la fluida transición entre improvisación y composición en la obra del pianista. Algo similar cabe decir de «In The Cave, In The Light», para piano, percusión (ambos a cargo de Jarrett) y cuerdas, aunque tiene pasajes extensos que se antojan como la desorbitada improvisación de un pianista de jazz que se hace acompañar por una orquesta de cuerdas clásica. Jarrett se revela como un sensible mezclador de timbres y —sin verdadera experiencia práctica— un original orquestador cuando, en «Crystal Moment» por ejemplo, combina cuatro violonchelos y dos trombones, generando un sonido de melancólica gravedad acentuado por los efectos *slide* de estos últimos; o cuando, en «Brass Quintet», concede a los vientos tanta autonomía melódica que, indefectiblemente, han de surgir disonancias dramáticas en la conducción de voces, para luego rematar la obra con una homofonía conciliadora propia de un oído sofisticado.

La pieza más asombrosa de la grabación es, sin embargo, el cuarteto de cuerdas con el que Jarrett se hace acreedor a la maestría en textura quebrada y trabajo temático, destreza ésta que, en realidad, solo pudo haber adquirido en el estudio intensivo sobre el Op. 33 de Haydn. En su infancia, además de las clases de piano, Jarrett recibió lecciones de violín, lo que contribuiría a que más tarde fuera capaz de arreglar con garantías las partes para cuerdas. El que denominara la música de *In The Light,* cofinanciada por una beca Guggenheim, como *universal folk music,* debe atribuirse a la aversión generalizada al concepto estilístico de «jazz», sentido como restrictivo o estigmatizador y, en cualquier caso, inapropiado. Charlie Mingus, por su parte, solía calificar su música de *ethnic folk dance music*. No obstante, difícilmente la nueva terminología describirá estos sonidos mejor que el tradicional concepto de «jazz», si bien esta voz ya no hace justicia a la diversidad estilística de los mismos.

Ya *In The Light,* de 1973, era un proyecto que seguramente no hubiera dado por factible nadie que conociese a Jarrett como el jazzista de vanguardia de las bandas de Charles Lloyd y Miles Davis o el solista de sus primeras improvisaciones. Un año después, publicó una grabación que, en varios sentidos, fue aún más asombrosa. Con *Luminessence,* obra en tres movimientos para orquesta de cuerdas y saxofón improvisador, creó una composición capaz de sacar de engaño a cualquiera que piense que el *third stream*[1] solo produjo abortos, engendros que no son ni verdadero jazz ni clásica auténtica, y solo demuestran la incompatibilidad de los géneros. Pero, en el fondo, uno no quisiera asignar esta pieza al problemático *third stream,* por lo singular y autónomo que parece lo que Jarrett consiguió con esta creación.

De forma rotunda debió de comunicar a las cuerdas de la orquesta un sentimiento de tiempo y ritmo distinto de aquel al que debían de estar acostumbrados por la música clásica. Y el avezado improvisador de jazz sabía naturalmente qué base musical necesita un melancólico tan sensible como el saxofonista Jan Garbarek para poder realizar el despegue al universo del jazz. El tono melódico de las cuerdas está diseñado completamente en función del fraseo de Garbarek, sus tempos y sus cantilenas dila-

---

1. Término aplicado a una hibridación en boga en los años 50 y 60 que tenía por objeto brindar al lenguaje del jazz nuevos horizontes a través de la música clásica. (*N. del E.*)

tadas y métricamente libres. Éste, a su vez, reacciona a las modificaciones más sutiles del lentamente emergente telón de fondo conformado por las cuerdas, acoplándose incluso, con sus motivos de sobresoplo, a los flageolets de las cuerdas altas. La composición entera, tornasolada como una superficie sonora de Ligeti, parece revelar en cada detalle como si Jarrett hubiese efectuado previamente un análisis estilístico de numerosas grabaciones del saxofonista para poder ajustarse con un máximo de finura al personal estilo de éste. Mediado el primer movimiento, titulado «Numinor», se produce un inefable ostinato de la orquesta, principalmente de los bajos y violonchelos que, de forma muy similar a las partes llamadas *vamp* de las improvisaciones del Jarrett solista, repiten un motivo de vaivén que genera en el oyente la sensación de hallarse sobre un pontón balanceante.

En el segundo movimiento, «Windsong», y en muchos segmentos del tercero, «Luminessence», Jarrett ha creado para las cuerdas un continuo tarareante, en cuya armonización Garbarek se inserta con su saxo tenor y soprano o del que se despega como la rutilante voz tiple de un coro homofónico a capella. Lo que sale de su saxo ya no es un sonido de viento, sino el colorido un tanto distinto del que produce un violonchelo. Si alguna vez fue acertada la metáfora de que la orquesta ha llevado al solista en volandas, lo fue en esta obra interpretada por Jan Garbarek con la orquesta de Stuttgart.

Si buscáramos una referencia para este lenguaje intenso y enormemente compacto, lo encontraríamos a lo sumo en ciertas partes de *Skies of America,* de Ornette Coleman, una obra no menos ambiciosa aparecida dos años antes que *Luminessence* en una grabación con la Orquesta Sinfónica de Londres, y que tiene por objeto algo así como el relato de la historia cultural de toda una nación con medios musicales, incluyendo, claro está, todos los aspectos y recursos étnicos. Muestra al iconoclasta Coleman como lo que siempre ha sido: un renovador desde la tradición, un evolucionista.

Inmediatamente después de la grabación de *Luminessence,* que tuvo lugar en Stuttgart, Jarrett dio a conocer la obra en una gira por Estados Unidos, con Garbarek como solista. Al año siguiente se celebró en Minneapolis un festival dedicado en exclusiva a sus creaciones de compositor, en cuyo programa también figuraba *Luminessence,* igualmente con Garbarek. Aunque la gira y el resto de sus actuaciones atrajeran a multitud de público, la crítica acogió al Jarrett compositor de manera muy diversa. Mientras que todavía años después, en un retrato de Jarrett, *Time Magazine* hablaba de una pieza claustrofóbica y enervante, el *New York Times* constató en la obra reminiscencias de Gabriel Fauré y Aleksandr Skriabin, aventurando el pronóstico de que con Keith Jarrett había aparecido el anhelado renovador del jazz, el «próximo gran hombre de la música».

Existe otra composición de Jarrett directamente relacionada con *Luminessence,* que salió dos años después y vuelve a acreditar al pianista como un evolucionista. Nos referimos a *Arbour Zena,* una continuación de los experimentos de *Luminessence* con otros medios. Mucho de lo que no está presente en el carácter monolítico de ésta, sin que por ello se echara en falta —el impulso rítmico, la clara perfilación de las partes solistas, un fuerte elemento de jazz—, en cierto modo, se recupera aquí con los tres improvisadores —Jarrett, Garbarek y Haden— y el obligado sonido de la orquesta de Stuttgart. Al mismo tiempo, se agudiza el antagonismo entre jazz y clásica, sobre todo por el bajo muy presente, voluminoso, de Haden, que siempre que aparece procesa material melódico básico, mientras que el saxo y el piano a menudo retroceden. En el ritmo latinoamericano del segundo movimiento, dedicado a Pau Casals, los tres solistas parecen haber olvidado que comparten estudio con una orquesta, hasta que ésta parece integrarse tan prodigiosamente por sí misma en la interacción de los jazzistas que recuerda a una *jam session.* Son momentos fabulosos, porque la orquesta ha llegado a moverse en un nivel de conciencia frente al jazz que prácticamente ninguna otra orquesta sinfónica europea ha alcanzado jamás.

Con sus conciertos y grabaciones, si bien merecieron opiniones divididas en algunos casos, Jarrett, en el breve espacio de tres o cuatro años, había adquirido renombre como compositor también fuera del círculo del jazz, sirviendo el Jarrett jazzista seguramente como estímulo para prestar atención al Jarrett clásico. No obstante, pese a la diversidad de las obras, nunca se tuvo la impresión de que Jarrett hubiera querido recorrer a paso agigantado el terreno clásico entero. Siempre escribió obras instrumentales, por lo general de carácter concertante con partes solistas para distintos instrumentos. Además, se trata de creaciones de música de cámara u obras que requieren tanto a músicos de jazz como a intérpretes clásicos. No hay obras de canto, ni partituras de drama musical, ni, obviamente, música electrónica ni tampoco proyectos transversales que abarquen diferentes culturas étnicas. En el fondo, todo procede de su propia socialización musical como intérprete de jazz y conocedor de la música artística euroamericana de los pasados tres siglos. Jarrett nunca se ha colgado el manto de lo exótico, nunca ha seguido las tendencias, nunca ha estado al día. Ello tiene que ver con su carácter fuerte, o si se quiere, con su fuerte ego. Jarrett siempre ha sido Jarrett.

Esta es la razón por la cual su obra más extraña para piano es *Ritual,* producida en 1977 por el director y pianista Dennis Russell Davies a petición del propio Jarrett. En el fondo se trata de una improvisación transcrita que, tendencialmente, contiene todo lo que caracteriza a las grabaciones en solitario: sencillos pasajes de música popular, torres de acordes, carreras de alucinante virtuosismo por el teclado entero, atrayentes patrones repetitivos, reducciones sonoras de efecto meditativo, variaciones motívicas, cambios abruptos de armonía, dinámicas intensificaciones. Y el versado Russell Davies toca la pieza conforme a la partitura. Sin embargo, tiene uno la sensación de que algo no cuadra. La grabación resulta tan incompleta como lo sería la interpretación de *The Köln Concert* por parte de un pianista competente que abordara la obra a partir de su transcripción. Russell Davies tiene sin duda razón cuando afirma que quien conoce a Jarrett lo reconocerá en esta música, solo él podía escribirla. Precisamente por eso, bajo los dedos de otro intérprete, la obra parece una pieza jarrettiana de segunda mano, como si alguien quisiera asumir el papel del gran solista. Ian Carr da en el clavo cuando escribe: «La ausencia física de Jarrett hace que el álbum *Ritual* degenere en un producto colateral de su labor».

Hasta qué punto Jarrett era apreciado a mediados de los setenta como compositor e intérprete en la comunidad de la música clásica de uno y otro lado del Atlántico podría deducirse del encargo que recibió en 1976 de la Deutsche Grammophon en asociación con la Orquesta Sinfónica de Boston, bajo la batuta de su director jefe Seiji Ozawa, para que compusiera un gran concierto para piano. ¿O acaso aquel encargo procedente de una de las más importantes orquestas sinfónicas de Estados Unidos y del más renombrado sello clásico del mundo obedecía a la fama de *The Köln Concert*? De hecho, en lo tocante a música de gran formato, Jarrett solo había destacado con el concierto para saxofón *Luminessence* y el triple concierto *Arbour Zena,* siendo éste seguramente apenas conocido en el momento de la adjudicación del encargo. Como intérprete de música pianística, de Bach a Shostakóvich, pasando por Samuel Barber y Alan Hovhaness, solo comenzaría a dar conciertos a partir de 1983. No tiene sentido perder tiempo con especulaciones. Si bien la obra

The Celestial Hawk, de cuarenta minutos de duración, fue concluida por Jarrett, Ozawa y la orquesta retiraron la oferta de representarla y, por consiguiente, de hacerse cargo de la financiación, cuando vieron que la parte del piano no preveía improvisación alguna, que la obra seguía por completo la tradición clásica europea y no cabía esperar un espectáculo de reclamo mediático protagonizado por el genio improvisador del jazz.

Fue uno de aquellos momentos en los que la relación con Manfred Eicher le fue de gran provecho en el sentido más cabal de la expresión. En efecto, el productor, con su sello, cubrió la brecha dejada por Ozawa. El mánager de Jarrett organizó una serie de conciertos con la obra en Estados Unidos, gira durante la cual se realizó una grabación con la Syracuse Symphony Orquestra dirigida por Christopher Keene en el neoyorquino Carnegie Hall en marzo de 1980, grabación que después fue editada por ECM. Tras las representaciones y su publicación en disco, *The Celestian Hawk* recibió críticas para todos los gustos, si bien hubo algunas endiabladamente encarnizadas que censuraban, sobre todo, las presuntas influencias de Mahler y Bartók. Considerando que se trataba de la primera gran obra para orquesta de Jarrett convendría tildar de bastante respetable la ejecución formal, la instrumentación y el mero manejo de esta creación, a caballo entre la sinfonía y el concierto para piano. Por otra parte, si rastreáramos minuciosamente y vituperásemos toda huella sonora que conduzca a otro compositor, aún hoy habría que reprocharle a Brahms su contrapuntística bachiana, como en su tiempo lo hizo la escuela neogermana nucleada en torno a Hugo Wolf.

Como tantas otras veces ocurre en las obras de Jarrett, no escasean las sugerentes epifanías en este coloso de tres movimientos como, por ejemplo, cuando, en el primero, el piano entona, tras varios minutos, un motivo de ostinato al que se van uniendo, con similar caudal de motivos, los vientos seguidos sucesivamente por las cuerdas, como si cada vez más personas se sumaran a una procesión, hasta acabar, sobre todo, con la también solista aportación de la batería, en un tumulto bruitista. Por lo demás, la pulsación de la obra fluctúa constantemente entre una marcha marcial y un pastoral idilio. Cuando, en el tercer movimiento, entran por todos lados los grupos orquestales y el sonido pedestre de los vientos de metal va desplazando al piano hacia el fondo, es fácil reconocer al compositor al que aquí se alude a guisa de complicidad: Charles Ives, quien hace salir a la palestra a sus rústicas bandas en una Nueva Inglaterra rural sin necesidad de preocuparse mucho por el vanguardista sonido politonal, ya que éste se produce por sí solo cuando los himnos de sus músicos de marcha entrechocan en diferentes tonalidades.

Jarrett se manifestó una sola vez acerca de sus composiciones clásicas, a saber, en el texto de la carátula de *In The Light,* de 1973, su disco debut en este campo. Pide al lector que adopte una actitud completamente abierta ante la grabación, que no la compare con nada de lo que haya escuchado, tampoco con música suya que posiblemente conozca. Estas instrucciones de uso no eran tan ingenuas como puedan parecer hoy en día, sino que fueron resultado de una sabia previsión. Pero no logró prevenir los duros juicios formulados contra algunas obras nacidas de sus ambiciones clásicas. Algunas críticas, como aquella de Ulrich Olshausen sobre *Arbour Zena,* fueron bastante mesuradas: «No cabe duda de que esta música no es tan original como a la que nos tiene acostumbrados Jarrett. En panoramas sinfónicos de colorido pastel que, en lo armónico, oscilan entre Mahler, Ives y el primer Schönberg, las cuerdas proporcionan el decorado de acordes y trémolos sin asumir casi nunca protagonismo, sirviendo, por tanto, de mero complemento sonoro y resultando, en su papel, algo pomposos, sobre todo cuando, pese a algún toque moderno generado con clústers, hacen inevitable la comparación con ciertas producciones comerciales de poco calado. El manejo improvisador del material que realizan Charlie Haden (bajo), Jan Garbarek (saxofones) y Jarrett sigue siendo brillante».

A similar conclusión llegaría el crítico de *Downbeat,* quien dictaminó que la obra estaba marcada por la uniformidad y la repetitividad: «Lo que en *Luminessence* aún parecía fresco y vital se acerca ahora peligrosamente a la autoparodia». Mientras que los críticos norteamericanos se basaban más en aspectos intramusicales y recriminaban la monotonía o la falta de originalidad melódica, los críticos europeos tendieron a cuestionar el lenguaje sonoro en sí y a reprocharle a Jarrett escudarse en un «modo de componer» ajeno, por utilizar un material y unas formas ya manidos, gastados. Crítica ésta que es certera también en el caso de las obras de música de cámara reunidas en *Bridge of Light* de los años ochenta, que por un lado reflejan una sorprendente maestría en la instrumentación práctica y técnica del violín, la viola y el oboe, pero que en su carácter compositivo se aparta del lenguaje contemporáneo. «Elegy», para viola y orquesta de cuerdas, podría identificarse sin más como una adaptación de un original húngaro a manos de Johannes Brahms. Si fuéramos cáusticos, podríamos tacharla de perfecto trabajo de examen a manos de un alumno de conservatorio.

Parece tan fácil condenar estas composiciones como difícil es hacerles justicia. Aun pudiéndose corroborar con un análisis estructural, todas esas afirmaciones de que las obras clásicas de Jarrett son monstruos eclécticos, creaciones sin principio ni fin, reanimaciones del desafortunado *third stream,* trabajos ingenuos con materiales caducados hace tiempo, no hacen mella en la valentía estética de Jarrett, quien se toma el derecho de proceder de modo experimental, anticuado, ahistórico, al margen de corrientes y esquemas de pensamiento, de adquirir conocimientos, acumular experiencias y buscar una veracidad musical que él mismo no parecía saber muy bien dónde encontrar. Por otra parte, las formas abiertas, el desarrollo asociativo de un motivo a otro, la larga insistencia en los sonidos y el nada academicista conglomerado estilístico que abarca son indicio de cuánto Jarrett, también como compositor clásico, crea desde el instante, tratando efectivamente de moldear a la manera de una «música automática». En lugar de la mímesis busca la magia, arriesgándose a la nada sonora. A menudo, sus obras son tan irreflexivamente maravillosas como el universo figurativo de Henri Rousseau, el aduanero. Se pueden leer, pero son difíciles de descifrar.

¿Y qué sucede con el compositor de jazz? ¿Es éste otro Jarrett, un hombre del oficio a diferencia del autodidacta compositor clásico? Tampoco aquí, como en la cuestión de si es un artista europeo o americano, queremos abundar en ese cisma. Es más, ni siquiera quisiéramos diferenciar al improvisador del compositor, pues muchas piezas de su pluma son sometidas a lúdicas variaciones cuando se registran por primera vez, haciéndose poco menos que inidentificables, toda vez que acaban presentándose siempre de una manera distinta. Jarrett, en tanto que compositor de jazz, prosigue con su trabajo tan rebosante de fantasía, tan polifacético y tan desprovisto de prejuicios como en su tratamiento del patrimonio estilístico de la música clásica. Asimismo, buena parte de la crítica musical ve la improvisación y composición del Jarrett jazzista como un todo, lo que se refleja también en el hecho de que algunas partes de sus improvisaciones (por ejemplo, «Parte IIc» de *The Köln Concert*) hayan pasado a formar parte del repertorio de músicos tan dispares como el guitarrista de jazz Ulf Wakenius o el guitarrista cubano Manuel Barrueco, que interpreta obras clásicas y contemporáneas. O en el hecho de que una sencilla balada lírica como «My Song», con sus suaves tonos repetitivos de armonización cambiante, haya inspirado lo mismo al compositor Steve Reich que al clarinetista Richard Stoltzman, quien arregló esta pieza para un dueto muy personal con la cantante Judy Collins.

Una de las grandes virtudes de Jarrett, que apenas tiene limitaciones técnicas como intérprete, es la de saber contenerse en su papel de compositor de tal suerte que obras como «My Wild Irish Rose», «Lucky Southern» o «My Song» fluyen con la misma naturalidad que las canciones populares de sus entrañas a los dedos. Posee un sentido infalible para la consistencia melódica, y la ausencia de prejuicios estéticos del jazz hace que en él rara vez se desprecie la simplicidad de un motivo o de una canción entera. Los jazzistas siempre lo sabían: lo decisivo no es la canción en sí, sinó lo que se hace con ella.

13
OBJECIONES

Keith Jarrett, uno de los músicos más creativos de nuestro tiempo, artista que tienen por costumbre hablar en voz baja (cuando tiene a bien hacerlo), un oyente sumamente inteligente, pianista impávido, coetáneo despierto, ciudadano informado que sabe por dónde van los tiros; un buen acompañante, mejor concertante y aún mejor solista; conocedor de la literatura musical desde Bach hasta Cage y más allá, admirador de Rilke y Robert Bly, lector del *New York Times* y hombre que no teme escribir cartas a la redacción; un americano que aprecia América (la América buena), cosmopolita que siente atracción por Europa (la Europa complicada), pacifista, ilustrado, hombre que ama a las mujeres y arriesga mucho; una persona tímida, reservada, que nada olvida, un radical, tradicionalista, romántico, una mente política que no pregona sus opiniones; un hombre de oído absoluto, un sismógrafo, melódico, percusionista y etnólogo, sonámbulo; un amigo leal (cuando ha encontrado a la pareja adecuada), un músico de jazz que realiza las mayores proezas cuando las dificultades son mayúsculas, un improvisador que no precisa de ideas, un genio que necesita una musa, un genio que se basta a sí mismo, un reflexivo y un precursor, contemporáneo (que no está ni a la derecha ni a la izquierda, ni arriba ni abajo), influyente, cantante, guardián de sí mismo, creyente sin religión, asceta, funámbulo, creador de sonidos que ama el silencio; un libre pensador, esquiador, alguien que comprende Japón, padre, hermano, abuelo, tío, marido, un abogado de la música que desearía que Mozart siguiese vivo y pusiera a raya a los llamados expertos; un eterno buscador, alguien que pertenece por igual a la Costa Este de Estados Unidos y al sur de Francia, admirador de Bach y profundo conocedor de Bud Powell; un oído alerta que capta lo místico en lo normal, un extático, sensualista, lírico, adicto al trabajo, íntegro, descubridor; un atleta susceptible, un innovador, arqueólogo, pedagogo frustrado, figura de culto, médium, persona cortés que no quiere herir a nadie y lo hace constantemente, un genio universal que sigue aprendiendo...

Pero el rasgo más sobresaliente de Jarrett ha sido, a lo largo de todos los años, su facultad, casi diríamos su don innato, para saber decir no. Jarrett es el noísta por excelencia. Comparte eso con otro gran artista, uno que eligió la capacidad para la negación como título de su autobiografía. El lema que George Grosz, pintor crítico con la sociedad de la época, encontró para su vida podría presidir también la semblanza de Jarrett: *Un pequeño sí y un gran no*. Él, por supuesto, protestaría asegurando que en su caso se debería decir: «Un pequeño no y un gran sí». Quien estudie sus entrevistas y declaraciones sobre diversos temas y problemas oirá en todas sus reacciones, verbalizadas o no, una latente oposición. Si quisiéramos definir con una palabra el carácter de Jarrett —y no independientemente de su competencia artística—, ésta sería «objeción». Su actitud es siempre la del antagonista. Plantea sus objeciones, es escéptico, duda de lo que se dice, se hace y se afirma. Es el veto en persona. Y, por descontado, en la mayoría de los casos tiene, objetivamente, razón. Que manifestarse una y otra vez en contra, adoptar la postura de la confrontación, aunque solo se trate de una disputa retórica, sea prudente y por tanto, en un sentido distinto, correcto, es otro cantar.

Si Jarrett fuese un conformista, su arte tendría un aspecto diferente: no sería ni de lejos tan atractivo. Podría aducrise que hasta admite trivialidades estéticas, que no se niega críticamente a ellas; pero incluso detrás de esa aparente tolerancia —y no es para nada sofisticación— cabe suponer un no, el no a la generalizada prohibición de la eufonía, del *pathos* y de la expresión romántica y sentimental que decretaron los más dogmáticos de entre los vanguardistas.

Su primera negativa pública fue, quizá, la de no aceptar, en el campamento de verano de Stan Kenton de 1961, la oferta de un líder de banda de Minnesota interesado en comprarle la composición «Carbon Deposite», escrita para la North Texas State Band. El dinero le habría venido muy bien en aquel momento, y, en manos de un experimentado jefe de orquesta, posiblemente la creación de aquel muchacho de dieciséis años que él era a la sazón hubiera tenido un impacto algo mayor y dado un empujoncito a su carrera. Pero parece que las consideraciones económicas nunca desempeñaron un papel decisivo en su vida de músico.

A esto se añade que su acusada autocrítica, que también puede presuponerse en este caso, siempre ha sido más grande que su afán de notoriedad. Cuando, poco después, entró con una beca en la Berklee School of Music de Boston, en aquel entonces el más prestigioso centro de formación de jazz a nivel mundial, no pasó mucho tiempo hasta que el talante abierto del alumno Jarrett colisionó con los principios de un profesor sorprendentemente estrecho de miras. Después de que Jarrett, en una *jam session*, hubiera pulsado las cuerdas del interior del piano, una técnica de la modernidad clásica practicada y consagrada desde hacía tiempo pero, al parecer, demasiado vanguardista para aquella institución protectora de la música de jazz tradicional, sus estudios en el centro terminaron antes de que realmente hubieran comenzado.

Una negativa que en un principio postergó, aunque sin ocultar su aversión, llegó con el compromiso con la banda de Miles Davis, concretamente en un momento en que éste recorría la senda irreversible hacia la equipación electrónica e impuso a su nuevo pianista el órgano y el piano eléctricos. El que la cooperación no durara sino año y medio también debió de estar relacionado con la creciente alergia de Jarrett a los instrumentos de teclado electrónico, instrumentos que, en efecto, más tarde no volvería a considerar dignos de una mirada y aún menos de una pulsación.

Su siguiente objeción fue más grave, pues no se dirigía contra otros sino contra él mismo, contra su manera de entender la improvisación: como espontánea variación de obras preexistentes o incluso de meros esquemas mentales o *head arrangements.* Con la grabación en directo de *Bremen/Lausanne* nació el *free playing,* una improvisación con herramienta pero sin material, interpretación libre de piano solo sin pauta, desarrollada puramente a partir de la intuición del momento.

Fue una auténtica revolución de la manera de improvisar, aparejada con una serie de dificultades que agravaban algunos problemas ya existentes para un solista asociado al jazz. Quizá no tomó plena conciencia de esas dificultades hasta que, en el concierto en la Ópera de Colonia en 1975, se vio frente a un piano que a todo pianista, desde Alfred Brendel hasta Lang Lang, le hubiera llevado a suspender inmediatamente las relaciones con el organizador por falta de profesionalidad en los preparativos del concierto. El mero hecho de hacer transportar al escenario un desgastado piano de un cuarto de cola solo revela el cerrilismo del gremio clásico frente a los músicos de jazz. A cualquier utillero con experiencia le hubieran saltado todas las alarmas si se le hubiese ordenado sacar al escenario un instrumento tan maltrecho para Grigory Sokolov o Martha Argerich. Con su creciente reputación, también como intérprete clásico, esto al menos ha cambiado radicalmente para Jarrett.

Las improvisaciones libres en solitario conllevaban nuevos problemas para tan sublime inconformista. Y es que la necesidad de concentración mental del solista en un concierto imprevisible e impreparable chocó muy pronto con el comportamiento de un público acostumbrado al ambiente más bien relajado del recital de jazz convencional. Quizá la audiencia tampoco quería escuchar al pianista formal de concierto, sino a la estrella de culto. Y enseguida tachó la exigencia de silencio absoluto formulada por Jarrett como histeria propia de una diva. Un agravante adicional fue, a partir de los años noventa, el vicio, cultivado entre los más jóvenes, de fotografiarlo todo con el teléfono móvil, mientras el artista lidiaba con su autoexigencia de lograr un acontecimiento concertístico inspirado y siempre nuevo. Tan dispares expectativas fraguaron en un ritual de negacionismos irreconciliables. Cuanto más reclamaba Jarrett la atención, tanto más se resistía su audiencia, produciéndose reacciones excesivas a uno y otro lado del escenario. La más mínima tosecilla era considerada por Jarrett como un acto de sabotaje contra su arte. Su público, en cambio, estaba cansado, y a veces con razón, de que constantemente se le reprendiera por su conducta. Al fin y al cabo, también podría defenderse que la atención no se exige, sino que tiene que emanar por sí misma de la fuerza de persuasión del evento. Valgan dos ejemplos extremos para demostrar cómo esa confrontación entre el artista y el público fue adquiriendo cierto tinte de automatismo.

París, Sala Pleyel, 3 de noviembre de 2006, concierto en solitario de Keith Jarrett. El artista, vestido completamente de negro, sale al escenario bajo aplausos atronadores y se produce una tormenta de flashes procedentes de todos los rincones del auditorio. Jarrett se sienta al piano, espera un instante, los flashes disminuyen, comienza a tocar. Pero los flashes no cesan del todo. Jarrett interrumpe y ruega cortésmente que se deje de fotografiar porque no puede concentrarse en la interpretación. Vuelve a comenzar y vuelven los relámpagos. Entonces se acerca al borde del escenario, se planta cuán alto es y dice: «Ahora pueden tomar fotos; después ya no, por favor». Por ninguna parte asoma un móvil. Jarrett se dirige al piano, empieza de nuevo, y con los primeros sonidos vuelven las fotos. Entonces abandona el escenario y, aparentemente, no regresa. Cinco minutos de vocerío, de palmas, de pataleo. No se sabe muy bien en qué acabará aquello. Luego el artista reaparece entre estruendosos aplausos y continúa el recital, al principio con flashes, que van aminorando hasta extinguirse por completo. Todo se ha calmado, y Jarrett inicia un concierto fascinante, chisporroteante de ideas, haciendo vibrar el instrumento y, de paso, al auditorio, está visiblemente complacido con su interpretación y lo sigue estando hasta en la última de las numerosas propinas. Después del concierto se encuentra de excelente humor. Cuando se le pregunta por el público, se encoge de hombros y dice: «Bueno, gajes del oficio».

Cambio de escenario. Vieja Ópera de Fráncfort del Meno, 21 de octubre de 2007. Primer y único concierto solo de Keith Jarrett en Alemania desde hace quince años. A los tres días de anunciarse, a principios de marzo, la fecha del evento, las dos mil cuatrocientas localidades del aforo están agotadas. Jarrett sale al escenario. Fragor de aplausos seguido de un silencio de sepulcro. El público sabe lo que debe al artista Jarrett. Nadie se atreve a toser, uno casi ni se atreve a respirar. De teléfonos móviles ni rastro. En lo más alto del gallinero a un señor mayor le da un mareo, la persona que lo acompaña trata de calmarlo, al final lo consigue. Luego se oye un carraspeo en otra parte de la sala, después otro. Jarrett, visiblemente molesto, comienza un monólogo sobre la dificultad de concentrarse, dice que él tampoco tose, que por qué la gente no sabe controlarse, etcétera. Luego corta, abandona el escenario, vuelve, busca el hilo de Ariana de su música, halla un asidero en algunos ostinatos. Después de la pausa regresa un Jarrett concentrado, y ya nada es capaz de distraerlo de sus arremetidas sonoras. Un concierto digno, pero no excelente. Se graba, como tantas otras actuaciones suyas. ¿Se publicará algún día? ¿Tal vez como *Frankfurt Concert*? ¿Hará furor? Manfred Eicher es escéptico. Él tiene que saberlo. El acontecimiento de París tiene más probabilidades de salir en CD.

Ejemplos así los hay a docenas. Basten los dos citados para mostrar lo que puede suceder cuando las expectativas no coinciden. También ilustran el dilema en el que Jarrett se ve inmerso a estas alturas. Tan comprensible como es su reacción ante la falta de sensibilidad vivida en París, pocas simpatías despertará, en cambio, su pose de pedante exhibida en Fráncfort. Parece un desbarajuste desmesurado. Y surge la maliciosa sospecha de que, ante la ausencia de inspiración, Jarrett espera cual tabla de salvación alguna frivolidad del público para superar, al menos momentáneamente, la escasez de ideas.

Tales excesos en la respuesta siempre nacen de un sentimiento profundo, por ejemplo, el de la discriminación social o cultural. Los pianistas de concierto se quejan, a lo sumo, de alguna tos, pero no se enfadan por la acción de los fotógrafos. Por supuesto que ni una cosa ni otra pueden ocurrir durante una sonata de Beethoven. De ahí que los jazzistas que durante su actuación reaccionan de forma agresiva al ser fotografiados sean o bien los que pregonan el jazz como arte, o bien quienes lo consideran parte de su más intrínseca cultura, a la cual debe tributarse el mismo respeto que al arte europeo. Durante décadas los músicos de jazz trataron de dejar claro que su música era una forma de arte autónoma, con sus propias leyes y normas. Por consiguiente, decían, el jazz requería un tipo de reacción distinta, más espontánea, por parte del público, el cual aplaudía las improvisaciones acertadas en el momento y no, como en Beethoven, al final de la pieza. Pero lo que no se puede hacer es calificar una música de *universal folk musi o ethnic folk dance music* y luego extrañarse de que la gente se ponga a bailar.

Aunque las esporádicas reprimendas al público se hayan convertido ya en un ritual que los *voyeurs* entre los oyentes esperan, o incluso provocan, no deja de ser un fenómeno marginal que no afecta a la música en sí. Más peso parece tener el rechazo vitalicio de Jarrett a ciertas tendencias musicales, a modas efímeras o también a sedicentes mártires del canon como Wynton Marsalis, el *praeceptor musicae* y poderoso director artístico de jazz del Lincoln Center de Nueva York, que lleva muchos años predicando el imperativo de la pureza del género, rechazando todo lo que desde finales de los años sesenta, aproximadamente, ha venido anidando en el jazz procedente de otras corrientes musicales. Miles Davis detectó esa tendencia en Marsalis y apuntó que éste había caído en la marmita de la tradición cuando tenía veintiún años. Ultraortodoxia de la que nunca logró liberarse, añadió Jarrett muchos años después. Y que el «jazz verdadero» proclamado por Marsalis —swing, armonía funcional, *off beat,* improvisación sobre *changes*— nunca había existido como tal. Desde Eubie Blake, quien a partir de 1899, año de nacimiento de Duke Ellington, escribió sus *ragtimes* como preciosos popurrís de paráfrasis de Chopin y música de marcha sincopada, hasta Herbie Hancock, más interesado en la electrónica que en las armonías del blues, pasando por Miles Davis, inspirado por Jimi Hendrix, Karlheinz Stockhausen y Giacomo Puccini, la historia centenaria del jazz está atravesada por un cambiante juego de elementos jazzísticos definidos con mayor o menor precisión y por toda clase de concepciones sonoras. El jazz puro, y nadie lo ha sabido mejor que Jarrett, siempre ha sido una quimera de los dogmáticos.

Queda la señal más visible del carácter iconoclasta de Jarrett: su forma de tocar el piano, una forma que contradice todas las reglas del arte pianístico tradicional y que se antoja como si el instrumento no fuese tanto un socio sino un rival al que hay que doblegar, a veces con astucia e insidia, otras con una maniobra de distracción danzarina, otras con la fuerza bruta, y no pocas veces fagocitándolo, fundiéndose con él. En los momentos mejores, casi diríamos mágicos, desaparecen las barreras, las teclas se asimilan al toque de los dedos y nace una música consumada y sin impurezas. Es esta corporeidad de su ejecución musical y la musicalidad de su lenguaje corporal, el baño de sonidos y la inmersión en el negro piano, el ostentoso acompañamiento cantante y los contrapuntísticos *vocalises*, lo que no solo fascina sino que también produce un efecto musical. La coreografía, en Jarrett, conduce a resultados sonoros que parecen casi imposibles. En sus improvisaciones hay momentos en que acontece algo así como un vibrato de teclas. Los pianistas siempre han intentado trascender el tono del piano, comparativamente rígido, mediante el uso del pedal y el legato. Jarrett hace vibrar sus dedos en el teclado como si tocaran las cuerdas de un Stradivari. Y entonces, bajo el temblor de los dedos, los tonos se disuelven, ganando un colorido y un calor sin precedentes.

Jarrett se ha convertido en una figura singular en los escenarios de la geografía concertista del planeta. Es un músico que rebasa los límites de su oficio. Y rebasa, por supuesto, el ámbito del jazz. Cuando se publicó *The Köln Concert*, el escritor Henry Miller quedó tan conmovido que aprovechó el hoy casi olvidado arte epistolar para inclinarse ante Jarrett con ponderadas palabras. El 2 de junio de 1981, el director de orquesta Sergiu Celibidache, después de un concierto en solitario del pianista y con el público ya desparramado por la veraniega noche de Múnich, permaneció aún largo rato sentado en la primera fila de la desierta sala Herkules sin poder separarse del lugar de aquel mágico acontecimiento sonoro. Marcel Reich-Ranicki, el influyente crítico literario y conocedor de música, cuya curiosidad, eso sí, estaba más anclada en las creaciones líricas de Schubert y los dramas musicales de Wagner, no perdió la ocasión de sondear con su propio oído, en la Vieja Ópera de Fráncfort y en octubre de 2007, si aquellos monólogos de piano tan intensamente reseñados por sus colegas críticos de música aún ofrecían algo que mereciera ser incorporado a su acervo de experiencias musicales. No importa que le interesaran, sobre todo, los pasajes que le recordaron a Debussy y, quizá, a Skriabin.

Hoy por hoy, Jarrett ya no se prodiga en las salas de conciertos. Sus publicaciones en los últimos años han sido íntegramente producciones que abarcan todos los géneros y casi todas las formaciones importantes: *Somewhere,* realizado con su segundo trío; *Last Dance,* un dúo con Charlie Haden; la producción en solitario de *No End;* el primer trío en *Hamburg '72;* el «Cuarteto Europeo», con *Sleeper;* y, por último, el concierto para piano de Samuel Barber. Pero la mayoría de estas producciones habían sido grabadas mucho antes, cuatro de ellas lo fueron en los años setenta y ochenta. La última publicación que no pasó por los archivos de sonido de ECM, sino que vio la luz al poco de materializarse fue, en 2011, la grabación en vivo de *Rio,* una música de aliento libre y además casi alegre que Jarrett, como él mismo dijo, debió a su nuevo amor, la joven japonesa Akiko, a la que conoció a finales de 2010 en Tokio durante una gira por Japón y que, entretanto, se ha convertido en su esposa.

Si prescindimos de *Rio,* en los últimos años uno podía tener la impresión de que en su casa de Nueva Jersey, Jarrett se aísla del mundo exterior todavía más que antes. Es posible también que esté haciendo balance de sus correrías y andanzas. Quizá con una gota de amargura: a finales de 2011 murió Paul Motian y en julio de 2014, Charlie Haden, compañeros de ruta y buenos amigos durante largos años; Jack DeJohnette ha emprendido cada vez más giras con su propio conjunto, y de Gary Peacock se dice que padece problemas auditivos, lo que podría significar el final del trío. Keith Jarrett, según puede presumirse, se encuentra en una encrucijada. Situación que se ha dado ya con no poca frecuencia y que siempre ha desembocado en decisiones que han estremecido al mundo de la música, confrontándolo con un nuevo Jarrett. El balance que se venía perfilando posiblemente sea un balance provisional. En cualquier caso, *Rio* es una base sobre la que se puede construir. También está pendiente el reencuentro con otro gigante: Ornette Coleman. Jarrett y Coleman en Nueva York. Podría ser una perspectiva para el futuro. No solo para los dos músicos, sino para la música. Para el jazz. Aun cuando para ese entonces, tal vez, esa música ya no se conozca con este nombre.

EPÍLOGO

Me recoge en su automóvil, un pequeño BMW plateado, y nos dirigimos a su casa, ubicada sobre una suave colina rodeada de tupidos bosques. No se aprecia dónde el terreno perteneciente a la mansión se funde con el campo abierto. En esas zonas de Estados Unidos no hay cercados. Tierra de indios. Al caer el crepúsculo, aparecen corzos en el claro detrás de la finca. Ardillas peludas del tamaño de los turones van dando saltos por el porche. Dice Jarrett que a veces acude un marsupial para buscar cómodamente su alimento en aquel lugar de confluencia entre la naturaleza y la civilización.

Entramos en la casa, una construcción de madera de la época colonial, y nos recibe Rose Anne que, al parecer, ha preparado comida. Reina la paz, una paz francamente arquetípica, como si aquella casa hubiese conservado una forma primitiva de silencio. Durante la cena, Jarrett habla en voz baja; cuenta, como de pasada, que acaba de volver de un concierto en San Francisco. Le pregunto si San Francisco no produce la impresión de una ciudad muerta. Es el otoño de 1987, el año del primer punto álgido del sida en Estados Unidos. «Qué va, al contrario —responde—, hay una sensación de enorme vitalidad». Tal vez el ambiente de euforia es justamente la prueba del declive, hago yo notar. Jarrett levanta la mirada, calla un instante y finalmente dice que a un americano jamás se le ocurriría semejante idea. Algo así solo podía venir de un europeo.

Más tarde, me pasea por la casa. Al abandonar el salón, de techo bajo y aspecto de haberse doblado con la edad, una estancia cálida llena de objetos que, aunque dispersos con un aire de negligencia, están todos en su sitio, con una mesa de madera maciza frente la ventana, esculturas, confortables asientos acolchonados, un tambor junto a la pared, libros que revelan haber sido leídos muchas veces... al salir de la sala y subir o bajar (ahí la memoria falla) por una estrecha escalera de madera, mi mirada recae en un cuadro pintado por Rose Anne. Sobre un fondo blanco como la cal está trazado, con pincelada impetuosa, un arco negro que podría ser de una letra... cual fragmento de caligrafía japonesa. La armonía de la imagen, el gesto natural del sencillo ornamento, parece un símbolo de la actitud artística de Jarrett.

Por otra parte, recuerda al pianista Bill Evans y lo que escribió en su día como texto de acompañamiento al legendario álbum *Kind of Blue,* de Miles Davis, en el que dejó su marca. Comparaba el tipo de improvisación manifiesta en aquel disco con la *suibokuga,* una técnica de dibujo monocromático en tinta china originaria del Imperio del Centro y llevada en el siglo XIV a Japón por monjes budistas. Se la considera una de las artes zen y tiene como requisito indispensable la espontaneidad. El pintor, con tinta negra y un pincel especial, debe realizar su dibujo sobre papel de arroz o un pergamino muy delgado, de tal manera que la línea no se malogre por un movimiento forzado, un trazo interrumpido o agujereando el soporte del dibujo. No se admiten cambios o correcciones posteriores. Los artistas tienen que ejercitarse en una determinada disciplina, dándole a la idea la posibilidad de «expresarse en conexión inmediata con las manos» sin que puedan interferir los pensamientos. Alcanza uno a vislumbrar la verdadera esencia del arte de Jarrett en ese texto.

Me enseña su estudio, donde nacieron relevantes grabaciones suyas, por ejemplo *Spirits,* improvisaciones tan
libres como el canto de los pájaros de los cercanos montes
Apalaches. A esas obras siempre les ha concedido mayor
importancia que a muchas de carácter extremadamente
artificioso, como en general ha otorgado prioridad a lo
anárquico, indefinido, inacabado, a lo desmedido en el
sentido cabal de la palabra. Un artista emancipado, autónomo, no pasa el tiempo alumbrando reglas, y, menos
aún, siguiéndolas. Las obras de arte nunca son obras re-
guladas, sino siempre excepciones a la regla.

Me revela que acaba de realizar una producción con
repertorio de Bach. Este compositor lo ha acompañado
durante toda su vida, es la música de una época en la que
regía la *imitatio naturae,* la imitación de la naturaleza.
No la «expresión del sentimiento», como en Beethoven,
sino la pintura.

Conversamos mucho esa noche, sobre música, improvisación, el piano y las cosas pequeñas, como un tono
suelto que puede producir un gran efecto. Jarrett está
sentado en el cómodo sofá del salón, habla con voz suave,
como si tuviera que poder verbalizar sus elucubraciones
en un registro que no delate emociones, como si escu-
chara hacia sus adentros y observara las palabras desde
su misma génesis, antes de que lleguen al exterior por
medio de las cuerdas vocales. Todo es muy relajado, pero
también muy hermético… como en muchos grandes personajes. Al que lo ve y oye de esa manera y piensa en su
música, le viene a la mente una frase de Ludwig Wittgen-
stein: «En todo gran arte hay un animal salvaje: domado».

Al día siguiente, abandono la casa de Oxford, Nueva
Jersey. Es el ocaso del otoño, pero no hace frío. Los árboles se han desprendido de casi toda su fronda. Huele
a corteza parda y a tierra húmeda. Como en un poema
de Georg Trakl. ¿Es aquello aún naturaleza o ya es arte? ¿O viceversa? Los perfiles se esfuman como en un

cuadro paisajístico que el escritor León Tolstói trazó de Lucerna. Ferruccio Busoni lo citó en su *Esbozo de una nueva estética de la música* abrigando la esperanza de que sirviera de ejemplo de cómo la música podría ser reconducida a su esencia primitiva despojándola de todos los dogmas arquitectónicos, acústicos y estéticos: «No se veía una línea íntegra, un color definido ni un momento igual a otro en el lago, en las montañas, ni en el cielo. Por doquier había movimiento, asimetría, formas fantásticas, infinitas combinaciones y gran diversidad de sombras y líneas; pero por doquiera reinaban la paz, la unidad, la armonía y la belleza».

El sueño de Tolstói lo han tenido muchos grandes artistas de todos los continentes, tiempos y géneros. Beethoven y John Cage, Ravi Shankar y Hermann Hesse, Debussy y Paul Klee, Frank Gehry y Carla Bley, Merce Cunningham y Botticelli, Auguste Rodin e Ingmar Bergman, Jimi Hendrix e Isang Yun, Tom Waits y Sándor Petöfy, Gesualdo da Venosa y Puccini. También Keith Jarrett.

DISCOGRAFÍA

Las publicaciones están ordenadas por fecha de grabación, y no por fecha de lanzamiento. Cuando las fechas están separadas por más de dos años, se añade la fecha de lanzamiento. Dado que las publicaciones en ECM constituyen el grueso de las grabaciones de Jarrett, se han antepuesto a las otras, en parte lanzadas con anterioridad. No se han incluido reediciones, recopilaciones ni antologías.

I. PUBLICACIONES EN ECM

Keith Jarrett: Facing You
In Front / Ritooria / Lalene / My Lady; My Child / Landscape For Future Earth / Starbright / Vapallia / Semblence.
Keith Jarrett: piano.
ECM 1017, Arne Bendiksen Studio, Oslo, 10 de noviembre de 1971.

Keith Jarrett/Jack DeJohnette: Ruta And Daitya
Overture / Communion / Ruta And Daitya / All We Got /Sounds Of Peru / Submergence / Awakening / Algeria / You Know, You Know / Pastel Morning.
Keith Jarrett: piano, piano eléctrico, órgano, flauta; Jack DeJohnette: batería, percusión.
ECM 1021, Sunset Studios, Los Ángeles, mayo de 1971, publ.: 1973.

Keith Jarrett Trío: Hamburg '72
Rainbow / Everything That Lives / Laments / Piece For Ornette / Take Me Back / Life, Dance / Song For Che.
Keith Jarrett: piano, flauta, percusión, saxo soprano; Charlie Haden: bajo; Paul Motian: batería, percusión.
ECM 2422, Radiodifusión de Alemania del Norte (NDR), Hamburgo, 14 de junio de 1972, publ.: noviembre de 2014.

Keith Jarrett: In The Light
Metamorphosis / Fughata for Harpsichord / Brass Quintet / A Pagan Hymn / String Quartet / Short Piece For Guitar And Strings / Crystal Moment / In The Cave, In The Light.
Keith Jarrett: piano, gong, percusión; cuerdas de la Orquesta Radio Sinfónica de Stuttgart dirigida por Mladen Gutesha y Keith Jarrett; The American Brass Quintet; The Fritz Sonnleitner Quartet; Ralph Towner: guitarra; Willi Freivogel: flauta.
ECM 1033/34, 1973.

Keith Jarrett: Solo Concerts Bremen/Lausanne
(CD 1) *Bremen, July 12, 1973 Part I / Bremen, July 12, 1973 Part II.*
(CD 2) *Lausanne, March 20, 1973.*
Keith Jarrett: piano.
ECM 1035-37, en directo: marzo/julio de 1973.

Keith Jarrett: Belonging
*Spiral Dance / Blossom / 'Long
As You Know You're Living
Yours / Belonging / The
Windup / Solstice.*
Keith Jarrett: piano; Jan
Garbarek: saxo tenor/saxo
soprano; Palle Danielsson:
bajo; Jon Christensen: batería.
ECM 1050, Arne Bendiksen
Studio, Oslo, 24/25 de abril
de 1974.

Keith Jarrett/Jan Garbarek: Luminessence-Music For StringOrchestra And Saxophone
*Numinor / Windsong /
Luminessence.*
Jan Garbarek: saxo tenor/saxo
soprano; cuerdas de la Orquesta
Radio Sinfónica de Stuttgart
dirigida por Mladen Gutesha.
ECM 1049, Tonstudio Bauer,
Ludwigsburgo, 29/30 de abril
de 1974.

Keith Jarrett: The Köln Concert
*Köln, January 24, 1975 Part I /
Köln, January 24, 1975 Part II
a / Köln, January 24, 1975,
Part II b / Köln, January 24,
1975 Part II c.*
Keith Jarrett: piano
ECM 1064/65, en directo:
Ópera de Colonia, 24 de enero
de 1975.

Keith Jarrett: Arbour Zena
Runes / Solara March / Mirrors.
Keith Jarrett: piano; Jan
Garbarek: saxo tenor/saxo
soprano; Charlie Haden: bajo;
cuerdas de la Orquesta Radio

Sinfónica de Stuttgart dirigida
por Mladen Gutesha.
ECM 1070, Tonstudio Bauer,
Ludwigsburgo, octubre de 1975

Keith Jarrett: The Survivors' Suite
*The Survivors' Suite
(Beginning-Conclusion).*
Keith Jarrett: piano, saxo
soprano, flauta dulce bajo,
celesta, *osi drums;* Dewey
Redman: saxo tenor, percusión;
Charlie Haden: bajo; Paul
Motian: batería, percusión.
ECM 1085, Tonstudio Bauer,
Ludwigsburgo, abril de 1976.

Keith Jarrett: Staircase
*Staircase (Part I-III) /
Hourglass (Part I-II) / Sundial
(Part I-III) / Sand (Part I-III).*
Keith Jarrett: piano.
ECM 1090/91, Davout Studio,
París, mayo de 1976.

Keith Jarrett: Eyes Of The Heart
*Eyes Of The Heart (Part I-II) /
Encore (a-b-c).*
Keith Jarrett: piano, saxo
soprano, *osi drums,* pandereta;
Dewey Redman:saxo tenor,
pandereta, maracas; Charlie
Haden: bajo; Paul Motian:
batería, percusión.
ECM 1150, en directo: Bregenz,
mayo de 1976, publ.: 1979.

Keith Jarrett: Spheres
*Spheres (1st, 4th, 7th, 9th
Movement).*
Keith Jarrett: órgano.
ECM 1302, abadía de
Ottobeuren, septiembre de 1976.

Keith Jarrett: Hymns/Spheres
Hymn Of Remembrance /
Spheres (1st-9th Movement) /
Hymn Of Release.
Keith Jarrett: órgano.
ECM 1086/87, abadía de
Ottobeuren, septiembre
de 1976.

Keith Jarrett:
Sun Bear Concerts
Kyoto, November 5, 1976
(Part I-II) / Osaka, November
8, 1976 (Part I-II) / Nagoya,
November 12, 1976 (Part I-II) /
Tokyo, November 14,
1976 (Part I-II) / Sapporo,
November 18, 1976 (Part I-II) /
Encores (Sapporo / Tokyo /
Nagoya).
Keith Jarrett: piano.
ECM 1100, en directo:
nov. 1976, publ.: 1978.

Keith Jarrett: Ritual
Ritual.
Dennis Russell Davies: piano.
ECM 1112, Tonstudio Bauer,
Ludwigsburgo, junio de 1977,
publ.: 1982.

Keith Jarrett: My Song
Questar / My Song / Tabarka /
Country / Mandala / The
Journey Home.
Keith Jarrett: piano, percusión;
Jan Garbarek: saxo tenor/saxo
soprano; Palle Danielsson:
bajo; Jon Christensen: batería.
ECM 1115, Talent Studios,
Oslo, noviembre de 1977.

Keith Jarrett:
Personal Mountains
Personal Mountains / Prism /

Oasis / Innocence.
Keith Jarrett: piano, percusión;
Jan Garbarek: saxo tenor/saxo
soprano; Palle Danielsson:
bajo; Jon Christensen: batería.
ECM 1382, Tokio, abril de
1979, publ.: 1989.

Keith Jarrett: Sleeper
Personal Mountains /
Innocence / So Tender / Oasis /
Chant Of The Soil / Prism /
New Dance.
Keith Jarrett: piano, percusión;
Jan Garbarek: saxo tenor/saxo
soprano, flauta, percusión;
Palle Danielsson: bajo; Jon
Christensen: batería, percusión.
ECM 2290/91, Tokio, 16 de
abril de 1979, publ.: 2012.

Keith Jarrett: Nude Ants
Chant Of The Soil / Innocence /
Processional / Oasis / New
Dance / Sunshine Song.
Keith Jarrett: piano, percusión;
Jan Garbarek: saxo tenor/saxo
soprano; Palle Danielsson:
bajo; Jon Christensen: batería,
percusión.
ECM 1171/72, en directo: Village
Vanguard, Nueva York, mayo de
1979.

Keith Jarrett: Sacred Hymns
Of G. I. Gurdjieff
Reading Of Sacred Books /
Prayer And Despair / Religious
Ceremony / Hymn / Orthodox
Hymn From Asia Minor / Hymn
For Good Friday / Hymn /
Hymn For Easter Thursday /
Hymn To The Endless Creator /
Hymn From A Great Temple /
The Story Of The Resurrection

*Of Christ / Holy Affirmation-
Holy Denying-Holy Reconciling
/ Easter Night Procession / Eas-
ter Hymn / Meditation.*
Keith Jarrett: piano.
ECM 1174, Tonstudio Bauer,
Ludwigsburgo, marzo de 1980.

**Keith Jarrett:
The Celestial Hawk**
*The Celestial Hawk For
Orchestra, Percussion And
Piano (1st-3rd Movement).*
Keith Jarrett: piano; Syracuse
Symphony, dirigida por
Christopher Keene.
ECM 1175, Carnegie Hall,
Nueva York, marzo de 1980.

**Keith Jarrett: Invocations/
The Moth And The Flame**
*Invocations (First-Solo Voice;
Second-Mirages, Realities;
Third-Power, Resolve; Fourth-
Shock, Scatter; Fifth-Recogni-
tion; Sixth-Celebration;
Seventh-Solo Voice) / The
Moth And The Flame (Part I-V).*
Keith Jarrett: órgano, saxo
soprano (*Invocations*), piano
(*The Moth And The Flame*).
ECM 1201/02, Tonstudio Bauer,
Ludwigsburgo, noviembre
de 1979 (*The Moth And
The Flame*), abadía de
Ottobeuren, octubre de 1980
(*Invocations*).

**Keith Jarrett:
Concerts (Bregenz)**
*Bregenz, May 28, 1981 (Part
I-II) / Untitled / Heartland.*
Keith Jarrett: piano.
ECM 1227, en directo:
Bregenz, 28 de mayo de 1981.

**Keith Jarrett: Concerts
(Bregenz/München)**
*Bregenz, May 28, 1981
(Part I-II) / Untitled / Heartland
/ München, June 2, 1981 (Part
I-IV) / Mon Coeur Est Rouge /
Heartland.*
Keith Jarrett: piano.
ECM 1227-29, en directo:
Bregenz, 28 de mayo de 1981;
Múnich, 2 de junio de 1981.

**Keith Jarrett/Gary Peacock/
Jack DeJohnette: Standards,
Vol. 1**
*Meaning Of The Blues / All
The Things You Are / It Never
Entered My Mind / The
Masquerade Is Over / God
Bless The Child.*
Keith Jarrett: piano; Gary
Peacock: bajo; Jack DeJohnette:
batería.
ECM 1255, Power Station,
Nueva York, enero de 1983.

**Keith Jarrett/Gary Peacock/
Jack DeJohnette: Changes**
Flying (Part I-II) / Prism.
Instrumentación idéntica a
la de *Standards, Vol. 1* (1983).
ECM 1276, Power Station,
Nueva York, enero de 1983.

**Keith Jarrett/Gary Peacock/
Jack DeJohnette: Standards,
Vol. 2**
*So Tender / Moon And Sand /
In Love In Vain / Never Let
Me Go / If I Should Lose You /
I Fall In Love Too Easily.*
Instrumentación idéntica a la
de *Standards, Vol. 1* (1983).
ECM 1289, Power Station,
Nueva York, enero de 1983.

Keith Jarrett/Gary Peacock/ Jack DeJohnette: Standards Live

Stella By Starlight / The Wrong Blues / Falling In Love With You / Too Young To Go Steady / The Way You Look Tonight / The Old Country.
Instrumentación idéntica a la de *Standards, Vol. 1* (1983).
ECM 1317, en directo: Palacio de Congresos, París, 2 de julio de 1985.

Keith Jarrett: Spirits

Spirits 1-26.
Keith Jarrett: flautas, flautas dulces, saxo soprano, piano, guitarra, instrumentos de percusión diversos.
ECM 1333/34, Cavelight Studios, Nueva Jersey, mayo-julio de 1985.

Keith Jarrett: No End

Parts I-XX.
Keith Jarrett: guitarras eléctricas, bajo Fender, flauta dulce, piano, batería, percusión, vocal.
ECM 2361/62, Cavelight Studio, New Jersey, 1986, publ.: 2013.

Keith Jarrett: Book Of Ways

Book Of Ways (The Feeling Of Strings) No. 1-19.
Keith Jarrett: clavicordio.
ECM 1344/45, Tonstudio Bauer, Ludwigsburgo, julio de 1986.

Keith Jarrett/Gary Peacock/ Jack DeJohnette: Still Live

My Funny Valentine / Autumn Leaves / When I Fall In Love / The Song Is You / Come Rain Or Come Shine / Late Lament / You And The Night And The Music-Extension / Intro-Someday My Prince Will Come / I Remember Clifford.
Instrumentación idéntica a la de *Standards, Vol. 1* (1983).
ECM 1360/61, en directo: Philharmonie, Múnich, 13 de julio de 1986, publ.: 1988.

Keith Jarrett: Dark Intervalls

Opening / Hymn / Americana / Entrance / Parallels / Fire Dance / Ritual Prayer / Recitative.
Keith Jarrett: piano.
ECM 1379, Suntory Hall, Tokio, 11 de abril de 1987.

Keith Jarrett/Gary Peacock/ Jack DeJohnette: Changeless

Dancing / Endless / Lifeline / Ecstasy.
Instrumentación idéntica a la de *Standards, Vol. 1* (1983).
ECM 1392, en directo: Denver, 14 de octubre de 1987; Dallas, 11 de octubre de 1987; Lexington, 9 de octubre de 1987; Houston, 12 de octubre de 1987; publ.: 1989.

Keith Jarrett: Paris Concert

October 17, 1988 / The Wind / Blues.
Keith Jarrett: piano.
ECM 1401, Sala Pleyel, París, 17 de octubre de 1988, publ.: 1990.

Keith Jarrett/Gary Peacock / Jack DeJohnette: Standards in Norway

All Of You / Little Girl Blue / Just In Time / Old Folks / Love

*Is A Many-Splendored Thing /
Dedicated To You / I Hear A
Rhapsody /How About You?*
Instrumentación idéntica a
la de *Standards, Vol. 1* (1983).
ECM 1542, en directo:
Konserthus Oslo, 7 de octubre
de 1989, publ.: 1995.

**Keith Jarrett/Gary Peacock/
Jack DeJohnette: Tribute**
*Lover Man / I Hear A Rhapsody
/ Little Girl Blue / Solar / Sun
Prayer / Just In Time / Smoke
Gets In Your Eyes / All Of You /
Ballad Of The Sad Young Man /
All The Things You Are / It's
Easy To Remember / U Dance.*
Instrumentación idéntica a
la de *Standards, Vol. 1* (1983).
ECM 1420/21, en directo:
Philharmonie de Colonia, 15
de octubre de 1989.

**Keith Jarrett/Gary Peacock/
Jack DeJohnette: The Cure**
*Bemsha Swing / Old Folks /
Woody'n You / Blame It On My
Youth / Golden Earrings / Body
And Soul / The Cure / Things
Ain't What They Used To Be.*
Instrumentación idéntica a
la de *Standards, Vol. 1* (1983).
ECM 1440, en directo: Town
Hall, Nueva York, 21 de abril
de 1990.

Keith Jarrett: Vienna Concert
Vienna, Part I / Vienna, Part II.
Keith Jarrett: piano.
ECM 1481, en directo: Ópera
de Estado de Viena, 13 de julio
de 1991.

**Keith Jarrett/Gary Peacock/
Jack DeJohnette: Bye Bye
Blackbird**
*Bye Bye Blackbird / You Won't
Forget Me / Butch And Butch /
Summer Night / For Miles /
Straight, No Chaser / I Thought
About You / Blackbird, Bye Bye.*
Instrumentación idéntica a la
de *Standards, Vol. 1* (1983).
ECM 1467, Power Station, Nueva
York, 12 de octubre de 1991,
publ.: 1993.

**Keith Jarrett/Gary Peacock/
Paul Motian: At The Deer
Head Inn**
*Solar / Basin Street Blues /
Chandra / You Don't Know
What Love Is / You And The
Night And The Music / Bye
Bye Blackbird / It's Easy
To Remember.*
Keith Jarrett: piano; Gary
Peacock: bajo; Paul Motian:
batería.
ECM 1531, en directo: Deer
Head Inn, 16 de septiembre
de 1992, publ.: 1994.

**Keith Jarrett/Gary Peacock/
Jack DeJohnette: At The
Blue Note-The Complete
Recordings**
*In Your Own Sweet Way / How
Long Has This Been Going On /
While We're Young / Partners /
No Lonely Nights / Now's The
Time / Lament / I'm Old
Fashioned / Everything Happens
To Me / If I Were A Bell / In The
Wee Small Hours Of The
Morning / Oleo / Alone Together
/ Skylark / Things Ain't What
They Used To Be / Autumn*

Leaves / Days Of Wine And Roses / Bop-Be / You Don't Know What Love Is-Muezzin / When I Fall In Love / How Deep is The Ocean / Close Your Eyes / Imagination / I'll Close My Eyes / I Fall In Love Too Easily- The Fire Within / Things Ain't What They Used To Be / On Green Dolphin Street / My Romance / Don't Ever LeaveMe / You'd Be So Nice To Come Home To / La Valse Bleue / No Lonely Nights / Straight, No Chaser / Time After Time / For Heaven's Sake / Partners / Desert Sun / How About You?
Instrumentación idéntica a la de *Standards, Vol. 1* (1983).
ECM 1575-80, en directo: Blue Note, Nueva York, 3-5 de junio de 1994.

Keith Jarrett: La Scala
La Scala, Part I / La Scala, Part II / Over The Rainbow.
Keith Jarrett: piano.
ECM 1640, en directo: Teatro alla Scala, Milán, 13 de febrero de 1995.

Keith Jarrett/Gary Peacock/ Jack DeJohnette: Tokyo '96
It Could Happen To You / Never Let Me Go / Billie's Bounce / Summer Night / I'll Remember April / Mona Lisa / Autumn Leaves / Last Night When We Were Young / Caribbean Sky / John's Abbey / My Funny Valentine / Song.
Instrumentación idéntica a la de *Standards, Vol. 1* (1983).
ECM 1666, Orchard Hall, Tokio, 30 de marzo de 1996, publ.: 1998.

Keith Jarrett: The Melody At Night, With You
I Loves You Porgy / I Got It Bad And That Ain't Good / Don't Ever Leave Me / Someone To Watch Over Me / My Wild Irish Rose / Blame It On My Youth / Meditation / Something To Remember You By / Be My Love / Shenandoah / I'm Through With Love.
Keith Jarrett: piano.
ECM 1675, Cavelight Studio, Nueva Jersey, 1999.

Keith Jarrett/Gary Peacock/ Jack DeJohnette: Whisper Not
Bouncing With Bud / Whisper Not / Groovin' High / Chelsea Bridge / Wrap Your Troubles In Dreams / Round Midnight / Sandu / What Is This Thing Called Love / Conception / Prelude To A Kiss / Hallucinations / All My Tomorrows / Poinciana / When I Fall In Love.
Instrumentación idéntica a la de *Standards, Vol. 1* (1983).
ECM 1724/25, en directo: Palacio de Congresos, París, 5 de julio de 1999.

Keith Jarrett/Gary Peacock/ Jack DeJohnette: Inside Out
From The Body / Inside Out / 341 Free Fade / Riot / When I Fall In Love.
Instrumentación idéntica a la de *Standards, Vol. 1* (1983).
ECM 1780, en directo: Royal Festival Hall, London, 26/28 de julio de 2000.

Keith Jarrett/Gary Peacock/ Jack DeJohnette: Always Let Me Go

Hearts In Space / The River / Tributaries / Paradox / Waves / Facing East / Tsunami / Relay. Instrumentación idéntica a la de *Standards, Vol. 1* (1983). ECM 1800/01, Orchard Hall y Bunka Kaikan, Tokio, abril de 2001.

Keith Jarrett/Gary Peacock/ Jack DeJohnette: Yesterdays

Strollin' / You Took Advantage Of Me / Yesterdays / Shaw'nuff / You'veChanged / Scrapple From The Apple / A Sleepin' Bee / Intro / Smoke Gets In Your Eyes / Stella By Starlight. Instrumentación idéntica a la de *Standards, Vol. 1* (1983). ECM 2060, en directo: Metropolitan Festival Hall, Tokio, 30 de abril de 2001; grabación de la prueba de sonido de *Stella By Starlight*, Orchard Hall, Tokio, 24 de abril de 2001, publ.: 2009.

Keith Jarrett/Gary Peacock/ Jack DeJohnette: My Foolish Heart

Four / My Foolish Heart / Oleo / What's New / The Song Is You / Ain't Misbehavin' / Honeysuckle Rose / You Took Advantage Of Me / Straight, No Chaser / Five Brothers / Guess I'll Hang My Tears Out To Dry / On Green Dolphin Street / Only The Lonely. Instrumentación idéntica a la de *Standards, Vol. 1* (1983). ECM 2021/22, en directo:

Montreux, 22 de julio de 2001, publ.: 2007.

Keith Jarrett/Gary Peacock/ Jack DeJohnette: The Out-of-Towners

Intro / I Can't Believe That You're In Love With Me / You've Changed / I Love You / The Out-of-Towners / Five Brothers / It's All In The Game. Instrumentación idéntica a la de *Standards, Vol. 1* (1983). ECM 1900, Ópera de Estado de Múnich, 28 de julio de 2001, publ. 2004.

Keith Jarrett/Gary Peacock/ Jack DeJohnette: Up For It

If I Were A Bell / Butch & Butch / My Funny Valentine / Scrapple From The Apple / Someday My Prince Will Come / Two Degrees East, Three Degrees West / Autumn Leaves / Up For It. Instrumentación idéntica a la de *Standards, Vol. 1* (1983). ECM 1860, en directo: La Pinede Gould, Juan-Les-Pins, 16 de julio de 2002.

Keith Jarrett: Radiance

Part 1-17. Keith Jarrett: piano. ECM 1960/61, Osaka, 27 de octubre de 2002; Tokio, 30 de octubre de 2002, publ.: 2005.

Keith Jarrett: The Carnegie Hall Concert

Part I-X / The Good America / Paint My Heart Red / My Song / True Blues / Time On My Hands.

Keith Jarrett: piano.
ECM 1989/90, en directo:
Carnegie Hall, Nueva York,
26 de septiembre de 2005.

Keith Jarrett/Charlie Haden: Jasmine

*For All We Know / Where Can
I Go Without You / No Moon
At All / One Day I'll Fly Away /
Intro / I'm Gonna Laugh You
Right Out f My Life / Body And
Soul / Goodbye / Don't Ever
Leave Me.*
Keith Jarrett: piano; Charlie
Haden: bajo.
ECM 2165, Cavelight Studio,
Nueva Jersey, marzo de 2007,
publ.: 2010.

Keith Jarrett/Charlie Haden: Last Dance

*My Old Flame / My Ship /
Round Midnight / Dance Of
The Infidels / It Might As
Well Be Spring / Everything
Happens To Me / Where Can
I Go Without You / Every Time
We Say Goodbye / Goodbye.*
Keith Jarrett: piano; Charlie
Haden: bajo.
ECM 2399, Cavelight Studio,
Nueva Jersey, marzo de 2007,
publ.: 2014.

Keith Jarrett: Paris/ London- Testament

*Paris, November 26, 2008
Part I-VIII / London,
December 1, 2008 Part I-XII.*
Keith Jarrett: piano.
ECM 2130-32, en directo: Sala
Pleyel, París, 26 de noviembre
de 2008; Royal Festival Hall,
Londres, 1 de diciembre de 2008.

Keith Jarrett/Gary Peacock/ Jack DeJohnette: Somewhere

*Deep Space / Solar / Stars Fell
On Alabama / Between The
Devil And The Deep Blue Sea /
Somewhere / Everywhere /
Tonight / I Thought About You.*
Instrumentación idéntica a la
de *Standards, Vol. 1* (1983).
ECM 2200, en directo: KKL
Lucerna, 11 de julio de 2009,
publ. 2013.

Keith Jarrett: Rio

Part I-XV.
Keith Jarrett: piano.
ECM 2198/99, Teatro Municipal,
Río de Janeiro, 9 de abril de
2011.

II. PUBLICACIONES ECM NEW SERIES

Arvo Pärt: Tabula Rasa

Fratres für Violine und piano.
Gidon Kremer: violín; Keith
Jarrett: piano (las demás piezas
sin participación de Keith
Jarrett).
ECM New Series 1275, grabación de *Fratres* para violín y
piano: Basilea, octubre de 1983
(las demás piezas, 1977 y 1984).

Johann Sebastian Bach: Das Wohltemperierte Klavier, Buch I, BWV 846-869

Präludien und Fugen I-XXIV.
Keith Jarrett: piano.
ECM New Series 1362/63,
Oxford, Nueva Jersey, febrero
de 1987.

Johann Sebastian Bach: Goldberg-Variationen BWV 998
Aria / Variatio 1-30 / Aria.
Keith Jarrett: clavicémbalo.
ECM New Series 1395,
Yatsugatake Kohgen
Ongakudoh, Japón, enero
de 1989.

Johann Sebastian Bach: Das Wohltemperierte piano, Buch II, BWV 870-893
Präludien und Fugen I-XXIV.
Keith Jarrett: clavicémbalo.
ECM New Series 1433/34,
mayo de 1990.

Dmitri Shostakovich: 24 Präludien und Fugen op. 87
Präludien und Fugen 1-24.
Keith Jarrett: piano.
ECM New Series 1469/70, La
Chaux de Fonds, julio de 1991.

Johann Sebastian Bach: Die Französischen Suiten BWV 812-817
Keith Jarrett: clavicémbalo.
ECM New Series 1513/14,
Cavelight Studio, Nueva Jersey,
septiembre de 1991, publ.: 1993.

Johann Sebastian Bach: 3 Sonaten für Viola da Gamba und Cembalo BWV 1027-1029
*Sonate G-Dur BWV 1027 /
Sonate D-Dur BWV 1028 /
Sonate g-Moll BWV 1029*
Kim Kashkashian: viola;
Keith Jarrett: clavicémbalo.
ECM New Series 1501, Cavelight
Studio, Nueva Jersey, septiembre
de 1991, publ.: 1994

Georg Friedrich Händel: Suiten für Cembalo
*Suite g-Moll HWV 452 / Suite
d-Moll HWV 447 / Suite II No. 7
B-Dur
HWV 440 / Suite I No. 8 f-Moll
HWV 433 / Suite I No. 2 F-Dur
HWV 427 / Suite I No. 4 e-Moll
HWV 429 / Suite I No. 1 A-Dur
HWV 426*
Keith Jarrett: piano.
ECM New Series 1530, State
University de Nueva York,
septiembre de 1991, publ.: 1995.

Keith Jarrett: Bridge of Light
*Elegy for Violin and String
Orchestra / Adagio for Oboe
and String Orchestra / Sonata
for Violin and Piano (Celebra-
tion; Song; Dance; Birth;
Dance) / Bridge of Light for
Viola and Orchestra.*
Michelle Makarski: violín;
Marcia Butler: oboe; Keith
Jarrett: piano; Patricia McCarty:
viola; The Fairfield Orchestra,
dirigida por ThomasCrawford.
ECM New Series 1450, State
University de Nueva York,
marzo de 1993.

Wolfgang Amadeus Mozart: Klavierkonzerte KV 467, 488, 595; Maurerische Trauermusik KV 477; Symphonie in g-Moll KV 550
*Konzert für Klavier und
Orchester No. 23 A-Dur KV 488
/ Konzert für Klavier und Or-
chester No. 27 B-Dur KV 595 /
Maurerische Trauermusik KV
477 / Konzert für Klavier und
Orchester No. 21 C-Dur KV 467 /
Symphonie No. 40 g-Moll KV 550.*

Keith Jarrett: piano; Orquesta de Cámara de Stuttgart, dirigida por Dennis Russell Davies. ECM New Series 1565/66, Mozart-Saal / Liederhalle Stuttgart, noviembre de 1994 / enero de 1995.

Wolfgang Amadeus Mozart: Klavierkonzerte KV 271, 453, 466; Adagio und Fuge KV 546

Konzert für Klavier und Orchester No. 20 d-Moll KV 466 / Konzert für Klavier und Orchester No. 17 G-Dur KV 453 / Konzert für Klavier und Orchester No. 9 Es-Dur KV 271 / Adagio und Fuge für Streichorchester c-Moll KV 546.
Keith Jarrett: piano; Orquesta de Cámara de Stuttgart, dirigida por Dennis Russell Davies. ECM New Series 1624/25, Mozart-Saal / Liederhalle Stuttgart, mayo de 1996 / marzo de 1998.

Johann Sebastian Bach: Sechs Sonaten für Violine und Klavier

Sonata No. 1 h-Moll BWV 1014 / Sonata No. 2 A-Dur BWV 1015 / Sonata No. 3 E-Dur BWV 1016 / Sonata No. 4 c-Moll BWV 1017 / Sonata No. 5 f-Moll BWV 1018 / Sonata No. 6 G-Dur BWV 1019.
Michelle Makarski: violín; Keith Jarrett: piano.
ECM New Series 2230/31, American Academy of Arts and Letters, Nueva York, noviembre de 2010, publ.: 2013.

III. PUBLICACIONES DE GRABACIONES PROPIAS EN OTROS SELLOS

Keith Jarrett: Life Between The Exit Signs
Lisbon Stomp / Love No. 1 / Love No. 2 / Everything I Love / Margot / Long Time Gone (But Not Withdrawn) / Life Between The Exit Signs / Church Dreams.
Keith Jarrett: piano; Charlie Haden: bajo; Paul Motian: batería.
Vortex / Atlantic 2006, Nueva York, 4 de mayo de 1967.

Keith Jarrett: Restoration Ruin
Restoration Ruin / All Right / For You And Me / Have A Real Time / SiouxCity Sue New / You're Fortunate / Fire And Rain / Now He Knows Better / Wonders / Where Are You Going?
Keith Jarrett: piano, vocal, saxo soprano, flauta dulce, acordeón, guitarra, banjo, órgano, violonchelo, bajo, batería, bongos, pandereta, percusión.
Vortex 2008, marzo de 1968.

Keith Jarrett Trío: Somewhere Before
My Back Pages / Pretty Ballad / Moving Soon / Somewhere Before / New Rag / A Moment For Tears / Pouts' Over (And The Day's Not Through) / Dedicated To You / Old Rag.
Keith Jarrett: piano; Charlie Haden: bajo; Paul Motian: batería.

Vortex 2012, en directo: Shelly's Manne-Hole, Hollywood, 30/31 de agosto de 1968.

Keith Jarrett:
The Mourning Of A Star
Follow The Crooked Path (Though It Be Longer) / Interlude No. 3 / Standing Outside / Everything That Lives Laments / Interlude No. 1 / Trust / All I Want / Traces Of You / The Mourning Of A Star / Interlude No. 2 / Sympathy.
Keith Jarrett: piano, flauta dulce tenor, saxo soprano, percusión; Charlie Haden: bajo, percusión; Paul Motian: batería, percusión. Wounded Bird Records WOU 1596, Nueva York, 1971.

Keith Jarrett: Birth
Birth / Mortgage On My Soul (Wah-Wah) / Spirit / Markings / Forget Your Memories (And They'll Remember You) / Remorse.
Dewey Redman: saxo tenor, oboe pícolo, clarinete, vocal, percusión; Keith Jarrett: piano, saxo soprano, *steel drums,* flauta dulce, vocal, banjo; Charlie Haden: bajo, *steel drums, conga drums;* Paul Motian, batería, *steel drums,* campanas, percusión. Atlantic SD 1612, Atlantic Recording Studios, Nueva York, 1971.

Keith Jarrett:
El Juicio (The Judgement)
Gypsy Moth / Toll Road / Pardon My Rags / Pre-Judgement Atmosphere /

El Juicio / Piece For Ornette (L. V.) / Piece For Ornette (S. V.). Keith Jarrett: piano, saxo soprano, flauta, *steel drums,* percusión; Dewey Redman: saxo tenor, *steel drums,* percusión; Charlie Haden: bajo, *steel drums,* percusión; Paul Motian: batería, *steel drums,* percusión. Atlantic ATL 50154 (SD 1673), Atlantic Recording Studios, Nueva York,1971, publ.: 1975.

Keith Jarrett Trío-Live
in Hamburg 1972
El Juicio / Moonchild / Follow The Crooked Path / Standing Outside /Bring Back The Time When (If) / Rainbow / Solo Piano Improvisation / Everything That Lives Laments / Piece For Ornette / Take Me Back / Life Dance / Song For Che / Donna Lee / Lover Man / There Will Never Be Another You / Like Someone In Love / Improvisation No. 1 / Improvisation No. 2.
Keith Jarrett: piano, flauta; Lee Konitz: saxo alto (de *Donna Lee* a *Like Someone In Love*); Chet Baker: trompeta (de *Donna Lee* a *Like Someone In Love*); Charlie Haden: bajo (de *El Juicio* a *Like Someone In Love*); Paul Motian: batería (de *El Juicio* a *Song For Che*); Beaver Harris: batería (de *Donna Lee* a *Like Someone in Love*).
Jazz Lips JL 761, en directo: Funkhaus Hamburg, 14 de junio de 1972, publ.: 2008 (de *Donna Lee* a *Like Someone In Love*:

Nueva York, 14 de abril de 1974; *Improvisation No. 1* e *Improvisation No. 2*: Nueva York, agosto de 1974).

Keith Jarrett: NDR Jazz Workshop
Rainbow / Piece For Ornette / Take Me Back / Life Dance.
Keith Jarrett: piano, flauta; Charlie Haden: bajo; Paul Motian: batería
Radiodifusión de Alemania del Norte (NRD), Hamburgo, 1972.

Keith Jarrett: Expectations
Vision / Common Mama / The Magician In You / Roussillon / Expectations / Take Me Back / The Circular Letter (For J.K.) / Nomads / Sundance / Bring Back The Time When (If) / There Is A Road (God's River).
Keith Jarrett: piano, saxo soprano; Charlie Haden: bajo; Paul Motian: batería; Sam Brown: guitarra; Dewey Redman: saxo tenor; Airto Moreira: batería, percusión; cuerdas y vientos de metal.
CBS S 67282, 1972.

Keith Jarrett: Fort Yawuh
(If The) Misfits (Wear It) / Fort Yawuh / De Drums / Still Life, Still Life/ Roads Travelled, Roads Veiled (CD bonus track).
Keith Jarrett: piano, saxo soprano, percusión; Dewey Redman: saxo tenor, percusión, oboe pícolo, clarinete; Charlie Haden: bajo; Paul Motian: batería, percusión; Danny Johnson: percusión.
ABC Impulse! AS-9240, en

directo: Village Vanguard, 24 de febrero de 1973.

Keith Jarrett: Treasure Island
The Rich (And The Poor) / Blue Streak / Fullsuvollivus (Fools Of All Of Us) / Treasure Island / Introduction-Yaqui Indian Folk Song / Le Mistral / Angles (Without Edges) / Sister Fortune.
Keith Jarrett: piano; Dewey Redman: saxo tenor, pandereta; Sam Brown: guitarra; Charlie Haden: bajo; Paul Motian: batería, percusión; Guilherme Franco: percusión; Danny Johnson: percusión.
Impulse! AS-9274, Nueva York, 27/28 de febrero de 1974.

Keith Jarrett: Backhand
Inflight / Kuum / Vapallia / Backhand.
Keith Jarrett: piano, flauta, *osi drums;* Dewey Redman: saxos, oboe piccolo, maracas; Charlie Haden: bajo; Paul Motian: batería, percusión; Guilherme Franco: percusión.
ABC Records ASH-9305, Nueva York, 9/10 de octubre de 1974.

Keith Jarrett: Death And The Flower
Death And The Flower / Prayer / Great Bird.
Keith Jarrett: piano, percusión, flauta, saxo soprano; Dewey Redman: saxo tenor, oboe pícolo, percusión; Charlie Haden: bajo; Paul Motian; batería, percusión; Guilherme Franco: percusión.
Impulse! ASD-9301, Nueva York, 9/10 de octubre de 1974.

Keith Jarrett: Mysteries
Rotation / Everything That Lives Laments / Flame / Mysteries.
Keith Jarrett: piano, flauta, percusión; Dewey Redman: saxo tenor, maracas, pandereta, oboe pícolo; Charlie Haden: bajo; Paul Motian: batería, percusión; Guilherme Franco: percusión.
ABC Impulse! ASD 9315, Nueva York, 1976.

Keith Jarrett: Shades
Shades Of Jazz / Southern Smiles / Rose Petals / Diatribe
Keith Jarrett: piano, percusión; Dewey Redman: saxo tenor, maracas, pandereta; Charlie Haden: bajo; Paul Motian: batería, percusión; Guilherme Franco: percusión ABC Impulse! 28 307 XOT, Nueva York, 1976

Keith Jarrett: Byablue
Byablue / Konya / Rainbow / Trieste / Fantasm / Yahllah / Byablue.
Keith Jarrett: piano, saxo soprano, percusión; Dewey Redman: saxo tenor, oboe pícolo; Charlie Haden: bajo; Paul Motian: batería, percusión.
ABC Impulse! 25 456 XOT, Nueva York, 1977.

Keith Jarrett: Bop-Be
Mushi Mushi / Silence / Bop-Be / Pyramids Moving / Gotta Get Some Sleep / Blackberry Winter / Pocket Full of Cherry.
Keith Jarrett: piano, saxo soprano, percusión; Dewey

Redman: saxo tenor, oboe pícolo; Charlie Haden: bajo; Paul Motian: batería, percusión.
ABC Impulse! IA 9334, Nueva York, 1978.

IV. INTERVENCIONES EN PUBLICACIONES DE OTROS ARTISTAS

Don Jacoby and the College All-Stars: Swinging Big Sound
Dizzy Atmosphere / Young Man With The Blues / Sing, It's Good For You / Just For A Thrill / Anema E Core (How Wonderful To Know) / Mais Oui! / Sleepy Serenade / Jet Out Of Town / Jacob Jones / Let Me Love You / Teach Me Tonight / Groovin' High / The End Of A Love Affair / Lover Man (Oh Where Can You Be?) / You Don't Know What Love Is / Back To The Beat.
College All-Stars, Don Jacoby: trompeta, Keith Jarrett: piano.
Decca DL 4241, 1962.

Art Blakey & The New Jazz Messengers: Buttercorn Lady
Buttercorn Lady / Recuerdo / The Theme / Between Races / My Romance / Secret Love.
Frank Mitchell: saxo tenor; Chuck Mangione: trompeta; Keith Jarrett: piano; Reggie Johnson: bajo; Art Blakey: batería.
Limelight LM 82034 (EmArcy 822 471-2), en directo: The Lighthouse, Hermosa Beach, California, 1/9 de enero de 1966.

The Charles Lloyd Quartet: Dream Weaver

Autumn Sequence: Autumn Prelude-Autumn Leaves-Autumn Echo /Dream Weaver: Meditation-Dervish Dance / Bird Flight / Love Ship / Sombrero Sam.
Charles Lloyd: saxo tenor, flauta; Keith Jarrett: piano; Cecil McBee: bajo; Jack DeJohnette: batería.
Atlantic SD 1459, Nueva York, 29 de marzo de 1966.

Charles Lloyd Quartet At Monterey: Forest Flower

Forest Flower-Sunrise / Forest Flower - Sunset / Sorcery / Song Of Her / East Of The Sun.
Charles Lloyd: saxo tenor, flauta; Keith Jarrett: piano; Cecil McBee: bajo; Jack DeJohnette: batería.
Atlantic SD 1473, en directo: Monterey, 18 de septiembre de. 1966.

Charles Lloyd: In Europe

Tagore / Karma / Little Wahid's Dance / Manhattan Carousel / European Fantasy / Hej da! (Hey Daw).
Charles Lloyd: saxo tenor, flauta; Keith Jarrett: piano; Cecil McBee: bajo; Jack DeJohnette: batería.
Atlantic SD 1500, en directo: Oslo, 29 de octubre de 1966, publ.: 1968.

Charles Lloyd Quartet: The Flowering

Speak Low / Love-In-Island Blues / Wilpan's / Gypsy '66 / Goin' To Memphis-Island Blues.
Charles Lloyd: saxo tenor, flauta; Keith Jarrett: piano; Cecil McBee: bajo; Jack DeJohnette: batería.
Atlantic SD 1586, en directo: Oslo, 1966, publ.: 1971.

The Charles Lloyd Quartet: Love-In

Tribal Dance / Temple Bells / Is It Really The Same? / Here, There And Everywhere / Love-In / Sunday Morning / Memphis Dues Again-Island Blues.
Charles Lloyd: saxo tenor, flauta; Keith Jarrett: piano; Ron McClure: bajo; Jack DeJohnette: batería.
Atlantic SD 1481, en directo: Fillmore Auditorium, San Francisco, 27 de enero de 1967.

The Charles Lloyd Quartet: Journey Within

Journey Within / Love No. 3 / Memphis Green / Lonesome Child (Song) / Lonesome Child (Dance).
Charles Lloyd: saxo tenor, flauta; Keith Jarrett: piano; Ron McClure: bajo; Jack DeJohnette: batería.
Atlantis SD 1493, en directo: Fillmore Auditorium, San Francisco, 1967, publ.: 1968.

Charles Lloyd: In The Soviet Union

Days And Nights Waiting / Sweet Georgia Bright / Love Song To A Baby / Tribal Dance.
Charles Lloyd: saxo tenor,

flauta; Keith Jarrett: piano;
Ron McClure: bajo; Jack
DeJohnette: batería.
Atlantic SD 103, en directo:
Tallin, 14 de mayo de 1967.

Charles Lloyd: Soundtrack
*Sombrero Sam / Voice In
The Night / Pre-Dawn / Forest
Flower '69.*
Charles Lloyd: saxo tenor,
flauta; Keith Jarrett: piano;
Ron McClure: bajo; Jack
DeJohnette: batería.
Atlantic SD 1519, 1969.

Miles Davis: At Fillmore
*Wednesday Miles / Thursday
Miles / Friday Miles / Saturday
Miles.*
Miles Davis: trompeta; Steve
Grossman: saxo soprano; Chick
Corea: piano electrónico; Keith
Jarrett: órgano; Dave Holland:
bajo; Jack DeJohnette: batería;
Airto Moreira: percusión.
CBS S 66257, en directo:
Fillmore (East), Nueva York,
17 de junio de 1970.

Barbara and Ernie
Prelude to ...
Barbara Massey: vocal, piano,
piano electrónico, autoarpa;
Ernie Calabria:vocal, guitarra;
Keith Jarrett: piano; Richard
Tee: órgano; Bill Salter: bajo;
Grady Tate: batería; Ralph
McDonald: percusión; Eumir
Eodato: director (Jarrett solo
interviene en *Satisfied*).
Cotillon SD 9044, Nueva York,
16 de Agosto de 1970.

**Miles Davis: Isle of Wight,
Atlanta Pop Festival**
Call It Anything.
Miles Davis: trompeta; Gary
Bartz: saxo alto; Keith Jarrett:
órgano; Chick Corea: piano
electrónico; Dave Holland: bajo
electrónico; Jack DeJohnette:
batería; Airto Moreira: percusión.
CBS G 3X-30805 S 66311,
en directo: isla de Wight, 29
de agosto de 1970.

Miles Davis: Directions
*Song Of Our Country / 'Round
Midnight / So Near, So Far /
Limbo / Water On the Pound /
Fun / Directions I / Directions
II / Ascent / Duran / Konda /
Willie Nelson.*
(Jarrett solo interviene en
Konda; Miles Davis: trompeta;
John McLaughlin: guitarra
eléctrica; Keith Jarrett: piano
electrónico; Airto Moreira:
percusión)
Columbia KC 36427, 1960-1970,
publ.: 1981 (*Konda*: Nueva York,
21 de mayo de 1970).

Miles Davis: Live - Evil
*Sivad / Little Church / Medley:
Gemini - Double Image / What
I Say / Nem Um Talvez / Selim /
Funky Tonk / Inamorata.*
Instrumentación diversa con:
Miles Davis: trompeta; Gary
Bartz, Steve Grossman, Wayne
Shorter: saxos; John McLau-
ghlin: guitarra; Keith Jarrett:
piano, piano electrónico;
Hermeto Pascoal, Herbie Han-
cock, Chick Corea, Joe Zawinul:
instrumentos de teclado varios;
Khalil Balakrishna: sitar;

Michael Henderson, Dave Holland, Ron Carter: bajo; Jack DeJohnette, William Cobham: batería; Airto Moreira: percusión.
CBS S 67219, 1970.

Miles Davis: Get Up With It

He Loved Him Madly / Maiysha / Honky Tonk / Rated X / Calypso Frelimo / Red China Blues / M'tume / Billy Preston.
Instrumentación diversa con: Miles Davis: trompeta; Dave Liebman: flauta; Reggie Lucas: guitarra; Dominique Gaumont: guitarra; Michael Henderson: bajo; Al Foster: batería; M'tume: percusión africana; Sonny Fortune: saxo, flauta; Steve Grossman: saxo; Keith Jarrett: piano; Herbie Hancock: instrumentos de teclado; John McLaughlin: guitarra; Billy Cobham: batería; Airto Moreira: percusión; Carlos Garnett: saxo; Cedric Lawson: órgano; Khalil Balakrishna: sitar; Badal Roy: tabla; John Stobblefield: saxo; Pete Cosey: guitarra; Wally Chambers: acordeón; Cornell Dupree: guitarra; Bernard Purdie: batería.
CBS 88092, 1970-74 (Jarrett solo interviene en *Honky Tonk*).

Gary Burton & Keith Jarrett

Grow Your Own / Moonchild-In Your Quiet Place / Como En Vietnam / Fortune Smiles / The Raven Speaks.
Gary Burton: vibráfono; Keith Jarrett: piano, piano electrónico, saxo soprano; Sam Brown: guitarra; Steve Swallow:

bajo; Bill Goodwin: batería
Atlantic SD 1577, 12 de enero de 1971.

Marion Williams: Standing Here Wondering Which Way To Go

He Ain't Heavy, He's My Brother / Standing Here Wondering Which Way To Go / Turn! Turn! Turn! / This Generation Shall Not Pass / My Sweet Lord / Heaven Help Us All / Make Peace With Yourself / Wicked Messenger / Put Your Hand In The Hand / Danger Zone / Hare Krishna.
Marion Williams: vocals; Paul Griffin: órgano; Keith Jarrett, Hank Jones, Joe Zawinul, Ray Bryant: piano; Gerry Jemmott, Andrew White: bajo; David Spinozza: guitarra; Bernard Purdie: batería, coro: Ira Tucker, William Bobo, Beachey Thompson, James Davis, James Walker, Howard Carroll Atlantic SD 8289, Nueva York, 25 de febrero de 1971.

Donal Leace: Donal Leace

Sad Lisa / What Does It Take / Oh Alabama / Come To My Bedside, My Darling / Today Won't Come Again / Andrea / It Never Entered My Mind / Shimaree / Words / Midnight Cowboy / Country Road.
Donal Leace: guitarra, vocal; Keith Jarrett: piano; Bill Salter, Ron Carter, Jerry Jammott: bajo; Grady Tate, Ray Lucas, Herb Lovell, Bill La Vorgna, Bernard Purdie: batería; Richie Resnicoff, David Spinozza,

Ernie Calabria: guitarra; Ralph McDonald: percusión; cuerdas y vientos de madera, arr. Eumir Deodato; coro: Roberta Flack, Joel Dorn, Ernie Calabria. Atlantic SD 7221, Nueva York, abril de 1971.

Miles Davis
Bwongo: Directions-Sivad / What I Say (incomplete) / Ananka: What I Say (2nd part) / Sanctuary (incomplete) / Miles Runs The Voodoo Down / Yesternow.
Miles Davis; trompeta; Gary Bartz: saxo alto/saxo soprano; Keith Jarrett: piano electrónico, órgano; Mike Henderson: bajo electrónico; Jack DeJohnette: batería; Don Alias, James ‹Mtumé› Foreman: percusión. Session Disc 123, Philharmonic Hall, Nueva York, 26 de noviembre de 1971.

Airto: Free
Return To Forever / Flora's Song / Free / Lucky Southern / Creek (Arroio).
Instrumentación diversa; Keith Jarrett, piano: *Flora's Song* y *Lucky Southern.*
CTI 6020, Nueva York, abril/mayo de 1972.

Freddie Hubbard: Sky Dive
Povo / In A Mist / The Godfather / Sky Dive.
Freddie Hubbard: trompeta; Hubert Laws: flauta; Phil Bodner: clarinete bajo; George Marge: clarinete; Romeo Penque: clarinete, oboe, flauta alto; Marvin Stamm: fliscornio;

Garnett Brown, Wayne Andre, Paul Faulise: trombón; Alan Rubin: trompeta; Tony Price: tuba; George Benson: guitarra; Keith Jarrett: piano, piano electrónico, sección de vientos adicionales (10 integrantes); Ron Carter: bajo; Billy Cobham: batería; Ray Barretto, Airto Moreira: percusión; arreglo: Don Sebesky.
CTI 6018, Van Gelder Studio, Englewood Cliffs, NY, octubre de 1972.

Paul Motian: Conception Vessel
Georgian Bay / Ch'l Energy / Rebica / Conception Vessel / American Indian: Song Of Sitting Bull / Inspiration From A Vietnamese Lullaby.
Paul Motian: batería, percusión; Keith Jarrett: piano, flauta; Charlie Haden: bajo; Sam Brown: guitarra; Leroy Jenkins: violín.
ECM 1028, Nueva York, 25/26 de noviembre de 1972.

Kenny Wheeler: Gnu High
Heyoke / Smatter / Gnu Suite.
Kenny Wheeler: fliscornio; Keith Jarrett: piano; Dave Holland: bajo; Jack DeJohnette: batería.
ECM 1069, Nueva York, junio de 1975, publ.: 1976.

Charlie Haden: Closeness
Keith Jarrett solo interviene en *Ellen David.*
Keith Jarrett: piano; Charlie Haden: bajo.
Horizon SP 710, Nueva York, 18 de marzo de 1976.

Gary Peacock:
Tales Of Another
Vignette / Tone Field / Major Major / Trilogy I-III.
Gary Peacock: bajo; Keith Jarrett: piano; Jack DeJohnette: batería.
ECM 1101, Generation Sound Studios, Nueva York, febrero de 1977.

Scott Jarrett:
Without Rhyme Or Reason
Miles Of Sea / I Was A Fool / Never My Fault / Without Rhyme Or Reason / On Looking Back / Doctor - Nurse / Lady / The Image Of You / Pictures.
Scott Jarrett: vocal, guitarra acústica; Dave Grusin: piano, percusión, sintetizador; Keith Jarrett: piano; Marcus Miller: bajo electrónico; Chris Parker, Buddy Williams: batería; Ralph MacDonald: percusión; Toots Thielemans: acordeón; Eddie Gomez: bajo; Larry Rosen: percusión; (Keith Jarrett en *Never My Fault* y *The Image Of You*)
Arista 202 194, A & R Studios, Nueva York, 1980.

V. PUBLICACIONES DE CLÁSICA EN OTROS SELLOS

Lou Harrison: Piano Concerto/Suite for Violin, Piano and Small Orchestra
Piano Concerto / Suite for Violin, Piano and Small Orchestra.
New Japan Philharmonic,
dirigida por Naoto Otomo; Keith Jarrett: piano (*Piano Concerto*); Lucy Stoltzman: violín; Keith Jarrett: piano; Robert Hughes: director (*Suite*).
New World Records NW 366-1, Tokio, 30 de enero de 1986 (*Piano Concerto*); Nueva York, 21/22 de mayo de 1988 (*Suite*).

George Frederic Händel:
Sonatas
Sonata in G Minor / Sonata in a Minor / Sonata in C / Sonata in F / Sonata in B-Flat / Sonata in d Minor.
Keith Jarrett: clavicémbalo; Michala Petri: flauta dulce.
RCA Victor Red Seal RD 60 441, Cavelight Studio, Nueva Jersey, 1-3 de junio de 1990.

Johann Sebastian Bach:
Sonatas
Sonata in b Minor BWV 1030 / Sonata in E-Flat (Transp. in G) BWV 1031 / Sonata in A (Transp. in G) BWV 1032 / Sonata in C BWV 1033 / Sonata in e Minor (Transp. in g Minor) BWV 1034 / Sonata in E (Transp. In F) BWV 1035.
Keith Jarrett: clavicémbalo; Michala Petri: flauta dulce.
RCA Victor Red Seal 09026 61274-2, 1992.

VI. DVD

Keith Jarrett-Love Ship
Love Ship / Tagore / Passin' Thru / Forest Flower / Call It Anything.
Keith Jarrett: piano; Chick

Corea: piano (*Call It Anything*); Miles Davis: Trompete (*Call It Anything*); Gary Bartz: saxo alto (*Call It Anything*); Charles Lloyd: saxo tenor (no en *Call It Anything*); Dave Holland: bajo (*Call It Anything*); Ron McClure: bajo (no en *Call It Anything*); Jack DeJohnette: batería; Airto Moreira: percusión.
Salt Peanuts 44610 DVD, en directo: San Francisco, 18 de junio de 1968 (*Call It Anything*: isla de Wight, 29 de agosto de 1970).

Miles Davis: Miles Electric-a different kind of blue
Call It Anything (Additional Interviews).
EREDV263 DVD, en directo: isla de Wight, 1970, publ.: 2004.

Keith Jarrett Trío-Live in Hamburg 1972
El Juicio / Moonchild / Follow The Crooked Path / Standing Outside / Bring Back The Time When (If) / Rainbow / Solo Piano Improvisation / Everything That en directos Laments / Piece For Ornette / Take Me Back / Life Dance / Song For Che.
Keith Jarrett: piano, flauta; Charlie Haden: bajo; Paul Motian: batería.
Jazz VIP 134 DVD, en directo: Funkhaus Hamburg, 14 de junio de 1972, publ.: 2009.

Keith Jarrett:
The Art Of Improvisation
(con The Keith Jarrett Trío interpretando en directo «Butch & Butch» y entrevistas con Keith Jarrett, Gary Peacock, Jack DeJohnette)
DVD EuroArts 2054119, publ.: 2005.

Keith Jarrett-Last Solo
Tokyo, 84 #1 / Tokyo, 84 #2 / Over The Rainbow / Tokyo, 84 Encore.
Keith Jarrett: piano.
Kan-I Hoken Hall, Tokio, 25 de enero de 1984, publ.: 2005.

Keith Jarrett/Gary Peacock/ Jack DeJohnette - *Standards*
I Wish I Knew / If I Should Lose You / Late Lament / Rider / It's Easy To Remember / So Tender / Prism / Stella By Starlight / God Bless The Child / Delaunay's Dilemma.
En directo: Koseinenkin Hall, Tokio, 15 de febrero de 1985.
DVD Eagle Vision EREDV277, publ.: 2001.

Keith Jarrett/Gary Peacock/ Jack DeJohnette: *Standards* I/II
En directo: I: Koseinenkin Hall, Tokio, 15 de febrero de 1985; II: Hitomi Memorial Hall, Tokio, 26 de octubre de 1986.
ECM DVD 5503/03, publ.: 2008.

Keith Jarrett - Solo Tribute
The Night We Called It A Day / I Love You / Things Ain't What They Used To Be / Sound / I Loves You Porgy / There Is No Greater Love / Round About Midnight / Solar / Then I'll Be Tired Of You / Sweet And

Lovely / The Wind / Do Nothing Till You Here From Me / I Got It Bad And That Aint Good / Summertime.
DVD Videoarts Music VABZ-5004, en directo: Suntory Hall, Tokio, 14 de abril de 1987, publ.: 2005.

Keith Jarrett/Gary Peacock/ Jack DeJohnette-Live In Japan 93/96

93: Introduction / In Your Own Sweet Way / Butch And Butch / Basin Street Blues / Solar-Extension / If I Were A Bell / I Fall In Love Too Easily / Oleo / Bye Bye Blackbird / The Cure / I Thought About You / 96: Introduction / It Could Happen To You / Never Let Me Go / Billie's Bounce / Summer Night / I'll Remember April / Mona Lisa / Autumn Leaves / Last Night When We Were Young-Carribean Sky / John's Abbey / My Funny Valentine-Song / All The Things You Are / Tonk.
ECM DVD 5504/05, en directo: Tokio, 25 de julio de 1993 (Open Theater East) y 30 de marzo de 1996 (Hitomi Memorial Hall), publ.: 2008. (*Live At Open Theater East* 1993 también en Videoarts Music VABZ-5002, publ.: 2005)

Keith Jarrett: Tokyo Solo

Parts 1a-c / Parts 2a-e / Danny Boy / Old Man River / Don't Worry 'Bout Me.
Keith Jarrett: piano.
ECM DVD 5501, Metropolitan Festival Hall, Tokio, 30 de octubre de 2002, publ.: 2006.

BIBLIOGRAFÍA

Ake, David, *Jazz Cultures,* Berkeley, 2002.

Allen, William Francis; Charles Pickard Ware, y Lucy McKim Garrison, eds., *Slave Songs of the United States,* Nueva York (1867), 1951.

Anderson, E. Ruth, ed., *Contemporary American Composers. A Biographical Dictionary,* Boston, 1976.

Anderson, Iain, *This Is Our Music. Free Jazz, the Sixties, and American Culture,* Filadelfia, 2007.

Andresen, Uwe, *Keith Jarrett. Sein Leben - Seine Musik-Seine Schallplatten,* Gauting-Buchendorf, 1995.

Balliett, Whitney, *Collected Works. A Journal of Jazz 1954-2000,* Nueva York, 2000.

Baum, Antonia, «Komm in die totgesagte Stadt, Visite in Detroit», *Frankfurter Allgemeine Zeitung,* 8/6/2014.

Berliner, Paul F., *Thinking in Jazz. The Infinite Art of Improvisation,* Chicago/Londres, 1994.

Berman, Lazar, *Schwarz und Weiß. Erinnerungen und Gedanken eines Pianisten zwischen Ost und West,* Düsseldorf, 2003.

Bernhard, Thomas, *Der Untergeher,* Fráncfort del Meno, 1983. [Hay trad. cast.: *El malogrado,* Madrid, Alfaguara, 1985. Traducción de Miguel Sáenz.]

Bernstein, Leonard, *Ausgewählte Texte,* Múnich, 1988.

Blume, Gernot, *Musical Practices and Identity Construction in the Work of Keith Jarrett,* tesis doctoral, Universidad de Michigan, 1998.

Brachmann, Jan, «Ist das Musik? Oder bloß Rhetorik?», *Frankfurter Allgemeine Zeitung,* 12/11/2013.

Brendel, Alfred, *Über Musik. Sämtliche Essays und Reden,* Múnich, 2005.

Burkhardt, Werner, *Die Wahrheit des Ekstatikers. Keith Jarrett spielt Jazz-Standards ein, Süddeutsche Zeitung,* 17/9/1983.

Burkhardt, Werner, *Klänge, Zeiten, Musikanten. Ein halbes Jahrhundert Jazz, Blues und Rock,* Waakirchen, 2002.

Busoni, Ferruccio, *Entwurf einer neuen Ästhetik der Tonkunst,* Wiesbaden (1907), 1954.

Canetti, Elias, *Masse und Macht*, Düsseldorf, 1960. [Hay trad. cast.: *Masa y poder*, Barcelona, Galaxia Gutenberg, 2002. Traducción de Juan José del Solar.]

Carr, Ian, *Keith Jarrett. The Man and His Music*, Londres, 1991.

Collier, James Lincoln, «Jazz in the Jarrett Mode», *The New York Times*, 7/1/1979.

Collier, James Lincoln, *The Making of Jazz. A Comprehensive History*, Nueva York, 1979.

Cooke, Mervyn/Horn, David, eds., *The Cambridge Companion to Jazz*, Cambridge, 2002.

Coryell, Julie, y Laura Friedman, *Jazz Rock Fusion. The People - The Music*, Nueva York, 1978.

Crawford, Richard, *America's Musical Life. A History*, Nueva York, 2001.

Davis, Stephen, «In League With the Jazz Giants», *The New York Times*, 28/9/1975.

Dos Passos, John, *Das Land des Fragebogens*, Fráncfort del Meno, 1997.

Duras, Marguerite, *Sommerregen*, Fráncfort del Meno, 1994.

Einstein, Alfred, *Größe in der Musik*, Kassel, 1980.

Eliot, T.S., *Ausgewählte Essays 1917-1947*, Fráncfort del Meno, 1950.

Elsdon, Peter, *Keith Jarrett's The Köln Concert*, Nueva York, 2013.

Endress, Gudrun, «Die Klangwelt des Schlagzeugs. Paul Motian, *Jazzpodium*, 22/5 (1973).

Endress, Gudrun, *Jazz Podium. Musiker über sich selbst*, Stuttgart, 1980.

Enwezor, Okwui, y Markus Müller, eds., *ECM. Eine kulturelle Archäologie*, Múnich, 2012.

Fine, Larry, *The Piano Book. Buying and Owning a New or Used Piano*, Boston, 2001.

Fordham, John, *Shooting from the Hip. Changing tunes in Jazz*, Londres, 1996.

Giddins, Gary y Scott DeVeaux, *Jazz*, Nueva York, 2009.

Goertz, Wolfram, «Seine zwölf Gebote», *Die Zeit*, 25/10/2007.

Gould, Glenn, *Vom Konzertsaal zum Tonstudio. Schriften zur Musik II*. Múnich, 1987.

Gould, Glenn, *Von Bach bis Boulez. Schriften zur Musik I,* Múnich, 1986.

Gridley, Mark C., *Jazz Styles. History and Analysis,* Upper Saddle River, 2012.

Hamilton, Andy, *Lee Konitz. Conversations on the Improviser's Art,* Ann Arbor, 2007.

Harley, Robert, *The Complete Guide to High-End Audio,* Carlsbad, 2010.

Hauser, Arnold, *Soziologie der Kunst,* Múnich, 1974. [Hay trad. cast.: *Sociología del arte,* Madrid, Guadarrama, 1975. Traducción de Vicente Romano.]

Heidkamp, Konrad, «Das Klavier singt doch», *Die Zeit,* 25/11/1999.

Heidkamp, Konrad, «Du musst nicht gut finden, was du spielst», *Die Zeit,* 20/9/2007.

Heine, Heinrich, *Zeitungsberichte über Musik und Malerei,* Fráncfort del Meno, 1964.

Henck, Herbert, *Experimentelle Pianistik. Improvisation, Interpretation, Komposition,* Maguncia, 1994.

Isacoff, Stuart, «Versatile Pianist Changes His Mind About the Classics», *The New York Times,* 20/10/1985.

Jacobs, Michael: *All That Jazz. Die Geschichte einer Musik,* Stuttgart, 1996.

Jarrett, Grant, *More Towels. In Between the Notes,* Lincoln, 2002.

Jarrett, Grant, *Ways of Leaving,* Tempe, 2014.

Jarrett, Grant, «Inside Out. Thoughts on Free Playing», en Lake, Steve, y Paul Griffith, eds., *Horizons Touched. The Music of ECM,* Londres, 2007.

Jarrett, Keith, *Scattered Words,* Múnich, 2003.

Jost, Ekkehard, *Europas Jazz 1960-1980,* Fráncfort del Meno, 1987.

Jost, Ekkehard, *Free Jazz. Stilkritische Untersuchungen zum Jazz der 60er Jahre,* Maguncia, 1975.

Jost, Ekkehard, *Jazzgeschichten aus Europa,* Hofheim, 2012.

Jost, Ekkehard, *Sozialgeschichte des Jazz in den USA,* Fráncfort del Meno, 1982.

Jourdain, Robert, *Das wohltemperierte Gehirn. Wie Musik im Kopf entsteht und wirkt,* Heidelberg, 1998.

Kahn, Ashley, *Impulse! Das Label, das Coltrane schuf,* Berlín, 2007.

Kantorowicz, Alfred, *Deutsches Tagebuch. Erster Teil,* Berlín, 1959.

Kempowski, Walter, *Das Echolot. Abgesang '45. Ein kollektives Tagebuch,* Múnich, 2005.

Kern, Rainer; Hans-Jürgen Linke, y Wolfgang Sandner, eds., *Der blaue Klang. Musik, Literatur, Film, Tonspuren. Der Wirkungskreis von ECM und der europäisch-amerikanische Musikdialog.* Hofheim, 2010.

Klee, Joe H., «Keith Jarrett: Spontaneous Composer», *Downbeat,* 39/1 (1972).

Klostermann, Berthold, «Ehe zu dritt», *Piano Festival, Fono Forum Special,* marzo/abril (2007).

Knauer, Wolfram, ed., *Jazz goes Pop goes Jazz. Der Jazz und sein gespaltenes Verhältnis zur Popularmusik,* Darmstadt, 2006.

Köchl, Reinhard, «Keith Jarrett. Wenn die Götter zürnen», *Jazzthing,* 71 (2007/2008).

Koenigswarter de, Pannonica, *Die Jazzmusiker und ihre drei Wünsche,* Stuttgart, 2007.
Koßmann, Bernhard, ed., *Deutsches Jazz-Festival Frankfurt 1953-1992,* Fráncfort del Meno, 1994.

Kreye, Adrian, «Mit souveräner Schlampigkeit. Als Keith Jarrett mal E-guitarra spielte», *Süddeutsche Zeitung,* 7/12/2013.

Krieger, Franz, *Jazz-Solopiano. Zum Stilwandel am Beispiel ausgewählter «Body And Soul»-Aufnahmen von 1938-1992,* Graz, 1995.

Kumpf, Hans, «In Stuttgart. Jarrett Goes Classic», *Jazzpodium,* 32 (1983).

Laederach, Jürg, «Der Herr dämpfe eure gellenden Emotionserwartungen. Des Pianisten größter Kraftakt», *Weltwoche,* 2/6/1988.

Lake, Steve, y Paul Griffiths, ed., *Horizons Touched. The Music of ECM.* Londres, 2007.

Liebmann, Nick, «Amerikaner swingen, Europäer denken. Ein Interview mit dem Jazzpianisten Keith Jarrett», *Neue Zürcher Zeitung,* 6/5/2005.

Liefland, Wilhelm E., *Jazz-Musik-Kritik,* Hofheim, 1992.

Lippegaus, Karl, «Das unbekannte Meisterwerk», *Süddeutsche Zeitung,* 24/8/2012.

Litterst, Gerhard, «Respektable Vorstellung. Der Jazzpianist Keith Jarrett spielt Bartók», *Jazzpodium,* 33 (1984).

Lochbihler, Carl, «Der schönste Klang vor der Stille», *Die Welt*, 11/7/2013.

Marmande, Francis, «Keith Jarrett en trío à Lyon, trois rappels, public debout», *Le Monde*, 21/7/2005.

Marmande, Francis, «Keith Jarrett Trío, en connivence», *Le Monde*, 30/7/2006.

Marmande, Francis, «Keith Jarrett, la musique seule», *Le Monde*, 22/7/1991.

McCarthy, Albert; Alun Morgan; Paul Oliver *et al.*, eds., *Jazz on Record. A Critical Guide to the First 50 Years 1917-1967*, Londres, 1968.

Moon, Tom, «A Conversation with Keith Jarrett», *JazzTimes*, 29/4 (1999).

Morgenstern, Dan, *Living with Jazz. A Reader*, Nueva York, 2004.

Müller, Lars, ed., *Der Wind, das Licht. ECM und das Bild*, Baden, 2010.

Müller, Lars, ed., *Sleeves of Desire. A Cover Story*, Baden, 1996.

Naura, Michael, *Cadenza. Ein Jazzpanorama*, Hamburgo, 2002.

Naura, Michael, *Jazz-Toccata. Ansichten und Attacken*, Reinbek-Hamburgo, 1991.

Naura, Michael, «Veredelungsprozesse. Keith Jarrett und sein Trío auf Tournee», *Die Zeit*, 27/10/1989.

Naura, Michael, «Zwölf Lappalien zum Jazz», *en* Sandner, Wolfgang, ed., *Kleines Wörterbuch der Tonkunst in einundzwanzig Lieferungen und mit einer Zugabe*, Salzburgo, 1999.

O'Meally, Robert G., ed., *The Jazz Cadence of American Culture*, Nueva York, 1998.

Olshausen, Ulrich, «Der Jazz-Pianist als Solist», *Frankfurter Allgemeine Zeitung*, 23/11/1976.

Olshausen, Ulrich, «Jazz Piano», *Jazz Podium*, 21/7 (1972).

Osterhausen von, Hans-Jürgen, «Keith Jarrett Trío in Essen», *Jazzpodium*, 56 (2007).

Palmer, Bob, «The Inner Octaves of Keith Jarrett», *Downbeat*, octubre 1974.

Panken, Ted, «What Am I Doing? », *Downbeat*, diciembre 2008.

Perry, David, *Jazz Greats*, Londres, 1996.

Radlmaier, Steffen, *Die-Joel-Story. Billy Joel und seine deutsch-jüdische Familienges-chichte*, Múnich, 2009.

Rizzo, Gene, *The Fifty Greatest Jazz Piano Players of All Times. Ranking, Analysis and Photos*, Milwaukee, 2005.

Rosenthal, Ted, «Keith Jarrett. The «Insanity» of Doing More Than One (Musical) Thing», *Piano and Keyboard Magazine*, enero/febrero 1997.

Rothschild, Thomas, «Der einzige und seine Musik. Keith Jarrett nur in München am Piano», *Frankfurter Rundschau*, 23/6/1981.

Rüedi, Peter, «Keith Jarrett: Die Augen des Herzens», *en* Siegfried Schmidt-Joos, ed., *Idole. Nur der Himmel ist die Grenze*, Fráncfort del Meno/ Berlín, 1985.

Rüedi, Peter, «Wiederholte Pubertät. Die Metamorphosen des Keith Jarrett, der nach langer Abwesenheit zu seiner Solo-Kunst zurückgekehrt ist-als ein Anderer», *Programmheft zum Solokonzert von Keith Jarrett in der Alten Oper Frankfurt*, 21/10/2007.

Rühle, Alex, «München leuchtete», *Süddeutsche Zeitung*, 11/7/2013.

Sahling, Herbert, ed., *Notate zur Pianistik. Aufsätze sowjetischer Klavierpädagogen und Interpreten*, Leipzig, 1976.

Sandner, Wolfgang, ed., *Jazz. Handbuch der Musik im 20. Jahrhundert. Vol. 9*, Laaber, 2005.

Sandner, Wolfgang, ed., «Jazz, the Piano and Jarrett's Galaxy», en Lake, Steve, y Paul Griffith, eds., *Horizons Touched. The Music of ECM*. Londres, 2007.

Sandner, Wolfgang, ed., *Miles Davis. Eine Biographie*, Berlín, 2010.

Schmitt, Uwe, «Hymnen aus dem Gesangbuch Amerikas», *Frankfurter Allgemeine Zeitung*, 18/3/1986.

Shipton, Alyn, *Handful of Keys. Conversations with Thirty Jazz Pianists*, Londres, 2004.

Spiegel, Roland, «Das Publikum kann alles komplett verändern», *Neue Musikzeitung*, 9 (2013).

Stein, Gertrude, *The Making of Americans. Being a History of a Family's Progress*, París (1925), 2011.

Steinbeck, John, *Die gute alte und die bessere neue Zeit. Erzählungen*, Múnich, 1988.

Steinfeld, Thomas, «Vogel auf dem Seil», *Süddeutsche Zeitung*, 30/4/2005.

Strickland, Edward, «In the House of Spirits: An Interview with Keith Jarrett (Part One)», *Fanfare,* marzo/abril 1987.

Taylor, Billy, *Jazz Piano. History and Development,* Dubuque, 1982.

Teachout, Terry, «Directly from the Heart», *Time Magazine,* 8/11/1999.

Tietz, Janko, «Ich habe das Klavier gehasst», *Der Spiegel,* 43 (2007).

Tirro, Frank, *Jazz. A History,* Nueva York, 1993.

Ullman, Michael, «The Shimmer in the Motion of Things. An Interview with Keith Jarrett», *Fanfare,* mayor/junio de 1994.

Walser, Robert, ed., *Keeping Time. Readings in Jazz History,* Nueva York, 1999.

Wehmeyer, Grete, *Carl Czerny und die Einzelhaft am Klavier,* Kassel/Zurich, 1983.

Wein, George, *Myself Among Others. A Life in Music,* Cambridge, 2004.

Williams, Richard, «Back From the Brink. Pianist Keith Jarrett on his Return from Illness», *The Guardian,* 21/7/2000.

Wilson, Peter Niklas, ed., *Jazz-Klassiker,* Stuttgart, 2005.

Wolbert, Klaus, ed., *That's Jazz. Der Sound des 20. Jahrhunderts,* Fráncfort del Meno, 1990.

Wulff, Ingo, ed., *Diary of Jazz. A Perpetual Calendar,* Kiel, 1996.

Yaffe, David, *Fascinating Rhythm. Reading Jazz in American Writing,* Princeton, 2006.

Yamashita, Kunihiko, ed., *Keith Jarrett: The Köln Concert. Original Transcription,* Tokio/Maguncia, 1991.

AGRADECIMIENTOS

Escribir resulta más fácil cuando uno se siente bien acogido en una editorial. Así me sucedió con la biografía de Miles Davis, y ahora ha vuelto a sucederme con la presente. De ahí que mi primer agradecimiento sea para Gunnar Schmidt, el editor de Rowohlt/Berlín, y para Wilhelm Trapp, con quien mantuve las primeras conversaciones. Al cuidadoso corrector Frank Pöhlmann le corresponde el mérito de haber evitado que formulaciones problemáticas y torpezas lingüísticas lleguen a los ojos de los lectores. También debo las gracias a Manfred Eicher y a todo el equipo de ECM, quienes han contribuido de múltiples maneras a la génesis de este libro. Sin las informaciones de Chris Jarrett, algún que otro detalle importante del origen de la familia Jarrett habría permanecido oculto. Particularmente útil ha sido un árbol genealógico que se remonta hasta Mihael Temlin, el bisabuelo de Keith Jarrett y sus hermanos por línea materna. Chris Jarrett también ha tenido la gentileza de facilitarme la foto de Keith y Eric del año 1954, además proporcionarme el acceso a una biografía de la familia de Irma Jarrett (de soltera Kuzma), fallecida el 1 de octubre de 2014 a la edad de noventa y tres años a consecuencia de un accidente de automóvil. Por último, mi gratitud va dirigida a Wolfram Knauer, del Jazz-Institut de Darmstadt, por la extensa bibliografía sobre Keith Jarrett.

Libros del Kultrum le agradece el tiempo dedicado a la lectura de esta obra. Confiamos en que haya resultado de su agrado y le invitamos a que, si así ha sido, no deje de recomendarlo a otros lectores.

Puede visitarnos en www.librosdelkultrum.com, en Facebook y en Twitter donde encontrará información sobre nuestros proyectos; y desde donde le invitamos a hacernos llegar sus opiniones y recomendaciones.

TÍTULOS
PUBLICADOS

EN
PREPARACIÓN

RESPECT:
VIDA DE ARETHA
FRANKLIN
David Ritz

ENTREVISTAS
DE ULTRATUMBA
Dan Crowe

I · ME · MINE
Canciones,
conversaciones,
recuerdos
y anotaciones de
George Harrison

THE CLASH
Autobiografía grupal
The Clash

Q
Autobiografía de
Quincy Jones